Introduction to
Civil Execution Law and
Civil Provisional Remedies Law

川嶋四郎【編著】

民事執行・保全法入門

川嶋四郎
宮永文雄
鶴田　滋
上田竹志
園田賢治
濵田陽子
酒井博行
濵﨑　録
薗田　史
池田　愛
玉井裕貴
渡邉和道
寺村信道
石橋英典
山中稚菜
山本　真

日本評論社

はしがき
──本書を読む前に

　本書は、難しいとされる民事執行法・民事保全法を、判例を交えて分かりやすく学ぶための入門書です。この2つの法をあわせて民事執行・保全法と略称します。これらの法律は、法的な救済結果を強制的に実現するための手続またはその準備的な手続を規定しています。

　私たちは、2021年9月に『判例民事訴訟法入門』を日本評論社から開板する機会を得ましたが、お陰さまで好評を得ることができました。そこで、続編として本書を上梓することとしました。まさに手続的にみて民事訴訟手続に続く手続という面もあるからです。民事訴訟法では、権利の存否が判断され、その内容をなす救済判断、すなわちたとえば、被告は原告に2,000万円の金員（金銭）を支払えといった判決（給付判決）が言い渡され確定したとします。その場合に、債務者が自発的に支払わなければ、その判決はいわば「絵に描いた餅」であり、原告である債権者の勝訴も Paper Victory（紙上の勝利）といった空しい結果となり果ててしまいます。そこで、いわば「法の果実」を現実に入手すること、すなわち債権者が強制的に金銭的な満足を得る手続が不可欠になります。それを実現するための様々な強制的な手続を規定したのが、民事執行・保全法です。

　その意味で、民事執行・保全法は、SDGs（Sustainable Development Goals.「持続可能な開発目標」）の第16項目「平和と公正をすべての人へ（Peace, Justice and Strong Institutions〔原語〕）」との関係でも重要です（"Development" は、搾取や自然破壊を連想しかねない「開発」ではなく、より良い未来を期待できる「発展」の訳語がいいように思われますが、日本で通常用いられている表現を用いています）。その中で目標とされた「法の支配」を実現する強靱な司法制度のいわば仕上げ段階を構成するからです。民事執行・保全法の機能が十全に発揮されれば、民事司法制度の実効性と信頼を確保することにも貢献すると考えられます。それ

ゆえに、民事執行・保全法を学ぶことは、民事司法制度を総合的に理解し、か
つ、実効的な法実践につなぐことを可能にする重要な意義があります。これら
の手続法の領域にも、IT化（デジタル化）の波は及んでいますが、その具体相
については全面的な法施行後に改訂版で対応できればと考えています（本書の
校正時に、多くの改正規定の施行日が未定だからです。なお、参考までに、一部未
施行の改正法〔令和5年（2023年）改正法等〕に言及した箇所もあります）。

　本書は、法を学ぶすべての人のために編まれています。基本的には、『判例
民事訴訟法入門』と同様に、ともすれば難しい法領域とも思われがちな民事の
諸手続について、読者が自学自修できるように、分かりやすく説明しています。
民事執行・保全法は、広義の民事訴訟法領域に含まれ、これらの法を学ぶこと
は、民事訴訟法だけではなく、民法・商法等の民事法の理解を深め増進するこ
とにつながります。また、会社法、行政救済法、環境法、税法、知的財産法な
ど、法の究極的な強制的実現が必要となる様々な法領域の理解の促進にもつな
がるでしょう。つまり、手続法の総合的な理解の増進です。

　本書の成り立ちは、上記『判例民事訴訟法入門』の「はしがき」に書いたと
おりです。改めて執筆者の皆さんに心から感謝致します。前著同様、全体のバ
ランスと頁数等から拝受した力作の原稿を、身を削る思いで調整し削除した部
分もあります。ご海容いただければと思います。最後に、本書の公刊をお引き
受けくださった日本評論社社長の串崎浩氏、前著に引き続き丁寧な編集にご尽
力をいただいた岡博之氏に、心から感謝を申し上げます。

　民事執行・保全法には、「法の果実」を現実に得る手続が規定されています。
読者の皆さんとともに、「豊かな法の果実」を収穫するプロセスの醍醐味を味
わいたいものです。

SDGs国連採択10周年を前に

民事訴訟法学の世界の片隅にて

川嶋四郎

目　次

はしがき　i

第1講　民事執行・保全法への招待……………………………〔川嶋四郎〕1
　I　民事執行法・民事保全法とは……………………………………………2
　II　民事執行法の立法とその後の経緯………………………………………12
　III　執行方法の概要…………………………………………………………15

第2講　執行当事者と執行機関………………〔上田竹志、玉井裕貴〕19
　I　執行当事者…………………………………………………………………19
　II　執行機関……………………………………………………………………26

第3講　債務名義………………………………………………〔鶴田　滋〕35
　I　強制執行の要件……………………………………………………………35
　II　債務名義……………………………………………………………………37

第4講　執行文…………………………………………………〔山本　真〕51
　I　執行文の役割………………………………………………………………52
　II　執行文の付与機関…………………………………………………………52
　III　執行文の種類………………………………………………………………53
　IV　意思表示の擬制のための執行文…………………………………………57
　V　執行文付与の手続…………………………………………………………58
　VI　執行文付与に関する救済制度……………………………………………59

第5講　執行対象と財産開示等………………………………〔上田竹志〕65
　I　執行対象……………………………………………………………………65
　II　財産開示手続………………………………………………………………68

Ⅲ　第三者からの情報取得手続 ………………………………………………………… 71

第6講　執行手続と救済メカニズム
──違法執行と不当執行からの救済
………………………………………………〔宮永文雄、上田竹志、薗田　史〕77

Ⅰ　違法執行 ……………………………………………………………………………… 77

Ⅱ　不当執行 ……………………………………………………………………………… 85

第7講　不動産執行：その1
──不動産執行の基礎・強制競売における差押えと換価
………………………………………………………………〔園田賢治、濵田陽子〕103

Ⅰ　不動産執行の基礎 ………………………………………………………………… 103

Ⅱ　強制競売 …………………………………………………………………………… 108

第8講　不動産執行：その2
──強制競売における満足、強制管理、準不動産執行
…………………………………………………………………………〔酒井博行〕129

Ⅱ　強制競売（承前）………………………………………………………………… 129

Ⅲ　強制管理 …………………………………………………………………………… 134

Ⅳ　準不動産執行 ……………………………………………………………………… 137

第9講　動産執行 ……………………………………………………〔山中稚菜〕141

Ⅰ　意義と執行機関等 ………………………………………………………………… 141

Ⅱ　差押え ……………………………………………………………………………… 143

Ⅲ　換価 ………………………………………………………………………………… 149

Ⅳ　満足 ………………………………………………………………………………… 150

第10講　債権執行等 …………………………………………〔濵﨑　録、寺村信道〕153

Ⅰ　意義と申立て ……………………………………………………………………… 153

Ⅱ　差押えの効力 ……………………………………………………………………… 157

Ⅲ　金銭債権の換価 …………………………………………………………………… 161

目　次　v

Ⅳ　満足：配当要求と配当 168
Ⅴ　少額訴訟債権執行 169

第11講　**非金銭執行** ....〔川嶋四郎、寺村信道〕173
Ⅰ　意義と手続の概観 173
Ⅱ　物の引渡義務・明渡義務の強制執行 175
Ⅲ　行為義務（作為・不作為義務）の強制執行 178
Ⅳ　意思表示義務の強制執行 186
Ⅴ　子の引渡義務の強制執行 189

第12講　**担保権の実行等** ....〔渡邉和道〕195
Ⅰ　担保権の実行の意義・手続・基礎 195
Ⅱ　不動産担保権の実行 196
Ⅲ　動産担保権の実行 203
Ⅳ　債権等担保権の実行 204
Ⅴ　形式競売 207

第13講　**民事保全法総論** ....〔川嶋四郎〕209
Ⅰ　民事保全法とは 209
Ⅱ　民事保全手続の構造と特徴 213
Ⅲ　不服申立て：保全異議と保全抗告等 216

第14講　**仮差押手続** ....〔石橋英典〕221
Ⅰ　意義と特徴 221
Ⅱ　仮差押命令の発令手続 221
Ⅲ　仮差押命令の執行手続 227

第15講　**仮処分手続** ....〔池田　愛〕229
Ⅰ　概要 229
Ⅱ　仮処分命令の発令手続 232
Ⅲ　仮処分命令の執行手続 239

事項索引　248
判例索引　252
編著者と執筆分担部分　255
編著者紹介　256

第1講

民事執行・保全法への招待

〈本講のポイント〉

　本講では、これから民事執行法・民事保全法の世界を旅する読者の皆さんのために、民事執行法と民事保全法（すなわち、**民事執行・保全法**）について、その意義や基本的な考え方、そして具体的な手続の種類等について簡潔に説明し、第2講以下の理解の手助けに供したい。

　民事執行法は、たとえば、債権者が、金銭の支払を命じた確定給付判決を得たにもかかわらず、債務者が自発的に債務を履行しないために、裁判所等を通じて強制的に債務者の財産を差し押さえてお金に換えてもらって満足を得るための手続である。これが、**強制執行**であり、このほか、債務の履行を担保するために抵当権が付けられた不動産の金銭化等の手続もある。これが、**担保権の実行**である。第1講では、これらの主要な2本柱を持つ「民事執行法の世界」について概説したい。

　なお、**民事保全法**は、仮差押えと仮処分を規定している。これには、強制執行が不奏功に終わらないように債務者の財産について暫定的に現状を維持したり、民事訴訟で勝訴判決を得るまでの間の不利益をなくすために暫定的な措置を得るための手続が含まれている。これについては、本講では簡潔に触れるにとどめ、「民事保全法の世界」については、第13講で概説したい。

　以下では、まず「第1編」として、本講で、「民事執行・保全による救済実現の概観」をし、次に、「第2編」で、「民事執行による救済実現」について概説し（→第2講〜第12講〔総論として、第2講〜第6講、各論として、第7講〜第12講〕）、さらに、「第3編」で「民事保全による救済実現」について概説したい（→第13講〜第15講〔総論として、第13講、各論として、第14講・第15講〕）。

Ⅰ　民事執行法・民事保全法とは

1　意義

　本書は、**民事執行法**および**民事保全法**の入門書である。民事執行・保全法とは、この民事執行法と民事保全法をあわせた表現である（→「はしがき」参照）。このように、民事執行法および民事保全法は、本書の書名が示すように、民事執行・保全法と略称されることもあり、いずれも実効的な法的救済を現実に実現するための重要な手続である。

　民事訴訟法の世界でも民事執行・保全法の世界でも、一般に**自力救済**（じりききゅうさい）の禁止の原則から出発し、民事紛争が生じても、その解決のためには国家が準備した民事手続を通じて解決しなければならないとされている。ただし、実際には、**私的自治の原則**に基づき、相対交渉（あいたいこうしょう）や履行の催促等の合理的な行為によって多くの紛争の解決が図られている。それらは、合法的な限りで許されるべき自主的な行為（自力救済行為）である。また、たとえば、金銭の支払を命じる判決が言い渡され確定すれば、債務者が自発的に金銭を支払うことも少なくない。このように任意に債務が弁済されれば、民事執行法の出番はなくなる。しかし、債務者が、財産があるにもかかわらず自発的に金銭を支払わない場合もある。また、そもそも債権者が提訴すれば、債務者が僅か（わず）な財産を売却したり預金を引き出して消費したりするおそれがある場合もある。これらに対処するためには、どうしても強制的な法的手続が必要になる。

　そこで、たとえば、確定給付判決を有している債権者が、裁判所を通じて債務者の財産を差し押さえてもらい、それを金銭に換えてもらって終局的な満足を得る手続が、**強制執行**の手続であり、**民事執行法**に規定されている。また、債務者の財産の売却や預金の引き出しに備えて、債権者が裁判所を通じて、それらに処分禁止の効力を得る手続が、**仮差押え**（かりさしおさ）の手続であり、**民事保全法**に規定がある。

　民事執行手続は、法的救済を実現する過程（**法的救済実現過程**）であり、すでに判決等を有している債権者がその救済内容（例、金銭の支払、物の引渡しなど）である「**法の果実**」を現実に入手することを可能とする手続である。民事

保全手続は、このような手続を実効的なものとするための暫定的な現状維持・地位容認の手続である。

2 民事執行法等の基本構造

(1) 民事執行の種類と構造　民事執行とは、民事執行法1条によれば、①強制執行、②担保権の実行としての競売（担保権の実行）、③民法、商法その他の法律の規定による換価のための競売（形式競売）、および、④債務者の財産状況の調査（財産開示等）からなる（①〜④の総称が、民事執行である。（　）内の表記は、本書での略称）。

①強制執行　これは、執行機関が、原則として**執行文**の付された**債務名義**の正本（これを、**執行正本という**）に基づいて実施する強制的な債権・請求権の実現手続である（民執25条）。国家が私的な債権に基づく請求権の強制的な実現を行うことを可能とする手続であり、たとえば租税債権の強制的な実現手続（滞納処分）や行政命令の強制的な実現手続（行政代執行）とは異なる。

たとえば、金銭債権の強制執行手続は、一般に、債務者の財産の処分権の制限である「**差押え**」、差し押さえられた財産の売却等による金銭化である「**換価**」、その金銭の債務者への支払である「**満足**」からなる。なお、この満足の手続として弁済金が交付される場合のほか、一般債権者が競合し、換価金の総額が債権者らの債権総額に満たない場合は、債権者の債権額に応じて**配当**が行われる。そのほか、金銭以外の請求権の強制的な実現を行う各種の手続も規定されている。本書の第2講から第11講までが、強制執行手続の説明に費やされる。

②担保権の実行　たとえば銀行等の金融機関が融資を行う際に債務者や第三者（物上保証人）の不動産に抵当権を設定することがある。これは、債務が弁済されない場合に、当該抵当物件から優先的に債権を回収できるようにする物的担保の一種である。この場合に、当該抵当権物件を換金して債権者の満足に供する手続が抵当権の実行であり、担保権の実行の一種である。この手続も、強制執行の手続と近似するため、強制執行の中の金銭執行の規定の多くが準用されている。一般に、実際の事件数としては、強制執行のそれよりも多い。

ただし、一概に担保権といっても多様であり、たとえば特別法に規定された企業担保権等、特別の担保権の実行については、民事執行法ではなく、個別の

法律の規律による。

　③形式競売　強制執行の形式を借りて競売（換価）する手続であることから、形式競売、形式的競売または換価のための競売と呼ばれる。具体的には相続財産や留置権の対象物件等の金銭化が、担保権の実行としての競売の手続に準じて行われる。

　④財産開示等　債務者の財産状況の開示手続だけではなく、第三者からの債務者情報の取得手続が規定された。強制執行が、一般に差し押さえるべき財産を特定する負担を債権者に課しているために、その特定をサポートするための手続である。強制執行における執行不能の発生を防止し、強制執行を実効化するための手続であり、いわば強制執行の準備的手続である。

　なお、強制執行と担保権の実行の具体的な内容をまとめれば、次のとおりである。

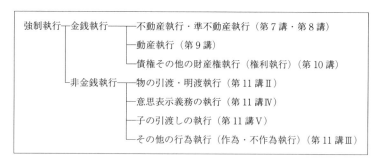

　ここで示した強制執行の種類や担保権の実行の種類は、いわば**民事執行各論**の諸手続である。本書では、まず民事執行に関する総論的な手続（**民事執行総論**）、すなわち、執行当事者と執行機関、債務名義、執行文、執行対象と財産開示等、および、執行手続と執行救済メカニズムについては、第2講～第6講で説明したい。その後に、第7講～第12講で、民事執行各論について概説したい。

　ちなみに、民事執行過程においては、様々な犯罪が生じる可能性がある。そ

れらに対しては、**刑罰**が規定され、**執行妨害**に対処している。具体的には、刑法で、封印等破棄（刑96条）、強制執行妨害目的財産損壊等（刑96条の2）、強制執行行為妨害等（刑96条の3）、強制執行関係売却妨害（刑96条の4）、加重封印等破棄等（刑96条の5）、公契約関係競売等妨害（刑96条の6）の罪が規定されており、また、民事執行法中にも、公示書等損壊罪（民執212条）や陳述等拒絶の罪（民執213条）等の規定がある。

(2)　**民事保全の種類と構造**　民事保全手続は、**仮差押え**と**仮処分**の2類型に分けることができ、仮処分の類型は、さらに、「係争物に関する仮処分」と「仮の地位を定める仮処分」に分けることができることから、民事保全法には、大きく分ければ2類型3種類の保全手続が存在することになる。民事保全法1条によれば、民事保全とは、①「民事訴訟の本案の権利の実現を保全するための仮差押え」（**仮差押え**）、②「民事訴訟の本案の権利の実現を保全するための係争物に関する仮処分」（**係争物仮処分**）、および、③「民事訴訟の本案の権利関係につき仮の地位を定めるための仮処分」（**仮の地位仮処分**）をいうと規定している。①は、金銭債権を訴訟物とする訴訟の結果を実効的なものとするために用いられ、②は、非金銭債権を訴訟物とする訴訟の結果を実効的なものとするために用いられる。③は、訴訟の結果が確定するまでの間に暫定的な法的措置をとっておく手続である（→第13講〜第15講）。

　民事保全手続、つまり仮差押手続と仮処分手続は、いずれも「保全命令に関する手続」（**保全命令の発令手続：保全命令手続**）と「保全執行に関する手続」（**保全命令の執行手続：保全執行手続**）に分かれる。前者は、保全命令の申立てに基づき、その当否を審理して保全命令を発すべきか否かを判断する発令手続であり、後者は、発せられた保全命令の内容を実現するための執行手続である。暫定的な措置を確保しなければならないゆえに、前者と後者の関係は、民事訴訟判決手続と強制執行手続との関係よりも緊密である（→213頁）。

　民事保全法についての一般的な説明は、第13講で行いたい。

　以上の民事執行手続と民事保全手続の全体像と本書の章立てを図示すれば、次の通りとなる（なお、民事執行も民事保全も、手続の細則は、それぞれ、民事執行規則〔「民執規」と略〕、民事保全規則〔「民保規」と略〕に規定されている）。

〈本書の内容（罫線内）〉

民事訴訟手続 ⇒

〈民事執行法〉
① 強制執行手続（→第2～11講）
② 財産開示等手続（→第5講Ⅱ）
③ 担保権の実行手続（→第12講Ⅰ）
④ 形式競売手続（→第12講Ⅴ）

〈民事保全法〉
保全命令手続 ⇒ 保全執行手続（両手続は緊密）
（→第13～15講）

　かつて、民事保全手続の一部（保全執行手続）が、民事執行法の中に規定されていた時期もあったが、現在では、民事保全法が保全手続の全体を規律している。ただし、民事保全法では、民事執行手続の多くが準用されているので、本書では、まず民事執行手続を概説し、次に民事保全手続を説明したい。

3　執行手続の性格

(1)　手続の構造と原則　民事執行手続自体は、民事訴訟判決手続とは異なり、決定手続で進行される。債権者の申立てを待って手続が進められる点は、訴訟手続と同様に、当事者主義の処分権主義を採用している。ただし、申立て以降は職権で進行され、その職権性は民事訴訟の場合よりも強力である。

　このような民事訴訟法と民事執行法の役割分担は、【判例①】等による。

【判例①】夫婦同居審判事件
　——判決手続と決定手続（執行手続等）の手続構造はどう違うか？
　最大決昭和40〔1965〕年6月30日・民集19巻4号1089頁

〈事案〉　X（妻。申立人・相手方・相手方）は、昭和35（1960）年に婚姻したY（夫。相手方・抗告人・抗告人）と、Yの住居で同居して生活を営んでいたが、昭和36（1961）年に、そこを出てXの実家で暮らすこととなった。その後、Xは同居を求めたが、Yに拒絶されたため、家庭裁判所に夫婦同居審判を申し立てた。

　第1審は、「Yはその住居でXと同居しなければならない」との審判をしたが、

Yが抗告。

　原審は、Yの抗告を棄却したので、Yが、原審判には、憲法上の対審原則、公開原則（憲32条・82条）の違反があり、違憲であるなどと主張して、特別抗告を行つた。

```
X（妻）　→　Y（夫）
夫婦同居審判の申立て
　　　第1審　同居審判
　　抗告審　抗告棄却
　　最高裁　抗告棄却
```

〈**決定要旨**〉　抗告棄却。「憲法82条は『裁判の対審及び判決は、公開法廷でこれを行ふ』旨規定する。そして如何なる事項を公開の法廷における対審及び判決によって裁判すべきかについて、憲法は何ら規定を設けていない。しかし、法律上の実体的権利義務自体につき争があり、これを確定するには、公開の法廷における対審及び判決によるべきものと解する。けだし、法律上の実体的権利義務自体を確定することが固有の司法権の主たる作用であり、かかる争訟を非訟事件手続または審判事件手続〔現、家事事件手続法の手続〕により、決定の形式を以て裁判することは、前記憲法の規定を回避することになり、立法を以てしても許されざるところであると解すべきであるからである。

　家事審判法9条1項乙類〔現、家事事件手続法別表第二に対応〕は、夫婦の同居その他夫婦間の協力扶助に関する事件を婚姻費用の分担、財産分与、扶養、遺産分割等の事件と共に、審判事項として審判手続により審判の形式を以て裁判すべき旨規定している。その趣旨とするところは、夫婦同居の義務その他前記の親族法、相続法上の権利義務は、多分に倫理的、道義的な要素を含む身分関係のものであるから、一般訴訟事件の如く当事者の対立抗争の形式による弁論主義によることを避け、先ず当事者の協議により解決せしめるため調停を試み、調停不成立の場合に審判手続に移し、非公開にて審理を進め、職権を以て事実の探知及び必要な証拠調を行わしめるなど、訴訟事件に比し簡易迅速に処理せしめることとし、更に決定の一種である審判の形式により裁判せしめることが、かかる身分関係の事件の処理としてふさわしいと考えたものであると解する。しかし、前記同居義務等は多分に倫理的、道義的な要素を含むとはいえ、法律上の実体的権利義務であることは否定できないところであるから、かかる権利義務自体を終局的に確定するには公開の法廷における対審及び判決によって為すべきものと解せられる（旧人事訴訟手続法〔家事審判法施行法による改正前のもの〕1条1項参照）。従って前記の審判は夫婦同居の義務等の実体的権利義務自体を確定する趣旨のものではなく、これら実体的権利義務の存することを前提として、たとえば夫婦の同居についていえば、その同居の時期、場所、態様等について具体的内容を定める処分であり、また必要に応じてこれに基づき給付を命ずる処分であると解するのが相当である。けだし、民法は同居の時期、

場所、態様について一定の基準を規定していないのであるから、家庭裁判所が後見的立場から、合目的の見地に立って、裁量権を行使してその具体的内容を形成することが必要であり、かかる裁判こそは、本質的に非訟事件の裁判であって、公開の法廷における対審及び判決によって為すことを要しないものであるからである。すなわち、家事審判法による審判は形成的効力を有し、また、これに基づき給付を命じた場合には、執行力ある債務名義と同一の効力を有するものであることは同法15条〔現、家事75条参照〕の明定するところであるが、同法25条3項〔現、家事284条3項参照〕の調停に代わる審判が確定した場合には、これに確定判決と同一の効力を認めているところより考察するときは、その他の審判については確定判決と同一の効力を認めない立法の趣旨と解せられる。然りとすれば、審判確定後は、審判の形成的効力については争いえないところであるが、その前提たる同居義務等自体については公開の法廷における対審及び判決を求める途が閉ざされているわけではない。従って、同法の審判に関する規定は何ら憲法82条、32条に牴触するものとはいい難く、また、これに従って為した原決定にも違憲の廉はない。それ故、違憲を主張する論旨は理由がなく、その余の論旨は原決定の違憲を主張するものではないから、特別抗告の理由にあたらない。」

本件は、家庭関係事件であるが、最高裁判所が大法廷まで開いて基本的な民事手続のあり方について判示した。そのようにしなければならなかったのは、手続の構築が憲法問題を含むことを前提に、民事手続法体系の基本構造を決定する指針的判断を行わなければならなかったからである。その帰結によって、様々な民事手続の中でどの手続には憲法32条・82条が保障されなければならないかが決まり、それを基準に民事手続が評価し直された場合に、違憲手続ともなりかねない手続が明らかになる可能性が存在したからである。

その点で、民事執行手続は、債務名義に示された実体権の具体的実現を意味し、もしも実体権の存否が問題となる場合には、請求異議の訴え（民執35条→85頁）、第三者異議の訴え（民執38条→94頁）など、民事執行法の中に判決手続を組み込むことで、【判例①】の法理に遵った合憲的な手続構造がとられていることが明らかになる。

(2) **執行契約**　これは、強制執行の手続、差押えの対象、執行の方法等について、民事執行法の規律とは異なる内容の執行当事者間の契約をいう。明文の規定（例、民執59条5項）が存在しない場合に、どのような執行契約が可能で

あるかが問題となる。一般に、民事訴訟における訴訟契約に対応する。執行契約の類型としては、①**執行拡張契約**と②**執行制限契約**（この中には、**不執行の合意**〔執行排除契約〕も含む）がある。

①は、民事執行法が、一方で債権者に許される最大限の手続を規定し、他方で債務者にとって最低限保障される事項を規定していることから、無効であることには異論がない。これに対して、②については、債権者が譲歩し債務者が法の保障以上の利益を得ることを意味するので有効である。

次に述べる【判例②】は、不執行の合意が許されることを前提に、その性質や契約違反の場合の救済方法について判示したものである。

【判例②】不執行の合意
——不執行の合意がある場合にどのような手続で強制執行を排除できるか？
最二小決平成 18〔2006〕年 9 月 11 日・民集 60 巻 7 号 2622 頁

〈**事案**〉 本件執行抗告事件における申立人Ｘら（債務者。申立人・抗告人・抗告人）は、公正証書の正本に基づいて、相手方であるＹ（債権者。相手方・相手方・相手方）から債権差押命令および転付命令（→165頁。以下、「本件各命令」と呼ぶ）を受けた者である。Ｘらは、次

Ｘら → Ｙ
債権差押・転付命令の取消申立て
（執行抗告の申立て）
第1審　申立棄却
抗告審　抗告棄却
最高裁　抗告棄却

のように主張し、執行抗告（→79頁）を申し立てた。すなわち、Ｙは、Ｘらに対して、本件公正証書に基づく強制執行を行わない旨の意思を表明しており、明示または黙示に強制執行を行う権利を放棄しているか、または、強制執行を行わない旨の不執行の合意が成立している（以下、この合意を「不執行の合意等」という）と主張し、本件各命令の取消等を求めて、執行抗告を行った。

第1審は、民事執行法10条5項4号に基づき却下した。また、原審も棄却したので、Ｘらは、執行方法に関する異議の手続によるべきであるとしていた大審院判例（大判大正15〔1926〕年2月24日・民集5巻235頁等。執行方法異議説を採用し、請求異議の訴えを不適法却下する考え方）に反するとして、許可抗告を申し立てた。

〈**決定要旨**〉 抗告棄却。「債務弁済契約公正証書の債権者である相手方Ｙの申立て

により、債務者の承継人である抗告人Xらに対し、同公正証書に基づく債権差押命令及び転付命令が発せられたところ、Xらは、請求債権について強制執行を行う権利の放棄又は不執行の合意（「不執行の合意等」）があったことを主張して執行抗告をした。

　Xらの主張する不執行の合意等は、債権の効力のうち請求権の内容を強制執行手続で実現できる効力（いわゆる強制執行力）を排除又は制限する法律行為と解されるので、これが存在すれば、その債権を請求債権とする強制執行は実体法上不当なものとなるというべきである。しかし、不執行の合意等は、実体法上、債権者に強制執行の申立てをしないという不作為義務を負わせるにとどまり、執行機関を直接拘束するものではないから、不執行の合意等のされた債権を請求債権として実施された強制執行が民事執行法規に照らして直ちに違法になるということはできない。そして、民事執行法には、実体上の事由に基づいて強制執行を阻止する手続として、請求異議の訴えの制度が設けられており、不執行の合意等は、上記のとおり、債権の効力の一部である強制執行力を排除又は制限するものであって、請求債権の効力を停止又は限定するような請求異議の事由と実質を同じくするものということができるから、その存否は、執行抗告の手続ではなく、請求異議の訴えの訴訟手続によって判断されるべきものというべきである。

　Xらは、執行抗告によって不執行の合意等の存在を主張することができるというが、執行抗告は、強制執行手続においては、その執行手続が違法であることを理由とする民事執行の手続内における不服申立ての制度であるから、実体上の事由は執行抗告の理由とはならないというべきである。なお、不執行の合意等の存否が執行異議の手続で判断されるべきでないことは、上記検討によって明らかである。

　以上によれば、強制執行を受けた債務者Xが、その請求債権につき強制執行を行う権利の放棄又は不執行の合意があったことを主張して裁判所に強制執行の排除を求める場合には、執行抗告又は執行異議の方法によることはできず、請求異議の訴えによるべきものと解するのが相当である。これと見解を異にする大審院の判例（大判大正15〔1926〕年2月24日・民集5巻235頁、大判昭和2〔1927〕年3月16日・民集6巻187頁、大判昭和10〔1935〕年7月9日・法律新聞3869号12頁）は、変更すべきである。」

　本決定は、不執行の合意等のなされた債権を執行債権として実施された強制執行が民事執行法規に照らして直ちに違法にはならないので、違法執行（→78頁）の排除方法である執行抗告の手続によることはできないこと、および、不

執行の合意等は請求異議事由（→88頁）と実質を同じくするものであること
を理由として、不執行の合意に基づく執行排除の方法は、請求異議説によるべ
きであると判示した。

4　執行手続と保全手続・訴訟手続・破産手続等

(1)　民事訴訟法との関係　①救済実現手続としての強制執行手続　民事訴訟
（判決手続）の世界は、紛争解決過程においては重要な役割を果たしているが、
いわば観念的な救済を得るための手続である。たとえば、XがYに対して
2000万円の貸金債権を有するが、履行期が来てもYが返済しない場合に、最
終的には強制執行を考えていても、まずそのための基礎となる**債務名義**（→第
3講）を取得する必要がある。そのために用いることができる手続の1つが民
事訴訟手続であり、そこで判決（確定給付判決）を得ることである。ただ、そ
の債務名義は、XのYに対する金銭債権の存在を高度の蓋然性でもって示す
公文書にすぎず、Yが任意に弁済をしてくれない限り、Xは満足することがで
きない。つまり、民事訴訟は、そのような権利の存否を判断し2000万円の支
払という救済内容を作り出す、いわば観念的な判断過程（**権利存否判断・救済
形成過程**）である。

　これに対して、民事執行、特に強制執行は、そのような観念的な判断をもと
にその内容を事実的に実現する過程（**救済実現過程**）である。つまり、債務名
義が作られたにもかかわらず、Yが任意に2000万円を支払わない場合に、債
権者は、たとえば、Xが、裁判所に強制執行の申立てをし、Yの土地を差し押
さえお金に換えてもらって満足を得るという執行手続（「**差押え→換価→満足**」
のプロセス）を利用することができるのである。

　要するに、民事訴訟手続は、給付判決という、金銭の支払について強制執行
をしてもよい旨のいわば「お墨付き」を与える手続であるが、強制執行は、債
務者が任意に支払をしない場合に、それをもとに、債権者が債務者の財産から
強制的に金銭的な満足を得るための手続である。

　②判断機関と執行機関の分離の原則　このような民事訴訟判決手続と強制執
行過程の役割分担は、**判断機関と執行機関の分離の原則**となって現れる。それ
は、債務名義と執行文等の提出があれば、執行機関は、それに従って執行手続

を進めればよく、改めて実体権の存否の判断を必要としないという原則である。これは、債務者には、既に判決手続等の債務名義作成の過程で防御方法の提出や防御手段の利用といった手続保障の機会が与えられていたからである。したがって、仮に実体権が不存在となっていても、執行機関の違法執行とはならない。この原則により、執行機関は迅速な執行が可能となり、債権者の迅速な権利実現に役立つことになる。上記【判例①】から示されるように、執行機関は、決定手続で判断機関の判断した判断内容を実際に具体化し金銭化すればいいだけであり、実体権が消滅した場合や第三者の財産が差し押さえられていた場合には、前者では、債務者が請求異議の訴え（民執35条）を、後者では第三者が第三者異議の訴え（民執38条）を提起して、債権者の執行を排除しなければならない。

(2) **民事保全法との関係**　後に述べるように、民事保全である仮差押え・仮処分は、明治23年（1890年）に明治民事訴訟法が制定された際には、その第6編「強制執行」の中に規定されていた。特に、強制執行の実効性を確保するための仮差押え（→第14講）と係争物仮処分（→第15講Ⅰ2）は、強制執行と密接な関係を有し、連続的な手続として把握することができる。

(3) **破産法との関係**　強制執行は、**個別執行**と呼ばれる。これは、個々の債権者の特定の債権に基づいて、債務者の個別財産を対象とする手続である。これに対して、破産手続は、**包括執行**と呼ばれ、すべての債権者のために債務者の財産全体を対象として行われる執行である。もちろん、いずれの場合で、差押禁止財産（→66頁）は除かれることになる。

Ⅱ　民事執行法の立法とその後の経緯

1　民事執行法の制定以前

現在の民事執行法が制定されるまでには長い歴史があった（民事保全法の沿革については、→第13講Ⅰ3）。

強制執行は、明治23年（1890年）に制定された民事訴訟法の第6編に、初めて規定された。これは、1877年のドイツ民事訴訟法の多くの規定を翻訳的に継受したものである。ただし、そのドイツ民事訴訟法には、不動産執行につ

いての規定がなく、これはドイツ民法典の制定を待って制定されることとされていたためである。そこで、明治民事訴訟法の制定時における不動産執行については、主としてプロイセンの不動産執行法に関する規定が参考にされた。なお、**担保権の実行**については、明治民事訴訟法には規定されず、明治31年（1898年）に制定された**競売法**に規定されていた。同法は条文数が極めて少なく、また、その手続には債務名義（→第3講）が不要である点などに特徴があり、**任意競売**と呼ばれていた。なお、**形式競売**も、競売法に規定されていた。ちなみに、この時点では財産開示等の制度は存在しなかった。

その後、大正15年（1926年）に、民事訴訟法中の判決手続に関する第1編から第5編は改正されたが、第6編は改正されることはなかった。

2　民事執行法の制定

昭和54年（1979年）になって、ようやく第6編が全面的に改正され、単行法として民事執行法が制定された。競売法は廃止され、担保権の実行も民事執行法に規定された。これは、債務名義がいらない点や不服申立ての手続等について、強制執行手続との差異はあるが、法の制定に際して、できるだけ強制執行手続と担保権の実行手続とを同質化する努力がなされ、規定が精緻化された。

民事執行法の制定理由は、次の4点に集約されるが、いずれも憲法上の要請とも合致する。それは、強制執行等の手続が債務者等の生活圏に直接かつ強制的に介入してその財産権を合法的に奪うという一般的な性格が存在するゆえに、債権者と債務者・所有者との利害が真っ向から対立し、その調整原理が究極的には憲法に求められることによる（様々な個々の手続について言及しているが、それらの説明は、第2講以下で行いたい）。

(1)　執行手続の迅速化　既に債務名義を有している債権者の保護のために、旧法下の執行の遅延（引延し）対策として、不服申立ての方法が新たに規制された。旧法下では、違法な執行に対する不服申立ては即時抗告であったが、それには執行停止効が生じたため濫用的な申立ても少なくなかった。そこで、新たに執行抗告（民執10条）が創設され、また、不服申立てにともなう執行停止に合理的な制限が加えられた。停止文書の整理と執行停止の期間や回数の制限も設けられた（民執39条2項・3項）。これは、債権者への適正手続の保障（憲

31条）や実効的な裁判を受ける権利の保障（同 32 条）につながる改正である。

（2）　**債権者の権利実現の確保**　これは、(1)とともに債権者保護を目的とした規律である。たとえば、一般債権者が競合した場合における配当の原則として平等主義（→ 107 頁）を前提としながら、配当要求資格者を原則として債務名義を有する者（有名義債権者）に制限し（民執 51 条・154 条等）、特に、不動産について、適正な価額での換価を促進するために、一般の市民が広く売却手続に参加できる途を開いた。具体的には、いわゆる不動産競売「3 点セット」（→ 122 頁）といわれる現況調査報告書・評価書・物件明細書を作成して裁判所に備え置き、買受希望者に情報提供し（民執 57 条・58 条・62 条）、さらに、裁判所が売却方法（民執 64 条・188 条等）を弾力的に選択できるように改正された。債権者の財産権の保障（憲 29 条 1 項）につながる改正である。

（3）　**不動産の買受人の地位の安定・強化**　特に不動産の買受人が容易に占有を取得できるように不動産引渡命令が強化され（民執 83 条）、保全処分の制度（民執 55 条・187 条等）が新設され、また、担保権実行手続では「売却の公信力」により、基礎となった担保権の不存在・消滅の場合でも買受人は所有権を取得できることとして、所有権取得の効果の安定を図っている（民執 184 条。なお、193 条参照）。買受人の財産権の保障（憲 29 条 1 項）につながる改正である。

（4）　**債務者の生活の保持**　債務者保護のために、動産・債権の差押禁止制度（→ 66 頁）が存在するが、その範囲が近代化・合理化され、かつ、裁判所が事案に応じて差押範囲を拡大・減縮できることとされた（民執 131 条・132 条・152 条・153 条）。これは、強制競売（→第 7 講Ⅱ）の際の規定であるが、強制管理（→第 8 講Ⅲ）でも債務者の居住権の保護（民執 97 条）や収益分与の制度（民執 98 条）が設けられた。債務者の生存権の保障（憲 25 条）や個人の尊重原理（憲 13 条）に基づく規定である。

3　その後の改正

その後も、バブルの崩壊（1991 年）やリーマン・ショック（2008 年）等、日本経済の危機に直面し、時に失われた 30 年とさえ言われる日本の金融市場の健全化を、債権回収手続の側面から下支えするために、民事執行法は幾度か改正されてきた。その改正の成果が現在の民事執行法であることから、本書は、

それらの改正を踏まえた現行法の最新情報を読者の皆さんに提供したい。

Ⅲ　執行方法の概要

1　基本的な考え方

　日本では、執行方法、すなわちどのような方法で強制執行を行うかについては、伝統的に**民法**に規定されている。これは、実体法と手続法の未分化の時代、つまり、実体権（例、所有権等）ごとにその実現の手続のあり方が考えられていた時代の名残である（そこからは、**一請求権一執行方法の法理**〔1 つの請求権の実現には 1 つの執行方法が宛がわれるといった考え方〕などといった形式的な考え方さえ、生み出されかねなかった）。

　このような規定の背景として、民法の規定は、いわば法典の美学から、権利の発生・変更・消滅といった権利の内容に関する規定だけではなく、その強制的な実現方法まで規定すべきであると考えられたからであると思われる。ただし、執行方法に関する規定は抽象的であるため、それを個別の強制執行事件を通じて、どのように具体化し実践していくかが、救済実現過程としての強制執行過程に課された課題である。

　民法 414 条 1 項は、「履行の強制」と題して、次のように規定する。「債務者が任意に債務の履行をしないときは、債権者は、民事執行法その他強制執行の手続に関する法令の規定に従い、直接強制、代替執行、間接強制その他の方法による履行の強制を裁判所に請求することができる。ただし、債務の性質がこれを許さないときは、この限りでない。」

　そこで、次に執行方法について概説したい。

2　執行方法

　かつては執行方法が、下記の①から③の 3 つに限定されているように考えられていたが、平成 29 年（2017 年）の民法改正以降、事案に応じてより柔軟に執行方法を考案し開発する可能性が明示的に開かれることとなった。

　①直接強制　これは、執行機関（→第 2 講）が、債務者の意思を考慮することなく、直接的に債務の内容を実現する執行方法をいう。たとえば、金銭債権

その他物的給付を目的とする請求権について、直接的に換金したり、物の引渡し・明渡しをすることであり、直接結果を実現するために効果的である。執行事件の多くが、直接強制によっている（金銭債権の執行について、民執43条〜167条の16、不動産・動産の引渡しの執行について、民執168〜170条）。ただし、平成16年（2004年）の改正によって、民事執行法167条の15第6項および173条が、これらの場合に間接強制の併用を許していることから、現在では、上記一請求権一執行方法の法理といった考え方は、基本的にとることができなくなった（→182頁）。

　②代替執行　これは、たとえば建物収去義務（建物を取り壊し撤去する義務）のような代替的作為債務（他人が代って行うことができる義務）について、執行機関（執行裁判所）から授権決定を得た債権者が、債務者の費用で、債務者に代わって自己または第三者により債務内容を実現し、不作為債務について、債権者または第三者が債務者に代って行う執行方法をいう。授権決定を得て債権者等が実施するが、その際にかかった費用は、債務者から取り立てることができる（→181頁）。

　③間接強制　債務者に対して、不履行に一定の金銭の支払を予告的に課して、その意思に圧力を加えて自発的な作為または不作為の履行を求める強制方法をいう（民執172条・173条・167条の15第6項）。たとえば、「債務者は、○年○月○日までに〜を実施せよ。実施しないときは、1日遅延するごとに○円支払え」といった、自発的な履行を強制する執行方法である。かつての通説・判例（大決昭和5〔1930〕年10月23日・民集9巻982頁等）は、**間接強制の補充性**を指摘し、直接強制が可能な債務については代替執行・間接強制を認めず、直接強制・代替執行ともに許されない債務についてのみ補充的に間接強制が認められると解していた。また、昭和54年（1979年）に制定された民事執行法172条も、間接強制は他の執行手段を用いることができない場合に限って用いることができる旨を規定していた。

　しかし、これに対しては近時批判が高まった。間接強制は、性質上、直接強制の可能な債務にも代替的作為債務にも適用でき、債務の実現にとってより迅速かつ効果的で柔軟な事案即応的な活用が期待できるからである。そこで、このような批判を受けて、民事執行法は、平成15年（2003年）・平成16年（2004

年）の改正で、173条の創設と適用範囲の拡大が図られた。したがって、今日
では**間接強制の補充性の廃棄化現象**がみられる（→ 183頁）。

④「その他の方法」 平成29年（2017年）の民法改正により、執行方法が伝
統的な3つの執行方法に限定されないことも、民法414条1項で明らかにされ
た。すでに家事事件手続法には、履行確保の手続（家事289〜290条）が存在
するが、このような柔軟な強制方法をとることは、民事執行法上も民法414条
1項を通じて可能であり、また、たとえば、継続的な差止判決が執行される場
合に、モニタリング機構（履行監視団）の設置や執行管理人の選任など、事案
即応的な様々な強制方法の創出も可能となる。さらに、①から③を含む各種手
続の併用も可能になると考えられる（→ 182頁）。要するに、債権者のための
実効的な執行実現のために、事案即応的な最適な執行方法が選択され考案され
ることになる（なお、民法723条の「適当な処分」〔→ 181頁〕も参照）。

第2講

執行当事者と執行機関

〈本講のポイント〉

　本講では、民事執行手続の当事者と執行機関について説明する。民事訴訟過程における場合と基本的に同様に、執行過程においても、当事者の確定、当事者能力、訴訟能力や当事者適格等が問題となる。まずそれらについて概観し（→Ⅰ）、次に、民事執行を担当する執行機関として、執行裁判所や執行官等について説明する（→Ⅱ）。

Ⅰ　執行当事者

1　当事者の意義と確定

　執行手続における当事者は、**執行債権者**と**執行債務者**である。通例、単に債権者・債務者と呼ばれる。債権者・債務者といっても、実体法上の債権や債務の帰属によって、当事者が決まるのではない。誰が執行手続上の債権者・債務者であるかは、執行正本（→第3講・第4講）の記載によって決まる（民執23条・25条）。つまり、執行債権者とは、「執行正本の記載の上で、その者のために強制執行を行うことになっている者」であり、執行債務者とは、「執行正本の記載の上で、その者に対して強制執行を行うことになっている者」である。

2　当事者能力と訴訟能力

　執行手続の当事者は、判決手続と同様に、**当事者能力**および**訴訟能力**を有する必要がある（民執20条、民訴28条・29条・31条以下）。

　(1)　**当事者能力**　**当事者能力**とは、執行当事者となることのできる一般的な資格である。原則として、当事者能力は民法上の権利能力に対応するから（民

執20条、民訴28条)、自然人・法人・国・地方公共団体等は、当事者能力を有する（民3条・34条）。また、例外的に、たとえば団体の実質をそなえた同窓会、サークルおよび設立中の財団等の、権利能力のない社団または財団で代表者または管理人の定めがあるものも、当事者能力を有する（民執20条、民訴29条）。

権利能力なき社団（財団も同じ）が執行債務者で、その社団や財団が実質上所有する不動産に対して強制執行を行う場合、当該社団に当事者能力が認められたとしても、債務名義に表示された債務者と、登記上の所有者が一致しないため、問題が生じる。以下の判例をみてみよう。

【判例③】 権利能力のない社団に対する強制執行の方法
　　――社団に対する債務名義に基づいて、社団名義でない不動産を、どのように差し押さえるか？
最三小判平成22〔2010〕年6月29日・民集64巻4号1235頁

〈事案〉 債権者Xは、権利能力のない社団Aを債務者とする債務名義を有している。本件不動産は、Aの構成員全員に総有的に帰属しているが、本件不動産の登記名義人Y（会社）は、Aの代表者でも構成員でもない。Xは、Yが23条3項の「請求の目的物を所持する者」に準ずる者であること

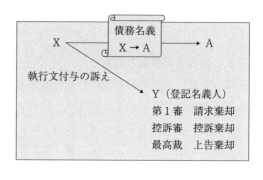

を主張して、Yを債務者として本件不動産を執行対象財産とする法27条2項の執行文の付与を求める訴えを提起した。第1審および原審は、権利能力なき社団の代表者または構成員の名義で所有権の登記がなされている場合には、23条3項を類推適用し、権利能力なき社団を債務者とする金銭債権の債務名義により当該登記名義人に対し当該不動産に対する限度で強制執行することができるが、YはAと別個独立の法人格を有する会社で、Aの構成員ではないとして、請求を棄却した。Xが上告受理申立て。

〈判旨〉 上告棄却。「権利能力のない社団の構成員の総有不動産については、当該

社団が登記名義人となることはできないから……、権利能力のない社団を債務者とする金銭債権を表示した債務名義を有する債権者が、構成員の総有不動産に対して強制執行をしようとする場合、債務名義上の債務者と強制執行の対象とする上記不動産の登記名義人とが一致することはない。そうであるにもかかわらず、債務名義上の債務者の所有財産につき、当該債務者をその登記名義人とすることができる通常の不動産に対する強制執行と全く同様の執行手続を執るべきものと解したならば、上記債権者が権利能力のない社団に対して有する権利の実現を法が拒否するに等しく、かかる解釈を採ることは相当でない。上記の場合において、構成員の総有不動産につき、当該社団のために第三者がその登記名義人とされているときは、登記記録の表題部に債務名義上の債務者以外の者が所有者として記録されている不動産に対する強制執行をする場合に準じて、上記債権者は、上記不動産が当該社団の構成員全員の総有に属することを確認する旨の上記債権者と当該社団及び上記登記名義人との間の確定判決その他これに準ずる文書を添付して、当該社団を債務者とする強制執行の申立てをすることができると解するのが相当である（民事執行規則 23 条 1 号参照）。」

(2) **訴訟能力**　**訴訟能力**とは、単独で有効に執行手続上の行為をし、または相手方の行為を受けることのできる能力である。訴訟能力は、民法上の意思能力、行為能力に対応する（民執 20 条、民訴 28 条、民 3 条の 2・4 条以下）。したがって、未成年や成年被後見人等は原則として訴訟能力がなく、被保佐人や被補助人は訴訟能力が制限される。

　訴訟能力のない者が行った、または受けた執行行為は無効である。執行当事者が訴訟能力のない者である場合は、判決手続と同様、法定代理人等による能力の補充によって、執行行為を行い、または受ける必要がある。

3　執行当事者適格

(1) **執行当事者適格とは**　特定の執行手続において、債権者または債務者となることのできる資格を、**執行当事者適格**という。

　執行当事者適格は、誰に対して債務名義の執行力が及ぶか、すなわち**執行力の主観的範囲**によって決まる。執行力の主観的範囲（民執 23 条）は、おおむね、既判力の主観的範囲（民訴 115 条 1 項各号）と同じような構造をもつ。しかし、

既判力と執行力は、それぞれ独自の考慮から範囲が決まるため、両者が完全に一致するわけではない。

(2) **債務名義に表示された当事者**　債務名義に表示された債権者・債務者は、それぞれ執行当事者適格をもつ（民執23条1項1号）。たとえば、給付判決に表示された原告・被告等が、これに当たる。

(3) **債務名義に表示された当事者が他人のために当事者となった場合のその他人**　第三者の訴訟担当によって給付判決を得た場合の、利益帰属主体（被担当者）は、執行当事者適格を有する（民執23条1項2号）。たとえば、破産管財人（破80条）が当事者となった給付訴訟における破産者、遺言執行者（民1012条1項）が追行した給付訴訟における相続人、選定当事者（民訴30条）が追行した給付訴訟における選定者等が、これに当たる。この場合、破産管財人や遺言執行者、選定当事者等の担当者は、債務名義に表示された当事者（民執23条1項1号）として、執行当事者適格をもつことに注意されたい。執行手続における手続担当者を、第三者の執行担当と呼ぶことがある。

　第三者の執行担当は、債務名義上の当事者の場合もあるが、債務名義に表示されない第三者が、法律上の地位に基づいて執行担当となる場合も考えられる。たとえば、破産者が破産手続開始前に得た債務名義に基づいて、破産管財人が強制執行を行う場合等である。この場合、執行担当は承継人に準じる存在として、承継執行文の付与を受ける必要がある（民執27条2項）。

(4) **債務名義成立後の承継人**　債務名義が給付判決であれば、事実審の口頭弁論終結後に執行債権または債務を承継した者、それ以外の債務名義については、債務名義成立後の承継人は、執行当事者適格をもつ（民執23条1項3号）。

【判例④】債務名義成立後の承継人に対する強制執行
──承継人固有の抗弁がある場合、執行力は承継人に拡張するか？
最一小判昭和48〔1973〕年6月21日・民集27巻6号712頁

〈事案〉　本件土地は、元々Aの所有名義に登記されていたが、Yの破産管財人は、右登記がYとAとの通謀虚偽表示による無効のものであって、本件土地はYの所有に属していたとして、Aに対し真正な名義回復のため本件土地所有権移転登記手

続請求訴訟を提起し、昭和43（1968）年4月17日に口頭弁論終結のうえ、請求認容の判決がなされ、確定した。Xは、これらの事情を知らずに善意で、Aに対する不動産強制競売事件において、前記訴訟の口頭弁論終結後である昭和43年6月27日に本件土地を競落し、同年7月22日に所有権取得登記を経由した（その後、Xから他の共同原告へ承継があったが、省略する）。

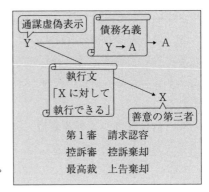

同年9月16日、YはXが前記訴訟の口頭弁論終結後のAの承継人であるとして承継執行文の付与を得、本件土地について所有権移転登記を経由した（その後、Yから他の共同被告へ承継があったが、省略する）。

Xは、承継執行文の付与が違法であると主張して、Yを被告に、Xが本件土地の所有権を有することの確認および真正な登記名義の回復を原因とする所有権移転登記手続を求める訴えを提起した。

第1審がXの請求を認容し、原審がYの控訴を棄却したため、Yが上告した。

〈判旨〉「Yは、本件土地につきA名義でなされた前記所有権取得登記が、通謀虚偽表示によるもので無効であることを、善意の第三者であるXに対抗することはできないものであるから、Xは本件土地の所有権を取得するに至ったものというべきである。このことはYとAとの間の前記確定判決の存在によって左右されない。そして、XはAのYに対する本件土地所有権移転登記義務を承継するものではないから、Yが、右確定判決につき、Aの承継人としてXに対する承継執行文の付与を受けて執行することは許されないといわなければならない。」

判例は、承継人に固有の抗弁がある場合、承継執行文の付与をすることは違法と判断した。これに対して、承継執行文の付与は、債務名義に表示された債務者から承継人への承継の事実だけを問題とすべきであり、承継人が固有の抗弁を有する場合は、承継人が請求異議の訴え（民執35条）を提起すべき、との見解も有力である。ただし、この見解によっても、（上記判例のように）債務名義に表示された請求権が登記請求権である場合、債務者が請求異議の訴えを提起できる機会を保障できないため（民執177条参照）、承継執行を認めることが

できない、とも説かれる。

(5) **請求の目的物を所持する者** (2)～(4)の執行債務者のために、動産や不動産を占有している者は、執行当事者としての適格を有する（民執23条3項）。たとえば、受寄者や管理人等、自己固有の占有権原を主張しない者が、これに当たる。

(6) **執行証書の当事者適格** 債務名義が執行証書（→41頁）の場合、被担当者と請求目的物の所持者について執行当事者適格がない（民執23条2項）。これは、執行証書では他人のために当事者となることがなく、また、特定物の給付について執行証書が作成できない（民執22条5号参照）ためである。

(7) **その他の場合** いわゆる法人格否認のケースにおいて、承継執行（民執23条1項3号・2項）の構成等を用いて、債務者と別の法人に対する強制執行ができないか、問題となる。判例はこれを否定したが、反対説も有力である。

【判例⑤】**法人格否認を理由とした承継執行の可否**
──法人格の濫用がある場合、債務名義上の法人と別の法人に対しても執行力が及ぶか？
最一小判昭和53〔1978〕年9月14日・判時906号88頁

〈事案〉 Xは、A会社（株式会社上田養豚）に対し、交通事故に基づく損害賠償請求訴訟を提起し、Aが第1審で533万円余の支払を命じる判決を受け、控訴した。控訴審係属中、Aの役員らは、A役員らの親族Cから出資を受け、他からも融資を受けてY（上田養豚株式会社）を設立し、Aの資産・営業をYへ譲渡した。その後、XのAに対する請求認容判決が確定した。

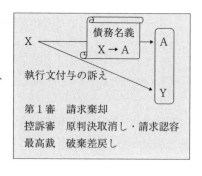

Xは、Yを被告として執行文付与の訴えを提起したところ、第1審は請求を棄却したが、原審は「旧会社と新会社が連続した同一会社と認められる結果、……旧会社に対して給付を命ずる判決は、その確定の時が新会社の設立登記時の前であると後であるとにかかわりなく、新会社の資産に対して強制執行をすることができる

……。（中略）複数の人格が真実には単一の人格であることは、……債権者の執行文付与の訴をまって、両者が同一人格であるかどうかを審理し、その同一人格であることの証明があった場合にはじめて執行文を付与するのが相当である。」と判断して、第1審判決を取り消した上、Xの請求を認容した。Yが上告を申し立てた。

〈判旨〉　原判決破棄、原審差戻し。「右のようにYの設立がAの債務の支払を免れる意図の下にされたものであり、法人格の濫用と認められる場合には、いわゆる法人格否認の法理によりXは自己とA間の前記確定判決の内容である損害賠償請求をYに対しすることができるものと解するのが相当である。しかし、この場合においても、権利関係の公権的な確定及びその迅速確実な実現をはかるために手続の明確、安定を重んずる訴訟手続ないし強制執行手続においては、その手続の性格上訴外会社に対する判決の既判力及び執行力の範囲をYにまで拡張することは許されないものというべきである（最一小判昭和44〔1969〕年2月27日・民集23巻2号511頁参照）。」

4　執行当事者適格の変動

　執行手続開始前に、実体的権利関係の変動があった場合は、承継執行文の付与（民執27条2項）等で、承継人が執行当事者となる。これに対して、執行手続開始後に実体的権利関係の変動があった場合は、やや異なる対応が必要となる。

　(1)　**債権者側の承継**　たとえば、執行手続開始後に債権者が死亡し、相続が生じた場合は、承継執行文の付された債務名義の正本を執行機関に提出することで（民執規22条1項）、執行手続を続行することができる。

　(2)　**債務者側の承継**　これに対して、執行手続開始後に債務者が死亡した場合、債権者が承継執行文を取得しなくても、執行手続はそのまま続行できる（民執41条1項）。これは、執行手続の停滞を防ぐために設けられた、例外的な特則である。

　この場合、相続人がいる場合には、そのまま相続人が執行債務者となる。相続人の存在またはその所在が明らかでないときは、執行裁判所が、相続財産または相続人のために、特別代理人を選任することができる（民執41条2項）。

II 執行機関

1 意義と構成

執行機関とは、民事執行を担当する国家機関のことをいう。迅速かつ効率的な請求権の実現のために、執行機関は、判決手続を担当する機関から分離されている。

日本の民事執行法は、**執行裁判所**と**執行官**を執行機関とする二元的構成をとっている（民執2条）。これを原則としつつ、現在は、少額訴訟債権執行手続における裁判所書記官（民執167条の2第1項）も、執行機関の1つに加えられている。

執行機関の構成については、1つの執行機関に権限を集中させる一元的構成での立法例もあり、かつて、日本でも、執行機関をどのように構成するか議論があった。もっとも、現行の民事執行法は、前述のとおり、二元的構成を採用している。このような構成を採用した理由は、執行対象の種類および執行方法の内容に応じて、異なる執行機関の間で執行権限を分担させることで、執行の迅速性と実効性を図ることが期待できるためだといわれる。また、歴史的には、民事執行法に先立って制定された、**執行官法**（昭和41〔1966〕年法第111号）における基本的な構想を維持・継承したという側面もある。

執行裁判所と執行官の職務分担について、執行裁判所は、複雑な権利関係の判断を中心とする、いわゆる観念的執行処分、執行官や裁判所書記官が執行機関となる場合の補助や監督、執行処分に対する不服申立ての審査を主に担当する。他方、執行官は、一定の物の差押え、占有取得や引渡し等の事実的要素の強い行為、執行裁判所が行う執行処分の実施や基盤の整備に関する事務、執行裁判所の個別の裁判により執行官が取り扱うべきものとされた事務（裁定事務）を主に担当する。

2 執行裁判所

(1) **意義と管轄** 執行裁判所とは、民事執行に関して執行処分を行う裁判所、および、執行官の行う執行処分に関する執行異議の処理や、執行官の職務につ

いて協力・監督をする裁判所のことをいう（民執3条）。原則として、地方裁判所が単独裁判官で執行裁判所を構成する（裁判所25条・26条1項）。ただし、作為または不作為請求権の強制執行については、例外的に、債務名義の作成に関与した第1審裁判所、または和解調停の成立した裁判所という資格で、簡易裁判所または家庭裁判所が執行裁判所となる場合がある（民執171条2項・33条2項）。また、少額訴訟債権執行手続においては、差押処分等を行う裁判所書記官が所属する簡易裁判所が執行裁判所とされる（民執167条の3）。

(2) 執行裁判所の職務範囲　(i)観念的執行処分　執行裁判所の主たる職務は、権利関係の判断を中心とする、いわゆる「観念的執行処分」である。いわば、裁判所の中で大半の内容が完結しうる執行処分について、執行裁判所は、中心的な役割を担うことになる。

具体的には、金銭執行のうち、不動産（民執44条）、準不動産（船舶〔民執113条〕、航空機〔民執規84条〕、自動車〔民執規87条〕、建設機械〔民執規98条〕）、債権・その他の財産権（民執144条・167条）を対象とする強制執行手続、これらの財産を目的とする担保権の実行手続（民執188条・189条）がこれにあたる。

また、非金銭執行のうち、目的物を第三者が占有する場合の引渡請求権の強制執行（民執170条2項）、作為または不作為請求権の強制執行（民執171条）、間接強制（民執172条・173条）も、執行裁判所が担当する。

さらに、財産開示手続も、執行裁判所が担当する（民執196条・204条）

(ii)執行官の監督・補助　執行裁判所は、執行官の執行処分について監督・補助を行う。これは、主として動産執行や競売手続における職務について定めが置かれている。具体的には、動産引渡命令（民執127条）、差押禁止動産の範囲を変更する裁判（民執132条）、動産を目的とする担保権の実行としての競売（民執190条1項3号・2項）に対する許可、動産執行または、担保目的物動産の競売手続において、債権者間で協議が調わない場合になされる配当手続を実施すること（民執142条・192条）等がこれにあたる。

(iii)不服申立て（執行異議・執行抗告）に対する対応　執行裁判所のした執行処分のうち、執行抗告によって不服申立てをすることができないものに対する不服申立て、ならびに、執行官がした執行処分およびその遅怠に対する不服申立てのことを執行異議というが、これに関する裁判も、執行裁判所の職務であ

る（民執11条）。また、執行抗告に対し、一定の場合には原審で却下すること
とされているが（民執10条5項）、この判断も執行裁判所が行う。

（3）**執行裁判所における手続の特徴** （i）**口頭弁論の任意性** 執行裁判所が担
当する執行手続に関する裁判は、口頭弁論を経ずに行うことができ（民執4条）、
その裁判に対する判断は、決定の形式でなされる（民訴87条1項但書・2項参照）。
ただし、第三者異議の訴えおよび配当異議の訴えは、執行裁判所の管轄（民執
38条3項・90条2項）ではあるものの、民事執行の手続ではなく、通常の訴訟
手続（判決手続）であるため、口頭弁論は必ず開かなければならない。

（ii）**審尋** 執行裁判所は、執行処分をするにあたり、必要があると認めるとき
は、利害関係を有する者その他参考人を審尋することができる（民執5条）。審
尋は、当事者以外の者を対象とする場合も含めて、裁判所の職権ですることが
できる。この点に関して、民事訴訟手続では、参考人への審尋は、当事者の申
し出た者に限定されることとの違いがある（民訴187条1項参照）。

（iii）**告知・送達** 前述の通り、執行裁判所がする裁判は、決定の形式で行われ
る。したがって、一般には、相当と認める方法で告知すれば足りる（民執20条、
民訴119条）。ただし、電子決定書の作成をしてしなければならない場合（令和
5年改正法における売却許可に関する決定〔民執69条2項〕）、送達を必要とする
場合（強制競売開始決定〔民執45条2項〕、債権差押命令〔民執145条3項〕、転付
命令〔民執159条2項〕）、公告を必要とする場合（不動産の売却〔民執64条5項〕、
入札期日等〔民執規36条〕）等がある。また、特定の者に対して通知を必要とす
る場合もある（民執規19条・24条・25条・64条等）。

3 執行官

（1）**意義** 執行官は、裁判の執行、文書の送達、その他の事務を担当する独
立かつ単独制の司法機関で、地方裁判所に置かれる者のことをいう（裁判所62
条）。各地方裁判所によって任命され（裁判所64条、執行官規1条）、裁判所内
に事務所を置いて執務を行う国家公務員である。執行官は、原則として、所属
する地方裁判所の管轄区域内で職務を行う（執行官4条）。

　執行官は、行政・税務・公安職の公務員や、弁護士・弁理士・司法書士・不
動産鑑定士、また金融機関における一定の実務経験を有し、執行官選考採用試

験に合格した者が、その担い手となる。実際は、裁判所職員（事務官・書記官）経験者や、税務職員経験者からの登用が多いとされる。なお、令和5年（2023年）4月、初めての女性執行官が誕生したニュースが報じられた。

執行官は、国家公務員であるが、いわゆる「手数料制」が採用されている点に大きな特徴がある。したがって、国家から給料の支給は受けず、個々の執行処分によって得られる手数料が、その収入となる（裁判所62条4項）。執行官は、主として、事実的行為、いわば生身の人間の活動が必要となる執行処分を担うこととなる。

(2) 執行官の職務範囲　(i)執行官が執行機関となる執行　執行官が独立した執行機関として行う執行処分としては、動産執行（民執122条）、動産競売（民執190条）、物（動産または不動産）の引渡しや明渡しを求める請求権の強制執行（民執168条、169条）がある。

(ii)執行裁判所の執行に付随する行為　執行裁判所の管轄する執行手続に付随して執行官がする行為として、不動産強制競売では、売却のための保全処分に伴う不動産の占有・保管（民執55条1項2号、77条1項2号）、不動産の現況調査（民執57条、民執規28条）、内覧の実施（民執64条の2）、売却の実施（民執64条3項）等がある。

(iii)裁定事務　執行官は、執行裁判所の個別的な裁判によって執行官が取り扱うものとされた事務、いわゆる**裁定事務**も担う（執行官1条2号）。実務上は、不動産の強制管理や担保不動産収益執行における管理人（民執94条・188条）や、代替執行の授権決定に基づき作為を実施する第三者（民執171条1項1号）に執行官が選任される場合等が多いとされる。

(3) 執行官の職務執行　(i)執行官の地位　執行官が独立の執行機関として執行処分をする場合は、当事者の申立てに基づいて行う（執行官2条1項）。適法な申立てがあれば、執行官は法定の手続に従って執行処分を行うことになる。執行官は、申立人の具体的な指示に拘束されることなく、執行官自身の判断と責任で執行処分を実施する。また、執行官がその職務を行うについて故意または過失によって違法に他人に損害を加えたときは、国がその損害の賠償責任を負うことになる（国賠1条）。

【判例⑥】 執行官の注意義務
――執行官はどのような場合に国家賠償責任を負うか？

最三小判平成 9〔1997〕年 7 月 15 日・民集 51 巻 6 号 2645 頁

〈事案〉 執行官 A は、甲土地（山林）の不動産
競売手続において現況調査を担当し、甲土地の登
記簿謄本、不動産登記法所定の登記所備付地図の
写し、および市販の地図を携行し、地元町役場で
案内を依頼した。その際、甲土地を知っていると
いう町役場職員 B が案内を引き受けたので、B

```
X → Y（国）
  国家賠償請求
    第 1 審   一部認容
    控訴審   一部認容
    最高裁   上告棄却
```

とともに現地に向かった。B は廃屋がある場所に A を案内し、そこが甲土地であ
り廃屋は C 会社の牧場畜舎跡である旨の指示説明をした。ところが、実際には、
その土地は甲土地の西側に隣接する乙土地であった。また、A は、方位磁針を持参
していなかったため、山道および廃屋の位置関係が、登記所備付地図上のものと異
なっていることに気が付かず、B がどの程度地理に通じているのかも確認しないま
ま、甲土地の登記簿謄本に、以前の所有者として C 会社の記載があったことから、
そこが甲土地であると判断し、その現況を甲土地の現況として現況調査報告書に記
載した。

　X は、現況調査報告書の記載等から、乙土地を甲土地であると誤信して買受 申
出を行い、土地を競落した後、乙土地上に建物を建築して自宅として使用していた。
しかし、乙土地の所有者から明渡しを求められ、土地・建物の明渡しを余儀なくさ
れた。X は、A の誤った現況調査結果を信じて甲土地を取得したことにより損害を
被ったとして Y（国）に国家賠償を請求した。第 1 審・控訴審とも X の請求を一
部認容した。これに対して Y が上告した。

〈判旨〉 上告棄却。「執行官は、執行裁判所に対してはもとより、不動産の買受希
望者に対する関係においても、目的不動産の現況をできる限り正確に調査すべき注
意義務を負うものと解される。もっとも、現況調査は、民事執行手続の一環として
迅速に行わなければならず、また、目的不動産の位置や形状を正確に記載した地図
が必ずしも整備されていなかったり、所有者等の関係人の協力を得ることが困難な
場合があるなど調査を実施する上での制約も少なくない。これらの点を考慮すると、
現況調査報告書の記載内容が目的不動産の実際の状況と異なっても、そのことから
直ちに執行官が前記注意義務に違反したと評価するのは相当ではないが、執行官が

現況調査を行うに当たり、通常行うべき調査方法を採らず、あるいは、調査結果の十分な評価、検討を怠るなど、その調査及び判断の過程が合理性を欠き、その結果、現況調査報告書の記載内容と目的不動産の実際の状況との間に看過し難い相違が生じた場合には、執行官が前記注意義務に違反したものと認められ、国は、誤った現況調査報告書の記載を信じたために損害を被った者に対し、国家賠償法1条1項に基づく損害賠償の責任を負うと解するのが相当である。」

「甲土地の現況調査を担当した執行官Ａは、案内した町役場職員Ｂの指示説明の内容と登記簿の記載や畜舎跡と見られる廃屋の存在が符合することから、Ｂの指示した土地が甲土地であると判断したものと認められる。しかし、Ｂは、自ら案内を申し出たとはいえ、甲土地の位置を正確に指示説明できるだけの知識を有するかどうかは明らかではなかったのであるから、このような場合、執行官としては、この点につきＢに質問し、あるいは、他の調査結果と照らし合わせるなどして、その指示説明の正確性を検討すべきであった。にもかかわらず、執行官Ａは、直ちにＢの指示説明した土地を甲土地と判断したのであるから、右の検討を怠ったものといわざるを得ない。また、不動産登記法17条〔現14条〕所定の登記所備付地図……は、現地指示能力及び現地復元能力を有し、土地の所在、範囲を特定する際の重要な資料であり、現況調査の目的となる土地につき登記所備付地図がある場合には、右地図と現地の状況を方位や道路、隣地との位置関係等から照合して土地の特定を行うのが通常の調査方法と考えられるところ、前記事実関係によれば、執行官Ａは、甲土地が記載された登記所備付地図の写しを携行していたにもかかわらず、右地図写しと現地の状況との照合を十分に行わず、そのために両者の相違に気付かなかったというのである。以上によれば、執行官Ａは、甲土地の現況調査を行うに当たり、通常行うべき調査方法を採らず、また、調査結果の十分な評価、検討を怠り、その結果、現況調査の対象となる土地の特定を誤り、乙土地の現況を甲土地の現況として現況調査報告書に記載したものであって、目的不動産の現況をできる限り正確に調査すべき注意義務に違反したものと認められる」

執行官は、申立人（執行債権者）の代理人ではなく、あくまで、国の機関として権限を行使する。そのため、申立人（執行債権者）が執行官に対して、代物弁済の受領や和解、期限の猶予、反対給付の提供といった権限を特別に与えることはできないとする見解が一般的である。

(ii)強制力の行使　執行官の執行処分は、事実的行為が中心となる。執行官は執行処分に際して、関係者の生活圏に立ち入った上で、執行の現場で作業を行

うことになる。

このような性質のある執行官の職務執行が円滑に実施できるように、執行官には、強力な権限が与えられている。具体的には、執行処分を行うに際して、強制的な立入りや捜索、閉鎖した戸や容器（例、金庫等）を開けるために必要な処分をすることができる（民執57条3項・123条2項・168条4項・169条2項175条1項・2項等）。さらに、これらの職務の執行に際して、抵抗を受ける場合は、その抵抗を排除するため、威力を用い、または警察上の援助を求めることもできる（民執6条1項本文）。

他方で、このような執行官の権限行使の適正を確保するため、執行官は、住居主等がいない住居に立ち入る場合や、抵抗の排除のため威力・警察上の援助を求める際には、立会人を立ち合わせなければならないこととされている（民執7条）。また、休日・夜間（午後7時から翌朝7時）に住居に立ち入って執行を実施する場合には、執行裁判所の許可が必要となる（民執8条）。加えて、執行官が職務を執行する際には、身分証明証の携帯および求めがあったときの提示（民執9条）が義務付けられている。

4 執行共助機関

執行手続において、執行機関と連携しつつ、その担当する事務以外の事務処理を担当する機関を執行共助機関という。

(1) **裁判所書記官** 執行共助機関のうち、もっとも重要な役割を果たすのは、裁判所書記官である。裁判所書記官は、執行裁判所が行う執行手続について、裁判官の命令に応じて、裁判官を補助する役割を担う（裁判所60条4項）。

もっとも、執行手続は、訴訟手続（判決手続）と比べると、定型的で、それほど高度・複雑な法律判断を必要としない行為も多い。そのため、民事執行法制定前においては、裁判官の権限とされていた事柄について、民事執行法は、その多くを、裁判所書記官の権限とした。

裁判所書記官の権限としては、一般的に、執行記録等の作成・保管の事務（民執19条の5）のほか、差押えの登記・登録の嘱託をはじめとする登記・登録関係事務（民執48条1項・82条・150条・164条・167条5項等）、公告や催告等の実務（民執49条2項・64条5項等）、不動産執行における電子物件明細書の作

成および記録等（民執62条）、不動産の売却方法の決定（民執64条1項）、不動産の売却許可・不許可にかかる電子決定書の作成（民執69条）や、電子配当表の作成（民執85条）等がある。

(2)　**執行補助者**　執行官以外の者で、執行裁判所の命令により民事執行に関する職務を行う者を執行補助者という。具体的には、不動産執行等における評価人（民執58条。これは、通常、不動産鑑定士の中から、執行裁判所により選任される）、強制管理や担保不動産収益執行における管理人（民執94条・188条）、船舶執行における船舶保管人（民執116条）等がある。また、建物の明渡執行等で、鍵を解錠する業者や、家具や荷物等を現実に搬出、保管する業者、子の引渡しの強制執行に立ち会いを行う児童心理の専門家等も、執行補助者として重要な役割を果たす（執行官10条1項4号参照。なお、これらの者は、条文上、技術者、労務者と表現されている）。

これらの者が職務の執行に際し抵抗を受ける場合は、執行官に援助を求めることができる（民執6条2項）。そして、立会人の立会い（民執7条）、休日または夜間の執行（民執8条）、資格証明書の携帯（民執9条）の規定も適用される。

(3)　**他の官庁・公署**　民事執行手続を進行させる上で、執行機関が、他の官庁または公署の援助を必要とする場合は、官庁または公署に対して、援助を求めることができる（民執18条1項）。援助を請求できる相手方には、国または地方公共団体のすべての機関が含まれるが、どのような場合に、どの官庁・公署に対して、どのような内容の援助を求めるかについては、執行機関に委ねられている。

他の官庁・公署に対する援助について、具体的に定めが置かれているものとしては、警察官（民執6条1項）、登記官・登録官（民執48条・54条・150条・164条、民執規84条・97条・98条等）、市町村（民執規36条2項）等がある。

なお、民事執行の目的財産に対して課される租税その他の公課について、執行機関は、証明書の交付を請求することができる（民執18条2項）。また、民事執行の申立てをしようとする者も、その申立てのために、証明書の交付を求めることができる（同条3項）。

(4)　**執行共助機関としての債権者**　債権執行において差し押さえた債権の取立てを行う差押債権者（民執155条）および、代替執行において授権決定を受

けた執行債権者（民執171条1項1号）も、執行共助機関としての性質をもつこととなる。

第3講

債務名義

〈本講のポイント〉

　強制執行は、実体法上の請求権の強制的実現のためにある。強制執行は執行機関という国家権力が債務者の財産関係に強制的に介入することにより行われるため、このような国家権力の介入を正当化するための根拠が必要である。ところで、民事執行法によれば、強制執行は、「執行文の付された債務名義の正本<small>（せいほん）</small>」に基づいて実施するとあるので（民執25条）、強制執行の（実体的な）要件としては、債務名義と執行文（→第4講）の存在が重要である。本講では、強制執行の要件について概観した後（→Ⅰ）、強制執行の実体的要件として重要なもののひとつとしての債務名義について説明する（→Ⅱ）。

Ⅰ　強制執行の要件

1　強制執行の実体的要件——債務名義と執行文

　前述の通り、強制執行の目的は、実体法上の請求権の実現にある。その目的からすれば、その実体的な要件は、債権者が債務者に対して実体法上の請求権を即時に行使できること、具体的には、①本来的には実現すべき実体法上の請求権が存在すること、②即時に給付をできる状態にあること、③債権者がこの請求権を行使できること、および、④債務者がこの請求権に対して履行義務を負う地位にあることの4つの要件を充たしていることが必要となろう。

　しかしながら、以上の要件の判断を、執行機関が行うのは適切ではない。なぜなら、執行機関は、執行手続を効率的にするために、権利判定機関から分離されているからである（判断機関と執行機関の分離の原則→11頁）。そこで、民事執行法25条により、強制執行は、「**執行文の付された債務名義の正本（執行**

正本）」に基づいて実施すると定め、債務名義と執行文という、実体法上の請求権を実現するための要件を充たしていると権利判定機関などにより判断されたことを示す法定の文書の存在を通じて、執行機関が、形式的・間接的に上記の要件を確認すべきものにした。このうち、**債務名義**は、給付請求権の存在を示したものであり（→Ⅱ）、**執行文**は、債務名義の執行力の存在する範囲を公証する役割を果たすが、場合によっては債務名義の内容を補充する役割も果たす（→第4講）。

　執行機関は、債務名義と執行文を基準として執行手続の開始要件の有無を判断するが、それでは、債務名義・執行文の表示内容と実体法上の権利関係とが食い違っている場合がありえ、執行機関の判断は、民事執行法の定める手続に違反していないが（すなわち**違法執行**ではない）、実体法的に見れば正当でない場合がありうる（これは**不当執行**と呼ばれる。違法執行と不当執行の違いについては→第6講Ⅰ）。不当執行が問題となる場合には、民事執行法は、執行関係訴訟（請求異議訴訟、執行文付与をめぐる訴訟、第三者異議訴訟など）を用意し、権利判定機関により、実体法的に正当な執行であるかどうかを訴訟手続で判断し、この結果を執行手続に反映させている。このように、強制執行手続においては、執行機関は執行手続の実体的な要件については判断できないという原則が貫かれている。

　ただし、例外的に、強制執行開始の要件を、執行機関自らが判断する場合がある。それは、①確定期限の到来（民執30条1項）、②担保を立てることを強制執行の実施の条件とする場合に、債権者が担保を立てたこと（民執30条2項）、③債務者の給付が反対給付と引換えにすべき場合に、反対給付またはその提供があったこと（民執31条1項）、および、④いわゆる代償請求（例：特定物の引渡を命じるとともに、その執行が不能なときは一定額の金銭を支払うべきことを命じる判決による執行）の執行において債権者が他の給付につき強制執行を試みたが目的を達することができなかったこと（執行不能。民執31条2項）がある。これらの事項はおおむね形式的で立ち入った審理なしに判定できるものであるから、執行機関自らにより判断されても問題がないものとされている。

2 強制執行の手続的要件

強制執行を開始するためには、前述の実体的要件のみならず次の手続的要件をも具備することが求められる。すなわち、①有効な強制執行開始の申立てがあること（民執2条）、②当事者および強制執行の対象財産に対して日本の民事執行権が及ぶこと、③申立てを受けた執行機関が管轄を有すること（これが専属管轄であることについて、民執19条）、④執行当事者能力があること（民執20条、民訴28条・29条）、⑤債務名義等が強制執行に先立ってまたは同時に債務者に送達されていること（民執29条。債務者に対する手続保障のためである。）、⑥執行障害事由がないこと（例、倒産処理手続開始による強制執行の禁止〔破産42条〕）、⑦執行費用を予納したこと（民執14条）などがある。

II 債務名義

1 債務名義の意義

債務名義とは、強制執行によって実現されるべき給付請求権の存在と内容を明らかにし、それを基本として強制執行をすることを法律が認めた文書である。債務名義が強制執行の基本とされるのは、原則として、債務名義なしには強制執行はなく（例外として、民執42条2項）、強制執行は、債務名義を基礎とし、その記載を基準として実施されるからである。したがって、執行機関は、債務名義が提出されると、自らがその執行債権の存否について実体的な調査や判断をすることなしに、債務名義の記載の通りに強制執行を実施しなければならない（民執25条も参照）。

債務名義に表示される事項は、①実現されるべき給付請求権、②当事者（債権者・債務者）、③執行対象財産ないし責任の限度である。ただし、③については、金銭債権については債務者の責任財産全体が執行対象であるから、有限責任の場合（例、限定承認の抗弁を認めて相続財産の限度での支払を命じる判決）を除き記載されない。

2 各種の債務名義

どのような文書を債務名義とするかは、立法者の判断に委ねられるが、日本

の民事執行法の場合、債務名義となる文書は、民事執行法 22 条各号に列挙されている。もっとも、債務名義となり得る文書は、国家の強制力を発動して債務者の権利関係に侵害を加えることが一般に是認される程度に高度の蓋然性をもって給付請求権の存在と内容とを示す文書でなければならず、しかも、法律がこれに基づいて強制執行をすることができることを明示的に規定している種類の文書でなければならない。それゆえ、債務名義の種類は、類推によって拡張することが認められない。

(1) **確定判決（民執 22 条 1 号）・仮執行宣言付判決（同 2 号） ①終局判決**
日本の裁判所の終局判決で、強制執行に適する給付請求権を表示する給付判決は、確定したか、または仮執行宣言を付されている場合には、原則として債務名義となる（同条 1 号・2 号）。

民事執行法 22 条 1 号および 2 号に基づき債務名義となり得るのは、終局判決に限られ、中間判決（民訴 245 条）は、その性質上、強制執行は問題とならない。終局判決のうちでも原則として給付判決に限られる。確認判決・形成判決は、その内容上、執行力を有しないからである（その中に含まれた訴訟費用の裁判は、債務名義となる）。

②**確定判決** 給付を命じる終局判決は、それが確定した場合に執行力をもつ（民執 22 条 1 号）。ここにいう「確定」とは形式的確定力のことを指すため、確定判決とは、上訴判決によって取り消される余地のなくなった判決をいう（民訴 116 条参照）。

③**仮執行宣言付判決** 給付を命じる終局判決は未確定であっても、それに仮にこれを執行することができる旨の宣言が付されていれば（民訴 259 条 1 項）、執行力を有し、債務名義となる（民執 22 条 2 号）。仮執行宣言制度は、敗訴判決に対して上訴を提起して裁判の確定を遮断することのできる被告（債務者）の審級の利益と、勝訴原告（債権者）が迅速に判決内容を実現するという執行利益を調整するために存在する。

ただし、給付義務の性質上、未確定判決による強制執行が許されない場合には、仮執行宣言を付与することが許されない場合もある。判例・通説によれば、登記手続などの意思表示を命じる判決にも、仮執行宣言を付与することはできない（最一小判昭和 41〔1966〕年 6 月 2 日・判時 464 号 25 頁）。

その他、裁判所は、申立てによりまたは職権で、債権者に担保の提供と引き換えにのみ仮執行を許す宣言を付することもできる（民訴259条1項）。この場合、債権者は、担保を提供したことを証明する文書を執行機関に提出した場合に限り、強制執行を開始することができる（民執30条2項）。

これに対して、裁判所は、債務者が担保を提供することによって執行を免れる旨の宣言（**仮執行免脱宣言**）のついた仮執行宣言を付することもできる（民訴259条3項）。この場合、当該仮執行宣言・同免脱宣言付判決の執行力は、免脱担保が立てられることにより当然に消滅するとするのが判例・通説である（東京地判平成4〔1992〕年6月17日・判タ795号81頁）。

なお、仮執行宣言付判決における執行は、仮執行と呼ばれるが、保全執行とは異なり、確定判決に基づく執行と同じく、執行債権の満足に至る。ただし、その満足は仮執行宣言の失効（民訴260条1項）を法定の解除条件とする。したがって、仮執行宣言がなされた後、債務名義となった判決が上訴裁判所によって取消し・変更されると、仮執行の効果も遡及的に消滅し、債権者は、仮執行によって取得した財産を債務者に返還し、仮執行により生じた損害を債務者に賠償する義務を負う（同条2項）。

(2) **決定・命令（民執22条3号）**　「抗告によらなければ不服を申し立てることができない裁判」とは、性質上抗告ができる決定または命令で、その内容が執行に適する具体的な請求権を表示しているものであり、これも債務名義となる（民執22条3号）。その例としては、不動産引渡命令（民執83条5項）、代替執行の費用前払決定や間接強制の際の強制金支払決定（民執171条4項5項・172条1項2項）などが挙げられる。

(3) **仮執行宣言付損害賠償命令（民執22条3号の2）**　犯罪被害者等の権利利益の保護を図るための刑事手続に付随する措置に関する法律24条1項各号に掲げられた犯罪に係る刑事被告事件の被害者およびその一般承継人は、当該刑事被告事件の中で、当該犯罪によって生じた不法行為に基づく損害の賠償命令の申立てを行うことができる（同法24条1項）。この申立てに対して、当該刑事被告事件を担当する裁判所は、審理の結果、被告人に対して損害の賠償を命じる裁判（その性質は決定である）を行わなければならない。その際、裁判所は、必要があると認めるときは、申立てによりまたは職権で、担保を立てて、また

は立てないで仮執行をすることができることを宣言することができる（同法33条2項）。この場合、適法な異議申立てがあっても、損害賠償命令の効力は失われないため（同法34条4項）、仮執行宣言付損害賠償命令は、債務名義としての効力を有する（民執22条3号の2）。

(4) **仮執行宣言付債権届出支払命令（民執22条3号の3）**　消費者の財産的被害の集団的な回復のための民事の裁判手続の特例に関する法律（消費者裁判手続特例法）47条に基づく簡易確定決定のうち、届出債権の支払を命じる簡易確定決定は「届出債権支払命令」と呼ばれる。これを命じる裁判所は、同条4項により、必要があると認めるときは、申立てによりまたは職権で、担保を立てて、または立てないで仮執行宣言をすることができる。この仮執行宣言付債権届出支払命令は、民事執行法22条3号の3により債務名義とされている。仮にこの命令に対して適法な異議申立てがあった場合にも、消費者裁判手続特例法49条5項によりその効力を失わないためである。

(5) **仮執行宣言付支払督促（民執22条4号）**　支払督促は、督促手続（民訴382条以下）において裁判所書記官が発するものである。支払督促（民訴382条）の送達を受けた日から2週間内に債務者が督促異議（民訴386条2項）を申し立てない場合には、債権者の申立てにより支払督促に仮執行の宣言が付され（同391条）、この仮執行宣言付支払督促が債務名義となる（民執22条4号）。なお、仮執行宣言付支払督促を受けた日から2週間以内に債務者が督促異議を申し立てない場合、または、督促異議を申し立てたがそれを却下した決定が確定した場合には、支払督促は、確定判決と同一の効力を有する文書としての債務名義に転化する（民訴396条、民執22条7号）。

(6) **費用額確定処分（民執22条4号の2）**　訴訟費用、非訟事件・家事事件・ハーグ条約実施法（国際的な子の奪取の民事上の側面に関する条約の実施に関する法律）29条の子の返還に関する事件の手続費用の負担額および和解の費用の負担額を定める裁判所書記官の処分は、債務名義となる（民執22条4号の2、民訴71条・72条、非訟28条、家事31条、ハーグ条約実施法58条→190頁）。

　また、民事執行法42条4項に規定する執行費用および返還すべき金銭の額を定める裁判所書記官の処分も、それが確定すると債務名義となる（民執22条4号の2）。

第3講　債務名義　　41

(7)　**執行証書（民執22条5号）**　公証人が作成した公正証書で、法定の要件（民執22条5号）をそなえ執行力を有するものを、**執行証書**と呼び、これは債務名義となる。

執行証書は、裁判所の関与がなくても成立する債務名義であり（それゆえ執行証書は広く使われてきたが、近年は貸付等の与信取引の変化により減少傾向にある）、その執行力の根拠は執行証書の要件としての債務者の公証人に対する執行受諾の意思表示にある。執行証書は、取引の当事者が将来における債務の任意の履行がない場合に備えて、あらかじめ、訴訟を経ることなく債務名義を取得するための手段である。したがって、執行証書には既判力はなく、それゆえ、請求異議の訴えにおいては、執行証書に表示された請求権が当初から不発生または無効であったことを主張することができる（民執35条2項）。

執行証書の要件は、以下の①～③である。

①公証人がその権限に基づき法定の方式により作成した文書であること　公証人は、法令の違反に関する事項、無効な法律行為および行為能力の制限により取り消し得る法律行為につき証書を作成することはできないが（公証26条）、証書作成につき法律行為の有効性や能力などに疑いがある場合に当事者に必要な説明をさせる以上の実体的審査権限も義務も有しない（公証人法施行規則13条、最一小判平成9〔1997〕年9月4日・民集51巻8号3718頁）。そのため、公証人が、この規定に違反した場合にも、それは公証人自身の懲戒事由になるにすぎず（公証79条以下。したがって、同26条は職務規律規定と呼ばれる）、無効な法律行為または当事者の行為能力の欠缺により取り消し得る法律行為につき作成された証書であっても、それが公証人の権限外の行為に基づくものであるとの理由から、当然に無効となるものではない。

公正証書の作成に際しては、当事者双方またはその代理人が公証役場に出頭し、公証人に公正証書作成の嘱託をすることが要求される。そこで、代理権を授与された者が、本人のためにすることを示して代理人の名において行為するのではなく、直接本人の名において行為し、本人の名で署名する場合に（これは**署名代理**と呼ばれる）、執行証書が有効であるかが判例上問題となっている。

【判例⑦】署名代理によって作成嘱託された公正証書の有効性：債務者の場合
　　──署名代理による公正証書は有効か？
最三小判昭和51〔1976〕年10月12日・民集30巻9号889頁

〈事案〉Ｘは、確定判決の正本を債務名義として天野商店のＺに対する債権を差し押さえた。しかし、その前に、Ｙが、執行証書を債務名義として同債権を差し押さえていた。そこでＺは天野商店に対する債務金を供託した。その後、裁判所が配

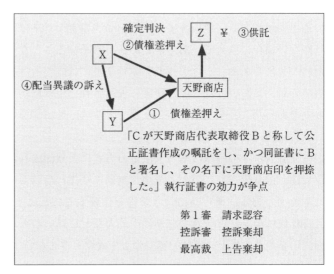

当表を作成したところ、ＸはＹの配当金額に異議を述べ、Ｙを被告として配当異議の訴えを提起した。その理由として、Ｙの執行証書は署名代理により行われているもので無効であることを挙げていた。Ｙを除いた債権者に案分した配当表に変更する旨のＸの請求を認容する第１審判決に対して提起したＹの控訴は棄却されたため、Ｙが上告した。

〈判旨〉　上告棄却。「公正証書は、訴訟手続を経ることなくそれ自体で債務名義となり、債権者はこれに執行文の付与を受けて強制執行をすることが可能となるものであるから、公正証書が公正の効力を有するためには法律の定める要件を具備することを要する（公証人法２条）ところ、代理人による公正証書作成の嘱託については、代理権限を証する書面や印鑑証明等の提出を要し（同法32条）、公証人は、本人に対し代理人の氏名等所定の事項を通知し（同法施行規則13条の2）、作成した公正証書を列席者に読み聞かせ又は閲覧させたうえ、列席者各自これに署名捺印することを要するものと規定されている（同法39条）。

思うに、右法規の趣旨とするところは、公正証書のもつ重要性にかんがみ、公正証書が正当な権限を有する者によって嘱託され、その記載事項が真実に合致することを担保するにあるものと解されるから、公正証書の作成を現実に嘱託する者に人違いがないということは、公正証書の作成にあたり要求される最も基本的な事項というべきであって、署名が行為者を識別する重要な方法であること、他方、公正証書に記載される執行受諾の意思表示は、公証人に対してされる訴訟行為であって、これには私法上取引の相手方保護を目的とする民法の表見代理に関する規定の適用又は準用がないものと解されている（最二小判昭和33〔1958〕年5月23日・民集12巻8号1105頁参照）ことなどを総合すると、代理人の嘱託による公正証書の場合には、公証人法の前記規定に定める手続を履践し、かつ、当該公正証書に嘱託者である代理人が自署することを要し、代理人が本人として公正証書の作成を嘱託することは右規定の適用を潜脱するものというべきであるから、その嘱託は違法であり、これに基づいて作成された公正証書は公正の効力を生ずるに由なく、署名代理を認める余地はないものと解するのが、相当である。」

　以上の通り、判例は、代理人がいわゆる署名代理の方法で作成嘱託および執行受諾の意思表示をした公正証書を無効とする（債権者側の署名代理についても、最三小判昭和56〔1981〕年3月24日・民集35巻2号254頁が同旨）。これに対して、学説の多くは、とりわけ債務者側の署名代理の場合には、代理人が公正証書の作成嘱託および債務者の執行受諾について代理権を有しているのに、その代理行為の方法を誤ったために、執行証書を無効とすることは、債務者側の有責行為を理由に、相手方である債権者にとって不利益な結果を生じさせることとなり、当事者間の公平に反するし、また、私法行為については署名代理を有効とするため、取引の実情にも沿わないと主張し、判例の立場に反対する。

　②一定額の金銭の支払または他の代替物・有価証券の一定数量の給付を目的とする請求権の特定表示があること　証書に表示された請求権は、金銭・代替物・有価証券の給付を内容とする請求権であり、かつ、証書の記載によって特定することができるものであることを要する。請求権は、当事者ないし（第三者に給付される場合には）給付受領者、目的および発生原因（契約・金銭授受の日時など）の記載により、他の請求権と識別できる程度に特定されるべきである。なお、ここでは、公正証書の債務名義としての有効性の判断基準としての、請

求権の特定性が問題となっており、特定された請求権が真実に合致して存在しているか、または、有効であるかという問題とは関係がない。したがって、表示された請求権が真実には存在しなくとも、それが特定されていれば、債務名義としては有効であり、その債務名義に基づく不当執行は請求異議訴訟により排除することができるにすぎない（ただし、最三小判平成6〔1994〕年4月5日・判時1558号29頁）。

　執行すべき請求権の金額・数量が一定であり、かつ、それが証書の記載により確知できることが必要である。金額の一定性については、とりわけ保証人の求償権について実務上問題がある。委託を受けた保証人の求償権について作成された公正証書のうち、事前求償権（民460条）については金額の一定性を肯定するのが一般的であるが（福岡高決昭和60〔1985〕年4月22日・金法1123号40頁）、事後求償権（民459条）については、実際に弁済された金額に応じて具体的に発生するので（民459条2項・442条2項）、事前に作成された証書に一定の金額が表示されていると言えるのかどうかが問題となる。この問題に関しては、次の裁判例が存在する。

【判例⑧】執行証書における金額の一定性：事後求償権の場合
　——金額の一定性はどのように判断されるか？
　大阪高決昭和60〔1985〕年8月30日・判タ569号84頁

〈事案〉　AがBから金員（きんいん）を借り入れる際にXに保証を委託し、Xが連帯保証人としてBに連帯保証債務を履行した場合には、XはAに対して求償権を行使する旨の契約を締結し、次の文言の公正証書が作成された。

　「第1条　XとAが、昭和58（1983）年1月15日Aがオートローン契約に基づき自動車を購入するためBから2,637,718円を借り受けてXにその保証を委託し、Xが連帯保証したことによりAがXに対して負担する求償の弁済につき本契約を締結する。

　第2条　AはXがBに対して前条の連帯保証債務を履行したときは直ちにXがBに弁済した金額およびこれに対する弁済期日の翌日から完済まで年29.2％の割合による遅延損害金をXに支払わなければならない。

　第5条　Aとその連帯保証人が本証書一定金額支払いの債務を履行しないときは

直ちに強制執行に服する旨陳述した。」

　その後、Aが債務の弁済を怠ったため、XがBに代位弁済をした。そこで、XはAに対する求償権を実現するために、上記の公正証書に基づいて、AのYに対する金銭債権を差し押さえ、債権執行手続を申し立てた。しかし、執行裁判所はこれを却下したので、Xが抗告（現行法によれば執行抗告である）した。

〈決定要旨〉　抗告棄却。「金銭の支払を目的とする公正証書が強制執行上の債務名義である執行証書になり得るためには、民事執行法22条5号に従い金銭の一定の金額の支払を目的とする請求権について公証人が作成したもので、債務者が直ちに強制執行に服する旨の陳述が記載されているものであることを要する。

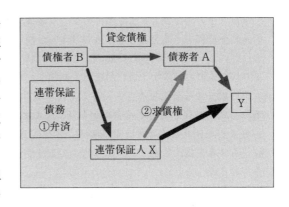

　このように法が金額の一定を要求しているのは、裁判機関でない公証人に債務名義の作成を認めるための不可欠の要件である債務者が執行に服する旨の陳述（執行受諾の陳述という）の対象を明確にして、債務者の判断に遺憾なきを期し、その保護を図るとともに、これにより執行機関が債権者の請求の範囲を明確に知ることができ、執行の迅速確実を期したものである。

　したがって、公正証書の記載自体から一定の金額の支払が明記されていること及びそれにつき執行受諾文言の記載があることを要するのであって、公正証書以外の資料から金額の一定性を求めることは、それにつき公正証書上債務者の執行受諾がないので許されないものというべきである。」

　「右本件公正証書の記載を検討すると、前示第2条の文言は、要するにXがBに対し第1条記載の連帯保証債務を履行したときには、その弁済額及びこれに対する遅延損害金の支払を約したもので、その支払うべき具体的金額はXの弁済額の多寡にかかっておりその弁済がなされるまでは定まらず、公正証書自体の記載から一定の金額を明記しているとはいえないし、また公正証書の記載事項の計算上から一定の金額が明らかになるものとも解することができない。

　もっとも、論理上、第2条はその第1条の「連帯保証を履行したときは」なる文言に照らし、弁済額が第1条所定の金額を越えないものであるともいえなくもない

けれども、肝腎の支払の対象となるべき金額の記載としては第2条においてXが
Bに「弁済した金額」及びこれに対する遅延損害金と記されているのみであって、
第1条記載の連帯保証債務額全額を最高額としこれを一定の金額の支払として記載
されたものとは第2条の文言上明らかでないし、とくに第5条の強制執行受諾文言
において第1条記載の金額全額を一定の金額としてその支払の債務不履行につきこ
れがなされたものと認めることはできない。

　事前求償の場合はもとより本件のような事後求償の場合についても、まず主債務
の元利金全額を一定金額としてその具体的金額の支払が公正証書上明記され、債務
者において明確にその執行受諾がなされていれば、その後の主債務者などの弁済に
より保証人の弁済額がそれに対応して減額されたときには、その限度に限り支払う
との構成をとる公正証書であっても、民事執行法22条5号にいう執行証書として
債務名義たり得ると解する余地があり、その場合にはX主張のように連帯保証人
たるXの弁済及びその弁済額の証明は同法27条の類推適用によりXにその事実を
証する文書を提出したときに限り執行文を付与する扱いとすることにより処理し得
るものと考える。

　しかしながら、本件公正証書においては既述のとおりそもそも最高額を一定金額
とした支払が明記されているとはいえないし、債務者がなした執行受諾の対象の記
載が曖昧でそれが右最高額の支払につきなされたものと認めるべき明確な記載がな
い以上本件証書を民事執行法22条5号にいう執行証書として債務名義となる公正
証書ではないというほかない。」

　**③債務者が直ちに強制執行に服する旨の意思表示（執行受諾の意思表示）が
あること**　執行受諾の意思表示は、国家の公証機関に対する債務者の意思表示
であり、直接に執行法上の効力を生じるため、訴訟行為である。したがって、
執行受諾の要件・効果については、同じ執行証書に記載された私法上の法律行
為のそれとは別個に判断される。しかし、執行受諾の意思表示は、訴訟外で私
法行為と関連してなされる点で、**私法規定の類推適用**が問題となる。

　私法規定のうち、意思表示の錯誤に関する民法95条および詐欺・強迫に関
する民法96条の類推適用は一般に認められている（民法95条につき、最一小判
昭和44〔1969〕年9月18日・民集23巻9号1675頁）。表見代理に関する規定の
適用または類推適用は許されないとするのが、判例の立場である（民法109条
について、最一小判昭和42〔1967〕年7月13日・判時495号50頁。民法110条に

ついて、最二小判昭和 33〔1958〕年 5 月 23 日・民集 12 巻 8 号 1105 頁)。

⑻ **確定した執行判決のある外国裁判所の判決（民執 22 条 6 号）** 外国裁判所の確定判決（外国判決）のうち、一定の要件を備えているものは、日本においても効力を認められる（民訴 118 条）。しかし、外国判決の内容を日本において強制的に実現するためには、日本の裁判所が、外国判決承認のための要件（同118 条）が具備しているかどうかを、あらかじめ通常の訴訟手続で確定させる必要がある。なぜなら、この点の判断を執行機関（または執行付与機関）に任せるのは妥当でないからである。そこで、日本の民事執行法は、外国判決を日本において執行するためには、日本の裁判所の執行判決、すなわち、その外国判決による強制執行を許す旨を宣言する判決を要求する（民執 24 条）。執行判決と外国判決が合体して 1 つの債務名義となる（民執 22 条 6 号）。

⑼ **確定した執行決定のある仲裁判断（民執 22 条 6 号の 2）** 仲裁合意（仲裁2 条 1 項）に基づいて仲裁人が行う判断、すなわち、仲裁判断（同条 1 項）も、確定判決と同一の効力を有する（仲裁 45 条 1 項）。したがって、仲裁判断に基づいて強制執行をすることは可能であるが、その前に、仲裁判断に基づく民事執行を許す旨の決定、すなわち、執行決定を得る必要がある（仲裁 46 条 1 項）。仲裁判断は、法定の事由が存在するときは、取消決定によって取り消されるので（仲裁 44 条 1 項）、強制執行前に、仲裁判断の承認拒絶事由が存在するかどうかを審理判断する必要があるからである。執行決定は、外国確定判決についての執行判決訴訟とは異なり、迅速性を重視して、決定手続で裁判される。執行決定が確定すると、これと仲裁判断が一体となって債務名義となる（民執 22条 6 号の 2）。

⑽ **確定した執行等認可決定のある仲裁法 48 条に規定する暫定保全措置命令（6 号の 3）** 令和 5 年（2023 年）の仲裁法改正により、仲裁廷は、当事者間の合意がない場合に、その一方の申立てにより、他方の当事者に対して、仲裁法 24 条 1 項各号に定める暫定的保全措置を講じることを命じることができることとなった（同条 1 項）。しかし、この暫定的保全措置命令を裁判所により強制執行を行うためには、暫定的保全措置命令の申立てをしたものが、当該暫定保全措置命令を受けた者を被申立人として、暫定保全措置命令の執行等認可決定の申立てをしなければならない（仲裁 47 条 1 項）。裁判所は、仲裁法 47 条

7項各号に掲げられた却下事由に該当しない場合には、執行等認可決定をしなければならない（仲裁47条6項）。これが確定した場合には（仲裁47条9項）、暫定保全措置命令に基づいて強制執行が可能となる（仲裁48条）。したがって、暫定保全措置命令は執行等認可決定と一体となって債務名義となる（民執22条6号の3）。

(11) **確定した執行決定のある国際和解合意（民執22条6号の4）**　調停による国際的な和解合意に関する国際連合条約（調停に関するシンガポール条約）を日本国が締結したことを受けて、調停による国際的な和解合意に関する国際連合条約の実施に関する法律（令和5年法律第16号）が成立した。調停人による仲介により国際和解合意をした当事者は、当該当事者が「条約又は条約の実施に関する法令に基づき民事執行をすることができる旨の合意」をした場合には（同法3条）、当該国際和解合意に基づいて強制執行をすることができる。国際和解合意に基づいて強制執行をしようとする当事者は、債務者を被申立人として、裁判所に対して、執行決定（国際和解合意に基づく民事執行を許す旨の決定）を求める申立てをしなければならない（同法5条1項）。裁判所は同法5条12項各号に該当する場合を除き、執行決定をしなければならない（同法5条11項）。これが確定した場合には、国際和解合意は、当該執行決定と一体となって債務名義となる（民執22条6号の4）。

(12) **確定した執行決定のある特定和解（民執22条6号の5）**　令和5年（2023年）に、裁判外紛争解決手続の利用の促進に関する法律も改正された。**特定和解**（認証紛争解決手続において紛争の当事者間に成立した和解であって、当該和解に基づいて民事執行をすることができる旨の合意がされたものをいう。同2条5号）に基づいて強制執行をしようとする当事者は、債務者を被申立人として、**執行決定**（特定和解に基づく民事執行を許す旨の決定）を求める申立てをしなければならない（同27条の2第1項）。裁判所は、同法27条の2第11項各号に該当する場合を除き、執行決定をしなければならず（同条10項）、これが確定した場合には、特定和解は、当該執行決定と一体となって債務名義となる（民執22条6号の5）。

(13) **確定判決と同一の効力を有する文書（民執22条7号）**　法律上、「確定判決と同一の効力を有する」と定められた文書で、強制執行に親しむ特定の給付請求権を表示するものは、債務名義となる（民執22条7号）。これに該当する

のは、たとえば、確定した支払督促（民訴 396 条）、裁判上の和解調書および認諾調書（同 267 条）、家事事件手続法による調停調書（家事 268 条 1 項。ただし、別表第二に掲げる事項については同 39 条の規定による確定した審判と同一の効力をもつ）、損害賠償請求権等の査定の裁判（会社 899 条、破 181 条、民再 147 条、会更 103 条等）、破産債権者表（破 124 条 3 項）、再生債権者表（民再 180 条 2 項）などが挙げられる。その他、民事調停手続における調停調書等（民調 16 条・18 条 5 項・24 条の 3 第 2 項・31 条）、労働審判（労審 21 条 4 項）などは、法律上「裁判上の和解と同一の効力を有する」とされているが、裁判上の和解調書が「確定判決と同一の効力を有する」ので（民訴 267 条）、これらも本条 7 号にいう債務名義に含まれる。

⒁　**執行力のある債務名義と同一の効力を有する文書**　民事執行法 22 条各号とは別に、各種の手続法規において、「執行力のある債務名義と同一の効力を有する」と規定されている文書にも、本条にいう債務名義と同一の効力が認められる。これに該当するのは、金銭の支払、物の引渡し、登記義務の履行その他の給付を命じる家事審判（家事 75 条）、財産刑・過料その他の制裁を課す裁判の執行命令（刑訴 490 条 1 項、民訴 189 条 1 項、民調 36 条 1 項後段、家事 291 条 1 項後段）、国庫の立替費用・猶予費用の取立てなどの裁判（民訴費 15 条 1 項・16 条・17 条）などである。これらの文書に基づき強制執行を申し立てる際に、執行文の付記は不要であると解されている。

3　債務名義の無効と強制執行の効果

　債権者により執行力ある債務名義の正本（民執 25 条）が適式に提出された場合には、執行機関は、自らがその執行債権の存否について実体的な調査や判断をせずに、債務名義の記載の通りに強制執行を実施しなければならない。したがって、判例は、債務名義に表示された権利が債務名義成立後に弁済等により消滅したとしても（最三小判昭和 51〔1976〕年 2 月 17 日・判時 809 号 43 頁）、請求異議の訴え（民執 35 条）などの法定の方法によって、当該債務名義に基づく強制執行の不許を求めない限り、当該債務名義に基づく強制執行手続（たとえば競売等の執行行為）は有効であり、それゆえ、強制競売の場合、競売手続の完結により、買受人は競売物件の所有権も実体法上有効に取得する、とする。

しかし、判例は、債権者により執行力ある債務名義の正本が適式に提出されているが、当該債務名義がその作成過程に重大な瑕疵があるために無効である場合には、例外的に、当該債務名義に基づく強制執行手続を無効とし、それゆえ、実体法上も無効であるとする（最三小判昭和43〔1968〕年2月27日・民集22巻2号316頁）。また、「債務者を代理する権限のない者がその代理人として公証人に公正証書の作成を嘱託し、かつ、執行受諾の意思表示をした場合」には、当該公正証書は債務者に対する関係で債務名義としての効力がない（最三小判昭和50〔1975〕年7月25日・民集29巻6号1170頁）。

第4講
執行文

〈本講のポイント〉

　強制執行を実施するためには、原則として、債務名義（→第3講）の正本に執行文が付されていなければならない（民執25条）。債務名義の正本とは、裁判所書記官（執行証書の場合は公証人）が債務名義の原本を複写（コピー）し、原本の記載内容と同一であることを公証（「これは正本である。」という文言を記載して記名押印する）した文書であり、原本と同一の効力を有する。他方、**執行文**とは、債務名義に執行力が現存することおよび執行力が及ぶ範囲を公証する文言のことであり、債務名義の正本の末尾に綴じられる。

　本講では、まず、執行文の役割を説明し（→I）、執行文の付与機関（→II）、執行文の種類（→III）、意思表示の擬制のための執行文（→IV）、執行文付与の手続（→V）を説明する。最後に、執行文付与に関する救済制度（→VI）を説明する。

債務名義の正本
（仮執行宣言付判決正本）

```
        判　決
原告　川嶋三四郎
被告　山本一真
        主文
1　被告は、原告に対し、100万
  円を支払え。
2　訴訟費用は被告の負担とす
  る。
3　この判決は、仮に執行する
  ことができる。
```

これは正本である。

○年○月○日
京都地方裁判所
裁判所書記官
西村優希　㊞

←
末尾に
綴じる

執行文

```
        執行文
　債権者は、債務者に対し、こ
の債務名義により強制執行をす
ることができる。


　債権者（原告）　川嶋三四郎
　債務者（被告）　山本一真

○年○月○日
京都地方裁判所
裁判所書記官　西村優希　㊞
```

Ⅰ　執行文の役割

　債務名義は**執行力**を有する文書である。しかし、その債務名義が強制執行実施時点においても執行力を有しているかは必ずしも明らかではない。たとえば、第1審の仮執行宣言付判決（→38頁）が控訴によって取り消されれば（民訴305条・306条）、その第1審判決の効力は失われて執行力が消滅する。また、請求異議の訴え（民執35条）によって執行力が排除される場合もある。したがって、執行機関が強制執行を実施するためには、その債務名義が現在も執行力を有しているか否かを調査する必要がある。

　しかし、債務名義が現在も執行力を有しているか否かは債務名義の正本を見ただけでは明らかにならず、その調査を執行機関が行うと手数と時間を要することとなり、その結果、迅速に執行を果たすべきという強制執行の理念に反してしまう。そこで、強制執行申立て前の準備手続として、その調査を債務名義の保管機関（裁判所書記官または公証人）に行わせることとした。債務名義の保管機関は、その債務名義が現在も執行力を有しているか否かを調査し、執行力を有していると判断した場合、「債権者は、債務者に対し、この債務名義により強制執行をすることができる。」旨の**執行許諾文言**を債務名義の正本の末尾に付記する。この執行許諾文言が執行文である。執行機関は、執行文が債務名義の正本に付与されていることを確認することによって、迅速に執行を実施することができる。

Ⅱ　執行文の付与機関

　執行文の付与機関は、執行証書の場合はその原本を保存する**公証人**となり、執行証書以外の債務名義の場合は事件記録を保管している裁判所の**裁判所書記官**となる（民執26条1項）。なお、事件記録は、訴訟係属中は当該事件の係属部が保管しているが、事件完結後は当該事件の第1審裁判所の記録係が保管している（最高裁判所事件記録等保存規程3条1項）。

Ⅲ　執行文の種類

〈表〉執行文の種類

	執行文の種類	根拠条文	内　容
1	単純執行文	民執 25条	強制執行を実施するために必要となる最も基本的な執行文
2	事実到来執行文	民執 27条1項	請求が債権者の証明すべき事実の到来にかかる場合に必要となる執行文
3	承継執行文	民執 27条2項	債務名義に表示された給付請求権の権利義務が第三者に承継された場合に必要となる執行文

1　単純執行文

　債務名義の給付請求権に停止条件や不確定期限等がなく、債務名義に表示された当事者に変動もない場合に付与される最も基本的な執行文を**単純執行文**と呼ぶ。強制執行を実施するために必要となるのが原則である（民執25条）。

　例外として、単純執行文を不要とする債務名義がある。①仮執行宣言付支払督促、②少額訴訟確定判決、③仮執行宣言付少額訴訟判決は、明文で不要とされている（民執25条但書）。これらの債務名義は簡易迅速に債務名義を取得するための手続であるから、執行準備手続にも簡易迅速さが求められるため、単純執行文が不要であると解されている。また、④家事審判（家事75条）、⑤家事事件手続法別表第二に掲げる事項に関する家事調停（家事268条1項）は、「執行力のある債務名義と同一の効力を有する」との条文の表現から単純執行文が不要になると解されている（通説・実務）。ただし、④と⑤は単純執行文を不要とする実質的理由はない。

2　事実到来執行文

　債務名義の給付請求権に条件や期限が付けられる場合がある。たとえば、「甲が死亡したときは、被告は、原告に対し、別紙物件目録記載の建物を明け渡す。」という和解条項の場合、甲の死亡という不確定期限が到来すると建物明渡しの

強制執行を実施することができる。この場合、執行機関は、不確定期限が到来したこと（甲が死亡したこと）を調査しなければならないが、この事実についても、執行機関ではなく、債務名義保管機関に調査をさせて執行文という方式で債務名義に付与することとした。この執行文を**事実到来執行文**と呼ぶ（「条件成就執行文」や「補充執行文」とも呼ぶ）（民執 27 条 1 項）。

　前述のとおり、執行文の付与機関は裁判所書記官または公証人となるが、事実到来の有無という実体上の問題を裁判官ではない者に判断させることになるので、証拠方法を文書に限定し、債権者が事実到来を証明する文書（上記の例では、甲の除籍謄本）を提出したときに限り付与される（民執 27 条 1 項）。文書の提出で証明できないときは、執行文付与の訴えを提起し、訴訟手続において証明することによって事実到来執行文の付与を求める方法がある（→Ⅵ2）。

　事実到来執行文が必要となるのは、「**請求が債権者の証明すべき事実の到来に係る場合**」である。典型例は、**停止条件**（民 127 条 1 項参照）、**不確定期限**（上記の例）、**債権者の先履行**（例：「原告が 100 万円を支払ったときは、被告は、原告に対し、別紙物件目録記載の建物を明け渡す。」）である。

　ただし、**確定期限**（例：「被告は、原告に対し、令和 6 年 5 月 30 日限り、200 万円を支払う。」）や**反対給付との引換え**（「引換給付」と呼ぶ。例：「被告は、原告に対し、100 万円の支払と引換えに、別紙物件目録記載の建物を明け渡す。」）のように、事実到来執行文を不要とし、執行開始要件としているものがある（民執 30 条・31 条）。確定期限の場合は、執行機関にも期限（令和 6 年 5 月 30 日）の到来が容易に判断できるからである。また、反対給付との引換え（引換給付）の場合は、反対給付（100 万円の支払）と給付請求権（建物明渡し）とは引換え、すなわち、同時履行（民 533 条）であるのに、事実到来執行文を必要とすると、執行文付与時に反対給付（100 万円の支払）の履行が必要となり、反対給付が先履行となってしまうからである。

【判例⑨】過怠約款と執行文
　──過怠約款に事実到来執行文が必要となるか？
　最一小判昭和 41〔1966〕年 12 月 15 日・民集 20 巻 10 号 2089 頁

第4講 執行文 55

〈事案〉 Ｘら（原告・被控訴人・上告人）は、Ｙ（被告・控訴人・被上告人）から家屋を賃借していたところ、Ｙから家屋の明渡しを求める訴えを提起され、訴訟上の和解が成立した。その和解調書には、「約定家賃の支払を引続き２回以上怠ったときは、Ｙから催告を要せず本件家屋の賃貸借を解除し、直ちに本件家屋

```
Y → Xら
    家屋明渡し請求
    訴訟上の和解成立
    和解成立後、Yは、Xらが家賃の支払を引続き2
    回怠ったとして、家屋の賃貸借契約を解除
Xら → Y
    請求異議の訴え
    （予備的に執行文付与に対する異議の訴え）
第1審：第1次請求棄却・予備的請求認容
第2審：予備的請求認容部分を取り消し、請求棄却
最高裁：破棄差戻し
```

明渡しの強制執行を受けてもＸらは異議を主張しない」旨の和解条項が定められていた。Ｙは、Ｘらが家賃の支払を引続き２回怠ったことを理由として、賃貸借契約解除の意思表示をなし、条件成就執行文（旧民訴518条2項。現、民執27条1項）の付与を受けた。これに対し、Ｘらは、家賃を弁済のために提供したにもかかわらず、Ｙが受領を拒絶しているのであって、Ｘらに過怠はない旨主張し、和解調書の執行力の排除を求めるため、第1次的に請求異議の訴え（旧民訴545条。現、民執35条）を、予備的に執行文付与に対する異議の訴え（旧民訴546条。現、民執34条）を提起した。第1審は、条件の不成就を主張して執行力の排除を目的とする場合、請求異議の訴えではなく執行文付与に対する異議の訴えによるべきとして、第1次請求を棄却した上で、家賃延滞の事実はないとして、予備的請求を認容した。Ｙの控訴を受け、控訴審（原審）は、家賃延滞の事実を認定し、第1審判決の予備的請求を認容した部分を取り消し、請求を棄却した。Ｘらが上告した。

〈判旨〉 破棄差戻し。「ところで、和解調書において賃料を延滞したときは賃貸借契約を解除することができる旨の条項が定められた場合に、賃料不払による解除の事実は民訴法518条2項（現、民執27条1項）にいわゆる『他ノ条件』に当らないと解するを相当とし、従って、右賃料不払による解除の事実を争って和解調書に基づく執行力の排除を求めるには、民訴法545条（現、民執35条）の請求異議の訴によるべきであって、同法546条（現、民執34条）の執行文付与に対する異議の訴によるべきでないと解するを相当とする。蓋し、民訴法518条2項〔現、民執27条1項〕にいう『条件』は、債権者において立証すべき事項であって、債務者の立証すべき事項を含まないと解すべきところ、前記和解調書に記載の賃料の不払

の事実は債権者の立証すべき事項ではなく、却って債務者において賃料支払の事実を立証し、債務名義たる和解調書に記載された請求権の不発生を理由として右債務名義に基づく執行力の排除を求めるべきものと解するのが、公平の観念に合致するからである。

　しかるに、原審が、本訴は、民訴法546条〔現、民執34条〕の執行文付与に対する異議の訴として適法であるという見解のもとに本訴予備的請求（執行文付与に対する異議の訴）を棄却したのは、右法条の解釈を誤ったものであり、上告人らの第1次請求（請求異議の訴）を棄却した第1審判決もまた民訴法545条〔現、民執35条〕、546条〔現、民執34条〕の解釈を誤ったものであることは、前記説示に照らして明らかである。」

　和解調書や執行証書等では、債務者が債務の履行を怠ったときの制裁条項を定めることがある（本事案では、家賃の支払を引続き2回以上怠ったときは、Yから催告を要せず家屋の賃貸借を解除する旨の条項）。この制裁条項を一般に**過怠約款**と呼ぶ。民事執行法制定前の旧民事訴訟法518条2項は、「判決ノ執行カ其旨趣ニ従ヒ保証ヲ立ツルコトニ繋ル場合ノ外他ノ条件ニ繋ル場合ニ於テハ債権者カ証明書ヲ以テ其条件ヲ履行シタルコトヲ証スルトキニ限リ執行力アル正本ヲ付与スルコトヲ得」と規定していた。

　本判決は、過怠の事実は債権者の立証すべき事項ではなく、同項の「他ノ条件」にあたらないと判示した。民事執行法制定後も、過怠約款における過怠の事実は、同法27条1項の「債権者の証明すべき事実」にあたらず、事実到来執行文は不要であると解されている。過怠事実の不存在は、債務者が請求異議の訴え（民執35条）によって主張すべきことになる。

3　承継執行文

　債務名義成立後（判決の場合は口頭弁論終結後）、債務名義に表示された給付請求権の権利義務が第三者に承継される場合がある。たとえば、当事者に相続が発生した場合や給付請求権を第三者に譲渡した場合である。この場合、執行機関は、権利義務が承継したことを調査しなければならないが、この事実についても、執行機関ではなく、債務名義保管機関に調査をさせて執行文という方式で債務名義に付与することとした。この執行文を**承継執行文**と呼ぶ（民執27

条2項)。

　事実到来執行文と同様に、承継の有無という実体上の問題を裁判官ではない者に判断させることになるので、証拠方法を文書に限定し、債権者が権利義務の承継を証明する文書を提出したとき、または、付与機関において承継の事実が明白であるときに限り付与される（民執27条2項）。文書の提出で証明できないときは、執行文付与の訴えを提起し、訴訟手続において証明することによって承継執行文の付与を求める方法がある（→Ⅵ2）。

Ⅳ　意思表示の擬制のための執行文

　意思表示を命じる判決は確定したとき（和解の場合は和解調書が作成されたとき）に債務者が意思表示をしたものとみなされる（民執177条1項本文）。したがって、強制執行手続は予定されておらず、たとえば、「被告は、原告に対し、別紙物件目録記載の不動産につき、令和〇年〇月〇日売買を原因とする所有権移転登記手続をせよ。」との判決が確定すれば、所有権移転登記手続に必要となる被告（登記義務者）の意思表示が擬制され、原告は、判決正本（および判決確定証明書）を添付し、単独で所有権移転の登記申請ができ（不登63条1項、不登令7条1項5号ロ(1)）、判決正本に単純執行文を付与する必要はない。

　ただし、債務者の意思表示が、①債権者の証明すべき事実の到来にかかるとき、②反対給付との引換え（引換給付）にかかるとき、③債務者の証明すべき事実のないことにかかるときは、執行文が付与されたときに意思表示をしたものとみなされる（民執177条1項但書）。

　①は事実到来執行文と同様であり、債権者が事実到来を証明する文書を提出したときに限り付与される。②は、強制執行の場合は事実到来執行文が不要となり、執行開始要件となるが、意思表示の擬制の場合は強制執行手続が予定されていないため、債務名義保管機関で調査することとし、反対給付を履行または提供したことを証明する文書を提出したときに限り執行文を付与することとした（民執177条2項）。また、③は、過怠約款が典型例であるが、過怠事実の不存在を争う機会を債権者に保障するため（意思表示の擬制の場合、強制執行の場合であれば認められる執行停止の申立て〔民執39条〕や請求異議の訴え〔民執35

条〕ができない）、債務者に対して一定期間内に債務を履行したことを証明する機会を与え、債務者が一定期間内に証明しなかったときに限り執行文を付与することとした（民執177条3項）。①〜③のいずれも、意思表示の擬制時点を明確にするために執行文制度を利用したものであり、本来の執行文とは性質が異なる（「執行文制度の借用」と呼ばれることがある）。

V　執行文付与の手続

1　執行文の付与の申立て

　債務名義の正本（せいほん）を添付し、執行文付与申立書を付与機関に提出する。事実到来執行文と承継執行文の場合は、事実到来を証明する文書や承継の事実を証明する文書を併せて提出する。

2　付与の要件（調査事項）

　単純執行文の付与の要件は、①法律の定める文書であること（民執22条各号に規定されている文書であること）、②給付請求権（給付命令・給付条項）が表示されていること、③給付請求権の実現につき強制執行手続が定められていること、**④債務名義の効力が現存していること**である。もっとも、①〜③は債務名義の要件であり、執行文の付与時点で問題となることは少なく、④の要件を調査することが単純執行文制度の核心ともいうべき点である。これらの要件は基本的に事件記録（または執行証書の原本）から判断することとなる。事実到来執行文と承継執行文は、単純執行文の付与の要件に加えて、事実到来執行文の場合は事実到来が証明されていること、承継執行文の場合は承継の事実が証明されていることが要件となり、これらの要件は基本的に申立人（債権者）が提出した文書から判断することとなる。

3　執行文の付与

　付与機関は、調査の結果、付与の要件を満たすと判断すれば、「債権者は、債務者に対し、この債務名義により強制執行をすることができる。」旨の執行許諾文言を記載した用紙を債務名義の正本の末尾に綴じて契印し、債権者に交

付する。執行文を付与した場合、付与機関は、債務名義の原本に、執行文を付与した旨、付与の年月日、通数等を記載する（民執規18条）。

　他方、調査の結果、要件を満たさないと判断すれば付与を拒絶する。この付与拒絶処分に対し、申立人（債権者）は、異議申立てをすることができる（→Ⅵ1②）。

4　執行文の数通・再度付与（民執28条）

　債権の完全な弁済を得るため、複数の財産に執行する場合、執行文が数通必要となる。たとえば、債権執行と動産執行を申し立てる場合、2通の執行文が必要となるが、2通の執行文を同時に付与する場合が数通付与、異なる時期に付与する場合が再度付与である。また、執行文を滅失したときは、もう一度付与することができる（再度付与）。なお、執行文は債務名義の正本に付与するので、債権者は、債務名義の正本が足りない場合、その交付（民訴91条3項）を受ける必要がある（たとえば、判決正本に単純執行文2通の付与を求める場合、判決正本が2通必要となるが、通常、債権者の手元には判決正本が1通しかないので、不足分1通の判決正本の交付を受ける必要がある）。

Ⅵ　執行文付与に関する救済制度

1　執行文付与等に関する異議

　執行文が付与された場合、債務者は「要件が欠けていること」を主張して、異議を申し立てることができる（民執32条）。この異議申立てを、**①執行文付与に対する異議**と呼ぶ。他方、執行文の付与を拒絶された場合、債権者は「要件が存在していること」を主張して、異議を申し立てることができる。この異議申立てを、**②執行文付与拒絶処分に対する異議**と呼ぶ。①と②の異議申立てを執行文付与等に関する異議と呼ぶ。

　この裁判の管轄は、執行文を付与または付与を拒絶したのが裁判所書記官である場合は当該裁判所書記官が所属する裁判所となり、公証人の場合は当該公証人の役場所在地を管轄する地方裁判所となる（民執32条1項）。申立時期の制限はない。

〈表〉 執行文付与関係の救済システム

救済制度		根拠条文	申立権者	対象執行文	裁判	主文の内容（認容の場合）
1	執行文付与等に関する異議 （①執行文付与に対する異議）	民執32条	債務者	単純執行文 事実到来執行文 承継執行文	決定	執行文付与を取り消すとともに、その執行文が付与された債務名義に基づく強制執行を許さない旨を決定で宣言する。
	執行文付与等に関する異議 （②執行文付与拒絶処分に対する異議）		債権者			付与拒絶の処分を取り消すとともに、付与機関に対して執行文を付与すべきことを決定で命じる。
2	執行文付与の訴え	民執33条	債権者		判決	付与機関に対して執行文を付与すべきことを判決で命じる。
3	執行文付与に対する異議の訴え	民執34条	債務者	事実到来執行文 承継執行文		執行文付与を取り消すとともに、その執行文が付与された債務名義に基づく強制執行を許さない旨を判決で宣言する。

　この裁判は口頭弁論を経ることを要せず（民執32条3項）、決定でなされる。

　①の裁判において、申立てを認容する場合は、執行文付与を取り消すとともに、その執行文が付与された債務名義に基づく強制執行を許さない旨を決定で宣言する。既に執行手続が開始されている場合は、この決定正本を債務者が執行機関に提出すると、執行機関は執行手続を停止し（民執39条1項1号）、かつ既にした執行処分を取り消す（民執40条1項）。なお、認容決定が出るまでに執行手続が終了してしまうと異議を申し立てた意味がなくなるので、裁判所は、決定が出るまでの間、強制執行を停止する仮の処分を命じることができる（民執32条2項。通常は担保の提供が必要となる）。

　②の裁判において、申立てを認容する場合は、付与拒絶の処分を取り消すとともに、付与機関に対し、執行文を付与すべきことを決定で命じる。決定が出ると付与機関は直ちに執行文を付与する。

　この裁判は1審限りであり、不服申立てができない（民執32条4項）。

2 執行文付与の訴え

執行文付与の訴えは、債権者が事実到来執行文または承継執行文について要求される証明文書を提出することができない場合に、**債権者が執行文の付与を求める訴え**（民執33条）である。事実到来や承継の有無という実体上の問題を判断する手続であるので、判決手続（訴訟）となっている（必要的口頭弁論となる）。管轄は、債務名義によって異なり、民事執行法33条2項によって細かく定められている。たとえば、債務名義が仮執行宣言付判決や確定判決の場合は当該事件の第1審裁判所（同項1号）となり、債務名義が執行証書の場合は原則として債務者の普通裁判籍の所在地を管轄する裁判所となる（同項5号）。

訴えを認容する場合、付与機関に対し執行文を付与すべきことを判決で命じる。判決確定後、債権者が確定判決の正本（および判決確定証明書）を添付し、付与機関に対して執行文の付与を申し立てることによって、執行文が付与される。

3 執行文付与に対する異議の訴え

執行文付与に対する異議の訴えは、事実到来執行文または承継執行文が付与された場合に、**債務者が強制執行の不許を求める訴え**（民執34条）である。執行文付与の訴えと同様に判決手続（訴訟）となる。管轄は執行文付与の訴えと同じである（民執34条3項・33条2項）。

訴えを認容する場合、執行文付与を取り消すとともに、その執行文が付与された債務名義に基づく強制執行を許さない旨を判決で宣言する。既に執行手続が開始されていた場合の手続は、執行文付与に対する異議の申立てが認容された場合と同じである。

なお、認容判決が出るまでに執行手続が終了してしまうと異議の訴えを提起した意味がなくなるので、債務者は、判決が出るまでの間、強制執行を停止する仮の処分を申し立てることができる（民執36条1項。通常は、担保の提供が必要となる）。

【判例⑩】 請求異議事由の抗弁の許否
―― 執行文付与の訴えにおいて請求異議事由を抗弁として主張できるか？
最一小判昭和 52〔1977〕年 11 月 24 日・民集 31 巻 6 号 943 頁

〈事案〉 X（原告・被控訴人・被上告人）は、A に対して約束手形金請求訴訟を提起し、勝訴判決を得た。その後 A が死亡したので、X は、その勝訴判決に承継執行文の付与を求めるため、A の共同相続人である Y ら（被告・控訴人・上告人）を被告として、執行文付与の訴え（旧民訴 521 条。現、民執 33 条）を提起した。これに対し、Y らは、約束手形金債権に

```
X → A
    約束手形金請求
    勝訴判決  その後、A 死亡
X → Y ら（A の共同相続人）
    執行文付与の訴え（承継執行文）
第 1 審：請求認容
第 2 審：控訴棄却
最高裁：上告棄却
```

ついて、X による債権放棄、反対債権との相殺、一部弁済による債務の消滅を抗弁として主張した。被告らの抗弁事由は、債務名義に表示された請求権の存在や内容に関わる事実であり、請求異議の訴え（旧民訴 545 条。現、民執 35 条）の事由となる。そこで、本件訴訟では、執行文付与の訴えにおいて、請求異議事由に該当する事実を抗弁として主張できるか否かが問題となった。第 1 審は、Y らの抗弁を審理した上、いずれも排斥し、請求を認容した。Y らが控訴したが、控訴審（原審）は、Y らの抗弁は請求債権の実体的債権消滅事由であるから、請求異議の訴えを提起して主張すべきとし、判断をするまでもなく理由がないとして、控訴を棄却した。Y らが上告した。

〈判旨〉 上告棄却。「民訴法 521 条〔現、民執 33 条〕所定の執行文付与の訴は、債務名義に表示された給付義務の履行が条件にかかるものとされてその条件が成就した場合及び債務名義に表示された当事者に承継があった場合に、執行債権者において右条件の成就又は承継の事実を同法 518 条 2 項〔現、民執 27 条 1 項〕又は 519 条〔現、民執 27 条 2 項〕所定の証明書をもつて証明することができないとき、右訴を提起し、その認容判決をもつて同法 520 条所定の裁判長の命令〔民事執行法では裁判長の命令は不要となった〕に代えようとするものであるから、右訴における審理の対象は条件の成就又は承継の事実の存否のみに限られるものと解するのが相当であり、他方また、同法 545 条〔現、民執 35 条〕は、請求に関する異議の事由を主張するには訴の方法によるべく、数箇の異議の事由はこれを同時に主張すべき

ものと定めているのである。してみれば、執行文付与の訴において執行債務者が請求に関する異議の事由を反訴としてではなく単に抗弁として主張することは、民訴法が右両訴をそれぞれ認めた趣旨に反するものであつて、許されないと解するのが相当である。」

　本判決は、執行文の付与の訴えと請求異議の訴えの制度趣旨を根拠として、執行文付与の訴えにおいて、請求異議事由を抗弁として主張することは許されないことを明らかにした。

　また、本判決後、執行文付与に対する異議の訴えにおいて、請求異議事由を請求原因事実として主張できるか否かが争われた事案では、本判決が引用され、主張することは許されないと判示されている（最一小判昭和 55〔1980〕年 5 月 1 日・判タ 419 号 77 頁）。

第5講

執行対象と財産開示等

〈本講のポイント〉
　本講では、民事執行手続の中で、強制執行の対象となる財産、すなわち執行対象（→Ⅰ）と、債務者の財産状況の調査、すなわち財産開示等の手続（→Ⅱ）について概観する。執行対象は債務者の財産であり、強制執行の対象（引当て）となり得る財産は、責任財産と呼ばれる。ただし、債務者の財産でも、債務者の生活等の保障のために差押えが禁止される動産・債権（差押禁止動産・差押禁止債権）も存在する。また、財産開示等は、比較的近時に新設されかつ改正された民事執行手続の一部である。実効的な金銭執行を準備するためのいわば準備的な手続である。

Ⅰ　執行対象

1　責任財産

　強制執行手続における執行対象（強制執行の客体）は、債務名義に表示された請求権の内容によって決まる。債権者の請求権の満足のために、執行対象となり得る債務者の財産のことを、**責任財産**という。民法上、請求権の存否や内容と、その引当てとなる財産は、分離して論じられる（これを、「**債務と責任の分離**」という）。しかし、ある請求権に対応する責任財産の範囲は、請求権の属性の一部でもある。

　物の引渡請求権の場合、執行対象となるべき財産は、債務名義に表示された財産（例、特定の不動産等）に限定される。作為・不作為請求権の場合は、一次的には責任財産を観念できないが、代替執行や間接強制等に及んだ場合、代替執行費用や間接強制金についての債務名義との関係で、債務者の責任財産が

問題となる。

債務名義に表示された権利が金銭支払請求権の場合、その請求権に対応する責任財産は、原則として、債務者に属する不動産・動産・債権等を合わせた、すべての財産（一般財産）となる。ただし、以下の点で、一定の財産が債務者の責任財産から外れる場合がある。

(1)執行対象財産の基準時　金銭債権の強制執行は、一般に差押えから開始する（→109頁）。そして、その責任財産は、差押えの時点において、債務者に属する財産でなければならないことを原則とする（ただし、差押時には債務者に属していなかった財産を、その後債務者が取得した場合、差押えが将来に向かって有効となるとの見解がある）。

(2)差押禁止財産　動産と債権については、その性質上強制執行が可能であっても、さまざまな政策的理由から、一定のものについて差押えが一般的に禁止される場合がある（民執131条・132条・152条・153条等。詳細は、差押禁止動産→147頁、差押禁止債権→157頁）。

(3)有限責任　債務名義に表示された請求権によっては、債務者に属する財産のうち、特定の財産のみが責任財産となる場合がある。これを**有限責任**という。

有限責任の中には、債権について、債務者の責任財産のうち特定の財産のみで責任を負うことが法律上定められている場合（商804条、船主責任制限33条等）や、相続人の限定承認によって、相続財産の範囲でのみ相続債務について責任を負う場合等（民922条）、債務者の固有財産から区別される一定の範囲の財産で責任を負う場合がある。

ただし、債務名義に有限責任の留保が表示されていない場合、執行機関が有限責任について顧慮する必要はなく、また、執行機関はそのような実体的審査もなし得ない。したがって、責任外の財産に対する差押えは、不当執行ではあっても、ただちに違法執行とはならない。債務者は、請求異議の訴え（民執35条）により、債務名義に表示されない有限責任を主張し、その財産に対する執

行不許の判決を求める必要がある。

2　執行対象の特定

金銭執行では、債務者の責任財産のうち、どの個別財産を執行対象として差し押さえるかは、処分権主義に基づき、債権者が選択・特定することができる。

債権者は、執行対象となる具体的な財産を特定して、強制執行の申立てをしなければならない。もっとも、動産については、個々の動産を特定するのではなく、差押えの場所を特定すれば足り、具体的に差し押さえるべき動産は、執行官が適宜選択する（これを、「**場所単位主義**」という。→143頁）。

3　責任財産帰属の判断

執行対象となる財産は、債務者の責任財産に属していなければならない。しかし、執行手続の形式性・迅速の要請から、執行機関が強制執行の開始に際して、真にその財産が債務者に帰属するか否かの実体的審査をするのは適当でない。そこで、ある財産が外観上、債務者に帰属していれば、債権者がその財産を差し押さえることは手続上適法である（これを、「**外観主義**」という）。

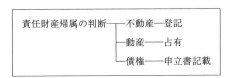

執行対象が不動産の場合、原則として、登記簿上に債務者名義の登記があれば、執行機関は適法に差押えを行う（民執規23条1号）。動産の場合は、原則として債務者の占有（所持）（民執123条1項）があれば足りる。債権の場合は、債権者による執行申立書の記載に基づく（民執規133条、21条）。

仮に、ある財産が、実体法上は第三者に帰属するにもかかわらず、外観上は債務者に帰属していたために、債権者が誤ってこれを差し押さえた場合は、当該第三者が、その不当な差押えに対して第三者異議の訴え（民執38条）を提起することで、その財産に対する執行の不許を求める必要がある。

II 財産開示手続

強制執行では、債権者が執行対象を特定して、強制執行手続の開始を申し立てる。特に、金銭執行に際しては、債務者の責任財産のうち、どの具体的財産を執行対象とするかは、処分権主義により、債権者が選択・特定する。しかし、その選択・特定の前提として、債権者は、債務者の財産について情報を有していなければならないが、そのような情報取得は、しばしば困難である。

そこで、平成15年（2003年）の法改正により、民事執行法に財産開示手続が創設され、債務者に自己の財産情報を開示させる手続が整備された。さらに、令和元年（2019年）には、財産開示の実効性を高めると共に、第三者からの情報取得手続を創設する法改正がなされた。両者をあわせて財産開示等という。

1 財産開示手続の意義

財産開示手続は、金銭債権の強制執行および一般先取特権の実行としての担保執行の実効性を高めるために、債権者の申立てに基づいて、債務者（またはその法定代理人、法人代表者）に、責任財産の状況について陳述させる、準備的な執行手続である。準備的な手続であるが、強制執行手続等の一部ではなく、独立の完結した手続である。

2 裁判所

財産開示手続は、債務者の普通裁判籍（民訴4条）の所在地を管轄する地方裁判所が、執行裁判所として管轄する（民執196条）。専属管轄である（民執19条）。

3 当事者

財産開示手続において債権者（申立人側の当事者）となるのは、金銭債権について、自己を債権者とする執行正本（せいほん）を有する者（民執197条1項）か、一般先取特権を有することを証する文書を提出した債権者（同条2項）に限られる。

債務者（被申立人側の当事者）となるのは、執行正本または一般先取特権証

明文書に債務者と表示されたものである。なお、債務者が制限訴訟能力者や法人である場合、実際に財産開示の義務を負う者（開示義務者）は、その法定代理人や代表者となる（民執199条1項・198条2項2号）。

4　要件

(1)請求権と債務名義の種類　債務名義に表示される請求権の種類は、金銭債権であることを要する（民執197条1項）。金銭債権に限られるのは、後に見るように、財産開示手続が、原則として債務者の財産の全部（民執199条1項）について、情報開示を行う手続だからである。たとえば、特定物引渡請求権等についても、当該物の所在等について、情報開示の必要が生じる事態は考えられるが、財産開示手続の設計と適合しないため、本制度の対象とならない。

債務名義の種類には限定がなく、金銭債権についての強制執行の申立てをするのに必要とされる債務名義であれば、いずれの種類のものであっても、これに基づいて財産開示手続の申立てができる。

(2)補充性　財産開示手続は、債務者のプライバシーや営業秘密に対する侵害となり得る。したがって、債務名義上の債務者が全て財産開示義務を負うわけではない。債権者は、以下の①②のように、強制執行手続等の申立てを行うために必要がある場合に限り、この手続を用いることができる。

①先行して強制執行等を実施したが、配当等の手続で、申立人が当該金銭債権の完全な弁済を得ることができなかったとき（民執197条1項1号・2項1号）。

②知れている財産に対する強制執行等を実施しても、債権者が完全な弁済を得られないことの疎明があったとき（民執197条1項2号・2項2号）。通常行われる程度の調査により知れた債務者の財産では、請求権の完全な弁済に至らないという事情が疎明されれば足りる。

(3)再施の制限　一度、財産開示が行われれば、その後の債務者の財産状況の変動もある程度予測がつくから、短期間で何度も財産開示を行うことは、債務者の負担増大に比べて実益に乏しい。そこで、ある債務者に対して一度財産開示手続が実施された後は、原則として3年間は同じ手続を実施できない（民執197条3項本文。ただし、同項但書に例外事由がある）。

(4)執行障害　通常の強制執行手続と同様に、倒産手続の開始は、財産開示手

続にとって執行障害となる。たとえば、債務者について破産手続開始決定があった場合、破産手続において債務者の総財産（破産財団）の調査が行われるから、新たな財産開示手続の申立てはできず、すでに開始した財産開示手続は失効する（破産42条6項）。

(5)**手続** ①**財産開示手続の申立て** 財産開示手続は、債権者の申立てに基づいて行われる。添付文書として、執行正本または先取特権存在証明文書等の提出が求められる。

②**財産開示手続実施決定** 執行裁判所は、申立てが適法で要件を充たしていれば、財産開示手続実施決定をしなければならない（民執197条1項・2項）。実施決定は債務者に送達される（同条4項）。財産開示手続開始に関する決定（実施決定・却下）に対しては、執行抗告ができ（同条5項）、確定しなければその効力を生じない（同条6項）。

③**財産開示期日の指定と財産目録の提出** 財産開示手続実施決定が確定したとき、執行裁判所は、財産開示期日を指定して、申立人および開示義務者（債務者またはその法定代理人や代表者）を呼び出さなければならない（民執198条）。

また、執行裁判所は期日指定とともに、財産目録の提出期限を定めて、開示義務者に通知する（民執規183条1項）。開示義務者は、財産開示期日で陳述の対象となる財産を、財産目録に記載のうえ（同条2項）、期限までに執行裁判所へ提出しなければならない（同条3項）。

④**財産開示期日** (a)陳述義務 開示義務者は、財産開示期日に出頭し、宣誓の上、債務者の財産について陳述する義務を負う（民執199条1項・7項）。執行裁判所は、財産開示期日において、開示義務者に対し質問を発することができ（同条3項）、申立人も、財産開示期日に出頭のうえ、債務者の財産の状況を明らかにするため、執行裁判所の許可を得て開示義務者に対し質問を発することができる（同条4項）。

(b)非公開主義、記録閲覧の制限 財産開示期日における手続は、公開しない（民執199条6項）。開示義務者が陳述義務を負う事項は、債務者のプライバシーに属するものもあり、公開に親しまないからである。また、財産開示手続に関する記録も、閲覧等が一部制限される（民執201条）。

(c)陳述等拒絶 正当な理由のない不出頭・宣誓拒絶、または正当な理由のな

い陳述拒絶や、虚偽陳述は、6月以下の懲役または50万円以下の罰金に処せられる（民執213条1項5号・6号）。

Ⅲ　第三者からの情報取得手続

1　第三者からの情報取得手続とは

(1)第三者からの情報取得手続の意義　第三者からの情報取得手続とは、金銭債権の強制執行および一般先取特権の実行としての担保執行の実効性を高めるために、債権者の申立てに基づいて、債務者の有する不動産・給与債権・預貯金債権に関する情報を、それらについての情報を有する第三者に提供させる、準備的な執行手続である。財産開示手続と同様に、準備的ではあるが、強制執行手続等の一部ではなく、独立の完結した手続である。

(2)第三者から情報を取得できる根拠　民事執行手続の一環として、第三者から情報を取得するためには、前提として、その第三者が情報を提供する義務を有していなければならない。そこで、本来その第三者が情報の主体（債務者）との関係で有しているはずの守秘義務や、債務者の個人情報保護にかかる義務と、情報提供義務との関係が問題となる。

　この点について、情報提供義務の根拠としては、民事執行の実効性向上という公益的な利益が考えられる。そして、情報取得の必要性が特に高いと考えられる個別的な状況に至った場合は、その公益的な利益が守秘義務を上回ると考えられる。

　また、情報を保持している第三者は、あくまで金銭債権をめぐる他人間の私的な紛争に巻き込まれる関係にあるため、情報提供義務を強制したり、義務不履行に対して制裁を課すことは、原則として妥当でない。そこで、民事執行法上は、第三者に対する制裁規定が設けられていない。ただし、第三者が提供を命じられた情報を故意に提供せず、または虚偽情報を提供して、債権者に損害が生じた場合、債権者の当該第三者に対する損害賠償請求権が発生する可能性は否定されない。

2 裁判所

第三者からの情報取得手続は、債務者の普通裁判籍（民訴4条）の所在地を管轄する地方裁判所が、債務者の所在不明等でこの普通裁判籍がないときは、情報の提供を命じられるべき者の所在地を管轄する地方裁判所が、執行裁判所として管轄する（民執204条）。専属管轄である（民執19条）。

3 不動産・給与債権・預貯金債権の情報取得

第三者からの情報取得手続は、開示対象となる情報に応じて、①不動産にかかる情報取得、②給与債権にかかる情報の取得、③預貯金債権等にかかる情報の取得、の3種類に手続が分かれている。いずれも、その財産的価値や、執行対象財産としての重要性・必要性に鑑みて、情報開示の対象としたものである。そのそれぞれについて、開示手続を利用できる請求権の種類や、手続開始要件等が異なる。

(1)不動産情報取得執行　①不動産情報を取得する意義　不動産は、一般にその価値が高く、執行対象とすべき場合も多い。しかし、不動産に対する強制執行を申し立てるためには、申立てに際して、債権者が執行対象となる不動産の情報を把握し、特定しなければならないが、そのような情報の把握は容易ではない。そこで、債務者が所有権の登記名義人である不動産について、登記情報を集約管理する登記所から情報を取得する制度が設けられた（民執205条）。

不動産情報取得執行において、情報の提供を命じられる第三者は、公的機関としての登記所である。具体的には、法務省令により東京法務局が定められている。

提供を命じられる情報は、債務者が所有権の登記名義人である土地または建物その他これらに準ずるものについて、強制執行または担保権の実行の申立てをするのに必要な事項である（民執205条1項。民執規21条3号・170条1項3号参照）。具体的には、土地については所在・地番等についての情報、建物については所在・家屋番号等についての情報である。

②情報取得の要件　金銭債権について、申立人を債権者と表示する執行正本、または債務者の財産について一般先取特権を有することを証する文書を要する（民執205条1項各号）。債務名義に表示される債権は金銭債権であることを要

するが、金銭債権の種類や、債務名義の種類に限定はない。

不動産情報取得手続を開始するためには、以下2つの要件を充たす必要がある。

第1に、財産開示手続と同様に、先行する強制執行が不奏功に終わるか、知れている財産に強制執行をしても完全な弁済を得られないことの疎明を要する（民執205条1項各号・197条1項2号各号）。

第2に、不動産情報取得手続は、財産開示手続が実施された場合において、当該財産開示期日から3年以内に限り、することができる（民執205条2項）。財産開示手続の前置を要件にすることで、債務者は自身の財産について陳述義務を負うから（民執199条1項。また、その範囲について、民執200条）、債務者が債権者との関係で情報を秘匿する利益を失い、登記所も、債務者の情報について保護義務を負うべき理由を失ったと評価できる。また、3年の期間制限は、3年経過後は再度の財産開示手続（民執197条3項）を行うべきとの理由に基づく。

(2)給与債権等情報取得執行　①給与債権等情報を取得する意義　債権者が個人の場合、給与債権が最も重要な責任財産となることも少なくない。特に、執行債権が養育費に関する場合等は、債務者が給与債権等に対して確実に差押え<ruby>差押<rt>さしおさ</rt></ruby>えをすべき要請が高い。他方で、債務者の勤務先情報は、債務者の職業を推知させ、私生活に密接に関連する情報でもある。また、給与債権が差し押さえられると、事実上、使用者による解雇のおそれが生じるなど、債務者の生活にも大きな負担を課す。そこで、給与債権等情報の提供に際しては、債権者と債務者の利益の比較に、格別の配慮が要求される。

給与債権等情報取得執行において、情報の提供を命じられる第三者は、市町村（民執206条1項1号）または厚生年金保険の実施機関（同条2号）である。これは、市町村であれば、地方税納付との関係で給与の支払者から毎年1月に提出される給与支払報告書等により、債務者の勤務先情報を集約管理しているからである。厚生年金保険の実施機関は、被保険者の情報を管理しているが、実施機関には複数あり、また債務者が厚生年金保険に加入していない者であれば、どの機関からも債務者の勤務先情報を得ることはできない。

②情報取得の要件　給与債権等情報取得執行において、債権者は執行正本を

要するが、債務名義の種類に特段の限定はない。他方で、債権者の有する金銭債権の種類は、夫婦間の協力扶助義務、婚姻費用分担義務、子の監護義務、扶養義務にかかる請求権（民執151条の2第1項各号）である場合、または人の生命もしくは身体の侵害による損害賠償請求権に限定される（民執206条1項柱書）。これは、給与債権等の情報が、債務者にとって特に保護を要し、その情報の提供に際しては、債務者の利益を上回る、権利実現の高度の必要性が債権者側に求められるためである。

給与債権等情報取得手続を開始するためには、先行する強制執行が不奏功に終わるか、知れている財産に強制執行をしても完全な弁済を得られないことの疎明を要する（民執206条1項柱書・197条1項各号）。また、債務者に対する財産開示手続の前置を要し、当該財産開示期日から3年以内に限り、することができる（民執206条2項・205条2項）。

(3)預貯金債権等情報取得執行　①預貯金債権等情報を取得する意義　預貯金債権は、現代社会における執行対象財産として、不動産に劣らない重要性を有している。しかし、債務者がどの金融機関にどのような口座を有しているか、債権者が調査するのは容易ではない。債権執行申立時点での、債権者による預貯金債権の特定については、実務上様々な試みがなされてきたが、必ずしも債権者にとって簡便で実効的な方法があるとはいいがたい。

また、預貯金債権は容易に財産を（他の口座等へ）移転できるという特性があるため、債権者による財産調査の活動が、債務者の不当な財産隠匿を誘発しない配慮が必要である。

預貯金債権等情報取得執行において、情報の提供を命じられる第三者は、銀行等または振替機関等である（民執207条1項各号）。銀行等とは、具体的に、銀行・信用金庫・労働金庫・農業協同組合等が含まれる。振替機関とは、具体的に、証券保管振替機構・日本銀行・証券会社等が含まれる。

②情報取得の要件　金銭債権について、申立人を債権者と表示する執行正本、または債務者の財産について一般先取特権を有することを証する文書を要する（民執207条1項2号）。金銭債権の種類や、債務名義の種類に限定はない。

預貯金債権等情報取得手続を開始するためには、先行する強制執行が不奏功に終わるか、知れている財産に強制執行をしても完全な弁済を得られないこと

の疎明を要する（民執207条1項2項・197条1項2項各号）。他方で、一般に預貯金債権等は資金移動等の処分が容易なため、財産開示手続の前置を要求すると、債務者による財産隠匿のおそれが大きい。そこで、預貯金債権等情報取得に際しては、財産開示手続の前置を不要とした（手続の密行性を確保するためには、不奏功等要件についても、完全な弁済を得られないことの疎明が多く用いられると思われる）。

4　手続

①**第三者情報取得手続の申立て**　第三者情報取得手続は、債権者の申立てに基づいて行われる。添付文書として、執行正本または先取特権存在証明文書等の提出が求められるほか、不動産・給与債権にかかる情報取得の場合は、申立ての日前3年以内に財産開示期日における手続が実施されたことを証する書面も添付しなければならない（民執規187条3項）。

②**申立認容決定と情報提供命令**　執行裁判所は、申立てが適法で要件を充たしていれば、相手方とされた第三者に対して情報の提供をすべき旨を、決定の形式で命じなければならない（民執205条1項・206条1項・207条1項2項）。

③**情報提供**　情報提供を命じられた第三者は、執行裁判所に対し、書面で情報を提供しなければならない（民執208条1項）。情報の提供がされたときは、執行裁判所が、債権者に対しては提供された書面の写しを送付し、債務者に対しては情報提供がされた旨の通知をしなければならない（同条2項）。

④**記録の閲覧制限**　第三者情報取得手続に関する記録は、閲覧等が制限される。すなわち、不動産・預貯金債権にかかる情報取得手続の記録は、申立人、執行正本を有する債権者、一般先取特権存在証明文書を提出した債権者、債務者、当該情報の提供をした第三者のみが閲覧請求できる（民執209条1項）。給与債権にかかる情報取得手続では、請求権の種類が制限されることとの関係で、記録閲覧を請求できる者が、申立人、扶養義務等にかかる請求権または人の生命もしくは身体の損害による損害賠償請求権について執行正本を有する債権者、債務者、当該情報の提供をした第三者に限定される（同条2項）。

第6講

執行手続と救済メカニズム——違法執行と不当執行からの救済

〈本講のポイント〉

　執行手続過程においても、違法な手続が行われる場合や実体権が侵害される場合があり、その際の救済手続は執行手続において不可欠である。すでに、執行文の付与に関しては、その手続とともに、執行文付与に関する救済制度として説明したので（→59頁）、本講では、それ以外の主要な救済メカニズムについて説明する。それは、違法執行からの救済手段である執行抗告と執行異議（→Ⅰ）、および、不当執行からの救済手段である請求異議の訴えと第三者異議の訴え（→Ⅱ）である。

　なお、執行手続における救済メカニズムは、配当異議の訴え（民執90条）など、執行過程の各所に組み込まれているが、それらについては本書の各所で言及している。また、担保権実行の手続における救済メカニズムについては、第12講Ⅱ4等を参照。

Ⅰ　違法執行

1　手続の概要

　執行手続においては、他の手続と同じく、当事者等に裁判所の処分等に対して不服がある可能性があり、それに対応する手続が必要である。但し、判決手続とは異なり、民事執行手続では、不服があっても、手続の中で個別の処分等に対して手続が設けられており、一部の手続に違法があったとしても、手続全体について他の裁判所や上級審で再度進められることはない。あくまでも個別の裁判や処分に対して、再審査が行われるのみである。

　実体権の有無は判決手続等で判断し、執行手続はそれを前提にして実行し、

実体については再審査しないという役割分担がある。したがって、債務者等が何もしなければ、実体権や手続に瑕疵があったとしても、債権者主導で手続は進んでしまう。不当・違法な執行があった場合、それに対する救済手段が必要だが、実体判断のやり直しは例外的な位置づけである。強制執行の手続まで至るケースというのは、そもそも、債務者が債務の履行に非協力的な事案であり、そこでされる債務者等の主張の是非はともかく、執行妨害や引き延ばしの手段として利用される危険を考慮に入れておかなければならない。執行手続における救済は可能だが、債務名義が確定判決であれば基本的には口頭弁論終結後の事由に限られる。終結前のことは、判決手続で審理すれば十分であり、基準時前の事情を事由とされるのは、手続の公正な運用の妨げになる可能性がある。

　民事執行法が定める救済手段として、不当執行と違法執行に対応するものが用意されているので、まず、これらについて概観したい。

2　不当執行について

　不当執行とは、実体上の根拠はなくなっている場合に行われる執行であり、執行関係訴訟により救済がされることになる。たとえば、判決手続の段階では実体権に基づいて給付判決をしたものの、執行段階では実体的な根拠がなくなっている場合の執行である。債務名義を得ていたとしてもそれはあくまでも、その段階での実体的正当性を示すにすぎず、その後実体権に変動があっても債務名義からそれを読み取ることはできない。手続的には正当だが、実体が伴わない執行、すなわち不当執行から債務者等を救済することが必要であり、これについては、請求異議の訴え等の執行関係訴訟により、救済が図られることとなっている（→後述Ⅱ）。

3　違法執行について

　違法執行とは執行手続そのものに瑕疵がある執行である。実体的には権利がある場合でも、手続の進め方に瑕疵があるのは、当事者等、特に債務者の手続保障の観点からは看過できないものであり、これに対する救済が必要である。これが、以下で取り上げる執行抗告・執行異議である。重要度の高い処分に対しては執行抗告の、それ以外のものについては執行異議の対象となることが多

い。なお、担保権実行手続においては、実体上の理由による執行抗告・執行異議ができる場合がある（→第12講Ⅱ4）。

4 執行抗告

(1) **執行抗告の対象となる裁判と管轄**　執行抗告は、執行処分または執行処分をしないことについて、執行法上違法である場合に用いられる。民事執行法上に規定があるものについてのみ可能であり（民執10条1項）、それ以外の場合の手続の瑕疵についての不服申立ては、執行異議の手続によることになる。

具体的な執行抗告の対象を類型化すると以下のようになるが、端的に言えば、執行手続における重要な裁判が該当するといえる。

(i)**民事執行の手続が終了する裁判**　手続全体が終了する場合に限らず、特定の債権者の手続が終了する場合も含む。例として、手続費用を予納しない場合の申立て却下（民執14条5項）、二重開始決定の後の強制競売開始決定に基づ
<ruby>きょうせいけいばい</ruby>く手続続行の申立ての却下の裁判（民執47条7項）、配当要求を却下する裁判（民執105条2項）等が挙げられる。その裁判によって、民事執行の手続が続けられなくなることで、関係者の受ける不利益は重大なものになる可能性があるため、執行抗告の手続を認めようというものである。

(ii)**実体権の変動や確定を伴うもののうち重要なもの**　例として、不動産強制競売における売却許可または不許可決定（民執74条1項）、売却許可決定の取消しの申立てについての決定（民執75条2項）等が挙げられる。前者に関しては「その決定により自己の権利が害されることを主張するときに限り」執行抗告を認めており、あらゆるものに対して執行抗告を認めているのではない。

(iii)**関係人への不利益が重大なもの**　例として、売却のための保全処分の申立てについての裁判（民執55条6項）、強制管理の申立てについての裁判（民執93条5項）がある。手続の中では一時的な処置であるが、関係者への影響が重大なものとなるために、執行抗告の余地を残しておこうというものである。

執行手続は、ほとんどの事件が地方裁判所の手続であることから、執行抗告の管轄もこれを基準として定められることとなる。執行抗告は、上訴の手続であるため、原裁判所である執行裁判所が地方裁判所であるときは、高等裁判所の管轄となる。簡易裁判所が執行裁判所である場合（少額訴訟債権執行）は、

地方裁判所が抗告裁判所となる。

　(2)　**執行抗告の申立て**　執行抗告の申立権者は、対象となる裁判によって自己の不利益になる者であり、申立ての相手方は、相手方当事者とするのが普通だが、必ずしも二当事者対立構造とはなっていない。執行手続上の違法を言うものなので、相手方当事者ではなく、執行裁判所の行為が理由となるのが普通だからである。

　申立理由は、執行機関が裁判をするにあたり自ら調査判断すべき事項で、その欠缺によって原裁判が違法となる事項が該当する。

　執行抗告の申立ては、裁判の告知を受けた日から1週間の不変期間内に、抗告状を原裁判所に提出することになる（民執10条2項）。旧民事訴訟法367条1項が控訴状の提出先を第1審裁判所または控訴裁判所と規定しており、同416条1項では抗告状の提出先も原裁判所または抗告裁判所としていた。民事執行法の制定にあたって、濫用的な抗告申立てを原審で却下するために、提出先を原裁判所に限定したものである。抗告裁判所に抗告状を提出した場合の扱いについては、原裁判所に移送すべきとする移送説と直ちに申立てを退けるべきとする却下説があるが、裁判例は却下説を採用している（→【判例⑪】）。

【判例⑪】執行抗告状が原裁判所以外の裁判所に提出された場合
　――原裁判所に移送・回付されるか？
　最一小決昭和57〔1982〕年7月19日・民集36巻6号1229頁

〈**事案**〉　Xは、不動産競売事件に対する競落許可決定に対する執行抗告を申立てたが、原裁判所は、抗告状に執行抗告の理由の記載がなく、かつ、抗告状を提出した日から1週間以内に執行抗告の理由書が提出されなかったとして、執行抗告却下の決定をした。これに

> X：執行抗告の申立て
> 　抗告審　抗告却下
> X：特別抗告の申立て
> 　最高裁　抗告却下

対してXは、この決定を不当として、最高裁判所に「原決定を取消し、さらに相当の裁判を求める。」趣旨の特別抗告の申立書を提出した。

〈**決定要旨**〉　抗告却下。「Xは、売却許可決定に対する執行抗告却下決定に対する特別抗告と題する書面を当裁判所に提出したが、右抗告却下決定に対しては民事執

行法10条8項の規定により更に執行抗告をすることができ、したがってこれに対し直接特別抗告の申立をすることは許されないのであるから、右の申立は、特別抗告としては不適法とせざるをえない。また、これを民事執行法の前記規定による執行抗告の申立と解するとしても、右規定による執行抗告については同法10条2項の規定が適用されるから、抗告状を原裁判所でなく当裁判所に提出してした本件申立は、執行抗告としては、右規定に違反するものというべきであるところ、このように民事執行法10条2項の規定に違反してされた執行抗告については、右規定及びその他の同条各項の規定を通じて看取される法の趣旨に照らし、抗告状を受理した裁判所において民訴法30条〔現、16条〕を類推適用して事件を原裁判所に移送すべきではなく、直ちに不適法な申立としてこれを却下すべきものと解するのが相当である。」

ここでは「特別抗告状」を原裁判所でなく最高裁判所に提出している点が問題となる。民事執行法10条2項は「執行抗告は、裁判の告知を受けた日から1週間の不変期間内に、抗告状を原裁判所に提出してしなければならない。」と定めており、原裁判をした裁判所に抗告状を提出するものとしている。これは、民事訴訟法331条で準用する控訴の手続に関する同286条1項が、控訴の提起は、控訴状を第1審裁判所に提出してしなければならないと規定することに準じたものである。第1審裁判所で控訴状審査を行い、控訴が不適法でその不備を補正することができないことが明らかであるときは、第1審裁判所は、決定で、控訴を却下しなければならない（民訴287条1項）。それ以外は、控訴状等が控訴裁判所に送られ、改めて控訴裁判所の裁判長による控訴状審査（民訴288条）、送達等の手続（民訴289条）に進むことになる。

本決定は、原裁判所以外の裁判所に執行抗告状が提出された場合、民事執行法10条2項「及びその他の同条各項の規定を通じて看取される法の趣旨に照らし、」原裁判所に移送するのではなく、却下の決定をすべきものと判示した。執行妨害対策として整備された現行10条の趣旨を念頭に、却下説を採用したものといえる。

(3) **原裁判所での手続**　執行抗告状が提出されると、原裁判所での審査手続が行われる。この点は、民事訴訟法が定める控訴・上告・抗告の手続と対比して理解すべきところである。

まずは、裁判所による抗告状の審査が行われる。却下事由に該当する場合は、原審の段階で却下される（民執10条5項）。却下の事由は、①抗告人が民事執行法10条3項の規定による執行抗告の理由書の提出をしなかったとき、②執行抗告の理由の記載が明らかに前項の規定に違反しているとき、③執行抗告が不適法であってその不備を補正することができないことが明らかであるとき、④執行抗告が民事執行の手続を不当に遅延させることを目的としてされたものであるときとなっている。

原裁判所における抗告状審査で、却下事由がなければ、抗告状や事件記録は抗告裁判所へ送られる。この審査において、原裁判所の判断で**再度の考案**ができるとされ、申立てに理由があると判断する場合は、原裁判所自らが原決定を更正することができる。これは、民事訴訟法333条「原裁判所による更正」の準用である。

(4) **原裁判所による却下**　原審却下（簡易却下）の制度は、濫用的な執行抗告申立てを防止するために設けられたものである。具体的な関連規定は以下のとおりである。

まず、民事執行法制定にあたっては、民事執行法10条5項1～3号までに相当する理由での原審却下が認められることとなった。理由がないのにとにかく執行抗告状を提出して手続の進行を妨害することを止めるのが目的であった。執行抗告の原審却下については執行抗告ができる（民執10条8項）。執行抗告の制度は、執行停止の効力のある即時抗告ではなく直ちには執行停止の効力を持たない手続としている。さらに濫用的な抗告申立てを抑制する趣旨で、却下事由を明示したものである。他方、手続保障の観点からは、抗告権を不当に抑制することになってはならないため、再度の執行抗告を認めることで、不当な原審却下からの救済の道を開いたものである。

以上のような改革が行われたが、民事執行法制定後も執行妨害の問題は解決されず、特にバブル崩壊後の不良債権問題の解決に当たっては、深刻な問題と認識された。これを受けた平成10年（1998年）の金融再生関連法（競売手続の円滑化等を図るための関係法律の整備に関する法律）による同年の民事執行法改正による執行妨害対策では、さらに対応策がとられることとなった。民事執行法10条5項を改正し、その4号に「執行抗告が民事執行の手続を不当に遅延

させることを目的としてされたものであるとき。」を明記した。執行妨害のための手続の引き延ばしに対抗する執行抗告を迅速に排除するための措置である。

(6) **執行停止の裁判**　執行抗告を申立てただけでは、執行停止の効力を認めないのが原則であるが、執行停止効を認めるべき場合も存在する。確定前に裁判の効力が生じた場合に当事者や関係者への影響が大きく回復が不可能な結果をもたらすものがそれである。そのような裁判について、抗告裁判所は、執行抗告についての裁判が効力を生ずるまでの間、担保を立てさせ、もしくは立てさせないで原裁判の執行の停止もしくは民事執行の手続の全部もしくは一部の停止を命じ、または担保を立てさせてこれらの続行を命じることができる。事件の記録が原裁判所に存する間は、原裁判所も、これらの処分を命じることができる（民執10条6項）。民事執行手続の取消決定等に対する執行抗告（民執12条）、売却の許可または不許可の決定に対する執行抗告（民執74条・188条）、転付命令の申立てについての決定とこれに対する執行抗告（民執159条）等は、確定しなければ効力を生じないこととなっており、執行抗告が事実上裁判の確定遮断効を有する。

(7) **抗告裁判所の審判**　抗告裁判所は、抗告状または執行抗告の理由書に記載された理由に限り、調査する（民執10条7項）。執行抗告においては、抗告状提出後1週間以内に理由書を提出しなければならないこととなっている（同条3項）が、それがない場合は、原裁判所での却下の対象となる（同条5項1号）。

　民事執行手続は、性質上必ずしも対審構造を備えたものではなく、違法執行も裁判所の手続の問題であるので、抗告状等を相手方に送付すべきかには議論がある。実務的には、利害対立する相手方がいる場合には、抗告状等を送付して反論の機会を与えることとし、およそ理由のないものについては、送付せずに却下している。

　原裁判に影響を及ぼす可能性のある法令違反または事実の有無について、抗告裁判所は職権調査が可能とされている（民執10条7項但書）。抗告裁判所の裁判は決定による。

(8) **執行抗告についての裁判に対する不服申立て**　抗告の裁判に対するさらなる不服申立ては、基本的には民事訴訟法の規定を準用している。抗告裁判所が高等裁判所である場合は、許可抗告・特別抗告・再審抗告はできるが、再抗

告はできない。上訴できるのは、憲法違反や、重要な法的論点を含むもの等に限られる。抗告裁判所が地方裁判所、すなわち執行裁判所が簡易裁判所だった場合は、再抗告することができる。執行抗告の手続に特有のものとして、民事執行法10条5項に該当するとして原裁判所が執行抗告を却下した場合は、同8項により再度の執行抗告ができる。

5 執行異議

手続法において、異議とは手続を行っている裁判所にする不服申立てであり、上訴ではない。執行異議も同様である。傾向としては、執行抗告は、重要度の高い執行処分に対して用いられ、執行異議は、それ以外の執行処分に用いられる。執行抗告が認められている手続においては、執行異議は認められないのが基本である。

(1) **執行異議の対象** 執行裁判所の執行処分で執行抗告の対象とならないものが執行異議の対象となる（民執11条1項）。執行裁判所についてはその処分のうち一部、主として執行裁判所による裁量の余地の大きいものがこれに該当する。

執行官の執行処分またはその懈怠も執行異議の対象となる。執行官の執行処分についての不服申立ては、執行抗告できないのが普通であり、したがって、執行官の執行処分に対しては、執行異議が唯一の不服申立の手段となっている。執行異議を扱うのは、執行官ではなく執行裁判所であることから、実質的には上訴と同様の役割を果たすと解することができる。

執行異議ができる処分の例として、強制競売開始決定（民執45条）、売却基準価額の決定（民執60条）、物件明細書の作成（民執62条）等が挙げられる。執行異議は、執行抗告ができない処分についてできることになっているが、民事執行法上、不服申立てができないとされるものには、執行異議もできない。

(2) **執行異議の手続** 執行裁判所の処分に対する執行異議はその処分をした裁判所の専属管轄となる。執行官の処分についての異議は、その執行官が所属する執行裁判所の管轄となる。

執行異議の手続は、基本的には執行抗告に準じ、口頭弁論は不要である。ただし、執行異議は、申立期間の定めはなく、執行手続全体の終了まではいつで

も提起できる。執行抗告の審理（民執10条7項）と異なり、異議申立ての際に示された事由以外を執行異議の審理の際に追加主張することも認められる。

執行異議に対する裁判は、決定による。不適法であれば却下、理由がないときは棄却される。理由があれば、執行処分を取消しまたは変更の決定をする。執行官の執行処分に対する異議については、その執行を許さない旨を宣言し、または執行官に民事執行の手続の取消しを命じる。執行処分の遅滞を理由とするときは執行処分をなすべき旨を命じる。

この決定に対する不服申立ては原則としてできない（民執10条9項・11条2項）。民事執行の手続を取り消す執行官の処分に対する執行異議の申立てを却下する裁判または執行官に民事執行の手続の取消しを命じる決定に対しては、執行抗告が認められる（同12条1項後段）。なお、執行抗告が許される事件が限定されていることについては、もっぱら立法政策の問題で憲法32条に違反するかどうかの問題を生じないとした判例がある（最一小決昭和58〔1983〕年7月7日・集民139号269頁）。

なお、実体抗告と実体異議については、第12講Ⅱ4を参照。

Ⅱ　不当執行

1　請求異議の訴え

(1)　概要　(i)意義　請求異議の訴えとは、債務者が特定の債務名義（→第3講）に表示された給付請求権の存在や内容等についての異議を主張し、当該債務名義に基づく強制執行が許されない、との判決を得るための訴訟手続である。

制度の名前に「異議」の言葉が含まれるが、手続の性質は訴訟手続であり、裁判形式も判決による。請求異議の訴えでは、執行債務者が原告、執行債権者が被告となる。訴訟手続であるから、両当事者には十分な手続保障が与えられる。

(ii)請求異議の訴えの存在理由　強制執行手続は、債権者が執行機関に提出する債務名義に基づいて開始する。債務名義は、給付債権の存在と内容を、高度の蓋然性で公証する書面であり、債権者が、給付訴訟を提起するなど、自身の負担で取得したものである。

執行機関は、債務名義に表示された給付請求権が、本当にその表示どおりの内容で存在するか、実体判断をすることなく執行手続を進行させる。その際、表示どおりの請求権が、実体法上は存在しないという場合（例、事後的に消滅したり、内容が変更した場合）、執行手続はどうなるか。そのような執行手続は、実体法の観点からみれば**不当執行**に当たるが、手続法の観点からは**違法執行**に当たらず、執行手続は当然には停止・取消しされない。

そこで、不当執行を止めるためには、債務者の負担で、強制執行の停止・取消しをするための書面を取得し、それを執行機関へ提出する必要がある。このような書面は、**反対名義**と呼ばれることがある。請求異議の訴えは、債務者が反対名義を得るための主な手続である（他に反対名義を得る方法として、未確定の給付判決に対する上訴等がある）。

(2) **法的性質および訴訟物　(i)請求異議の訴えの法的性質**　請求異議の訴えは、上記のように、不当執行を止め、債務名義の執行力を失わせるための訴訟手続であるが、その法的性質をめぐっては、議論がある。

判例は、請求異議の訴えの目的を執行力の排除にあると解する（大判昭和7〔1932〕年11月30日・民集11巻2216頁等）。この見解は、執行力の消滅という法律関係の変動（消極的な形成）に着目して、形成訴訟説と呼ばれる。学説上も、債務名義に表示された請求権の不存在が必ずしも執行手続の存続を左右しないことから、請求異議の訴えの基本的な性質を形成訴訟と捉える見解が有力である。これに対して、執行手続の正当性は実体的な執行債権の存在に根拠を持つという側面を重視して、請求異議の訴えを、執行債権の存否について実体審理を行う確認の訴えと解する見解もある。

(ii)請求異議の訴えの訴訟物　請求異議の訴えの法的性質をめぐる議論は、請求異議の訴えの訴訟物を何と捉えるかにも影響する。

請求異議の訴えの基本的性質を形成訴訟と捉える説は、請求異議の訴えの訴訟物を、執行力排除のために認められた**異議権**または**異議事由**であると捉える。ただし、この見解では、請求異議の訴えの中で審理されるのは、債務名義に表示された請求権の発生・変更・消滅等であるにもかかわらず、その確定判決に生じる既判力は、訴訟物である異議権または異議事由の存否について生じ、債務名義に表示された給付請求権の存否には既判力が生じないことになる。

請求異議の訴えの基本的性質を確認訴訟と捉える説は、請求異議の訴えの訴訟物を、債務名義に表示された給付請求権（給付義務）と捉える。この見解に立つと、請求異議の訴えの確定判決は、給付請求権の存否について既判力を生じさせることになる。ただし、なぜ請求異議の訴えの認容判決が、単なる債務不存在確認判決にはない、強制執行を取り消す効力（**執行力の排除効**）をもっているのか、説明が必要となる。

近時では、形成訴訟説に立ちつつ、訴訟物を「当該債務名義について執行力の排除を求め得る地位」と捉え、訴訟物の単位を債務名義ごとに1個と捉える説や、確認訴訟説を基礎にしつつ、同一の請求権の中でも、異議の性質に応じて訴訟物を区別する説等も提唱されている。

⒤請求異議の訴えの適用範囲　①給付請求権の一部について執行力の排除を求める訴え　一つの債務名義に複数の請求権が表示されている場合や、一個の請求権の一部について執行力の排除を求める請求異議の訴えは、適法である。たとえば、数個の請求権のうち一個について弁済をした場合や、一個の請求権について一部弁済をした場合等が考えられる。

②特定の財産に対する執行力の排除を求める訴え　相続における限定承認は、請求権の内容ではなく、義務の引当てとなる財産の範囲（責任）に関する主張である。しかし、責任財産の限定が債務名義に表示されていない場合には、責任範囲も請求権の属性として異議事由となる（債務名義が有する執行力の範囲の問題として考える）との見解が有力である。

これに対して、責任財産の限定が債務名義に表示されているなど、債務名義が有する執行力の範囲には争いがないものの、債権者が現に特定の財産を差し押さえ、それが相続財産と相続人の固有財産のどちらに属するかに争いがある場合は、相続人が第三者異議の訴え（民執38条）によって、執行の不許を求める（差し押さえられた財産に対する相続人の権利の問題として考える）ことになる。

③個別的な執行行為の排除を求める訴え　請求異議の訴えは、債務名義の執行力を排除するための制度であるから、具体的な執行行為の排除を求める請求異議の訴えは、原則として許されない。

しかし、たとえば巨額の請求権を表示する債務名義に基づいて、少額財産が差し押さえられた場合、通常の請求異議の訴えを提起すると手数料が膨大にな

るが、少額財産の差押え（さしおさ）という具体的執行行為の排除を求めることで、手数料や担保（民執 36 条 1 項）の額が低く抑えられる。このようなニーズから、具体的な執行行為の排除を求める請求異議の訴えも許容されるべきとの見解も有力である。

(3) **債務名義の種類と異議事由**　請求異議の訴えは、仮執行宣言付判決等、他の異議申立ての手段がある債務名義については使えない（民執 35 条 1 項括弧書）。また、担保執行や保全執行でも、他の異議申立て手段があるため、請求異議の訴えは利用できない。

　また、債務名義の種類に応じて、主張できる異議事由とできない異議事由がある。以下の例に沿って、請求異議の訴えにおける異議事由を分類してみよう。

〔事例〕
　2020 年 5 月 1 日、X は Y に対して、金 300 万円を貸し付けた（以下、「本件貸金」という）。
　(1)　2022 年 3 月 1 日、X は Y に対して、貸金支払請求訴訟を提起した（以下、「本訴」という）。2022 年 12 月 1 日に、本訴の事実審口頭弁論が終結し、2023 年 1 月 15 日に、請求認容判決が確定した（以下、「本件債務名義」という）。
　2023 年 9 月 1 日に、Y は X に対して請求異議の訴えを提起し、以下の事由を主張した。
　(a)　2023 年 6 月 1 日、Y は本件貸金について金 300 万円全額を X に弁済した。
　(b)　本件貸金契約は、賭博から生じた金銭支払に関するものであり、公序良俗に反して無効である。
　(c)　2020 年 5 月 1 日当時、Y は資金繰りに困っておらず、しかも契約締結の当日、Y は海外にいたのであるから、本件貸金契約が成立するはずがない。
　(d)　2021 年 5 月 1 日に、本件賃金債務の弁済期を 2025 年 4 月 30 日へ延期してもらった。
　(2)　2022 年 12 月 1 日、X と Y の間で、本件貸金につき、執行受諾文言を含む公正証書が成立した（以下、「本件執行証書」という）。2023 年 9 月 1 日に、Y は X に対して請求異議の訴えを提起し、以下の事由を主張した。
　(e)　本件執行証書は、X の代理人 A が、X 本人を名乗って作成されたものであり、無効である。
　(f)　本件執行証書については、XY 間で不執行の合意がなされていた。

(i)請求権の存在についての異議　第1に、(a)のように、いったん成立した請求権が事後的に消滅したことは、請求異議事由となり得る（民執35条1項前段）。要件事実論上の用語でいえば、請求権の権利消滅事由がこれに当たる（弁済、更改、免除、消滅時効の完成等）。また、債権譲渡や免責的債務引受等による、請求権の主体たる地位の移転も、異議事由となり得る。

(2)の執行証書のように、確定判決以外の債務名義の場合はもちろん、(1)の確定判決のように、債務名義が既判力を有する場合も、弁済の時点（2023年6月1日）は、本訴の事実審口頭弁論終結時（2022年12月1日）より後なので、確定判決の既判力に抵触せず（民執35条2項）、Yは弁済の事実を異議事由として主張できる。

第2に、当初から請求権が発生しなかったことも、請求異議事由となり得る。要件事実論上の用語でいえば、(b)のような、請求権発生に関する権利障害事由や（通謀虚偽表示、公序良俗違反、代理権の欠缺等）、(c)のような、請求権の権利根拠事由に対する否認が、これに当たる。

ただし、(1)の場合、本件貸金契約の成立（2020年5月1日）に関わる事情は、本訴の事実審口頭弁論終結時（2022年12月1日）より前なので、確定判決の既判力に抵触し（民執35条2項）、Yは(b)や(c)を異議事由として主張できない。これに対して、(2)のような確定判決以外の債務名義の場合は、(b)や(c)のような請求異議事由も主張できる。

(ii)請求権の内容についての異議　(d)のように、請求権の存在を前提にしつつ、その内容や責任の態様が、実際には債務名義の記載と異なっているという主張は、請求異議事由となり得る（民執35条1項前段）。たとえば、弁済期の猶予や停止条件の設定等、要件事実論上の用語でいえば、請求権行使の権利阻止事由に関するものが、これに含まれる（期限の猶予、停止条件の付加、留置権、同時履行の抗弁権等）。

(1)の場合、期限の猶予は、本件貸金契約の成立時（2020年5月1日）になされたとの主張なので、確定判決の既判力に抵触し（民執35条2項）、Yは期限の猶予を異議事由として主張できない。これに対して、期限の猶予が、本訴の事実審口頭弁論終結時（2022年12月1日）よりも後になされたものであったり、そもそも(2)のような確定判決以外の債務名義の場合は、(d)のような請求異議事

由も主張できる。

(ⅲ)裁判以外の債務名義の成立についての異議　(e)のように、請求権の存在や内容ではなく、債務名義の成立手続に瑕疵があるとの主張は、裁判以外の債務名義（和解調書、調停調書、執行証書等）について請求異議事由となり得る（民執35条1項後段）。

この異議事由は、分類すれば、実体上の不当執行の主張ではなく、手続上の違法執行の主張であり、本来的な請求異議事由ではない。しかし、確定判決等の裁判による債務名義については、上訴・異議・再審等によって、債務名義の成立の瑕疵を争うことができるのに対して、裁判以外の債務名義については、そのような制度がない。そのため、準再審に代わる請求異議の転用として、このような異議事由が認められた。

(e)のような場合、執行証書の作成は無効とされており（最三小判昭和51〔1976〕年10月12日・民集30巻9号889頁、最三小判昭和56〔1981〕年3月24日・民集35巻2号254頁）、このような異議事由も主張できる。

執行証書については、その記載が債務名義としての要件を形式的・手続的に充たさない場合は執行文付与に対する異議によるべきであり、債務名義の要件を形式的・手続的に充たすが、実体的な瑕疵がある場合には、請求異議の訴えによるべき、との区別がなされる。執行文付与に対する異議による場合としては、たとえば、執行証書に表示された請求権が特定性を欠く場合や、押印に不備がある場合等が含まれる。請求異議の訴えによるべき場合として、たとえば執行証書の作成に関して錯誤があった、当事者の代理権が欠けた、署名代理によって執行証書が作成された等がある（なお、公証人の調査義務について、最一小判平成9〔1997〕年9月4日・民集51巻8号3718頁参照）。

(ⅳ)その他　①不執行の合意　(f)のような不執行の合意の存在を、執行手続上どのような手段で主張すべきか問題となり得るが、判例は、請求異議の訴えによるべきとした（最二小決平成18〔2006〕年9月11日・民集60巻7号2622頁→9頁）。

②信義則違反・権利濫用　債務名義取得後の事情変更により、当該債務名義に基づく強制執行が、信義則違反または権利濫用に当たる場合が問題となる。判例によれば、信義則違反または権利濫用も、異議事由となり得る（最一小判

昭和37〔1962〕年5月24日・民集16巻5号1157頁、最一小判昭和62〔1987〕年7月16日・集民151号423頁）。

③**債務名義の不当取得**　第三者を害する意図のもとに裁判所を欺罔して確定判決を得るなど、債務名義の不当取得があった場合、そのことを請求異議の訴えにおいて異議事由とできるか。判例は、確定判決の不当取得の場合について、これを否定した（最三小判昭和40〔1965〕年12月21日・民集19巻9号2270頁。ただし、最三小判昭和43〔1968〕年2月27日・民集22巻2号316頁も参照）。

(4)　**異議事由の時期的制限**　すでに述べたように、債務名義が既判力を有する場合、異議事由は口頭弁論の終結後に生じたものに限る（民執35条2項）。既判力を有する債務名義として、確定判決のほか、確定判決と同一の効力をもつ債務名義（民執22条7号、和解調書・認諾調書〔民訴267条〕、調停調書〔民調16条、家事268条1項〕等）の既判力を肯定するならば、それも含まれる。既判力の基準時は、確定判決であれば、事実審の口頭弁論終結時であり、その他の債務名義であれば、債務名義の成立時となる。

(5)　**異議事由の同時主張強制**　請求異議の訴えに関する民事執行法35条3項は、同34条2項を準用しており、それによれば、異議の事由が数個あるときは、債務者は、同時に、これを主張しなければならない。

この規定を請求異議の訴えにおいて準用することの意味については、請求異議の訴えの性質論や、訴訟物の理解と関連して、議論がある。

異議事由ごとに訴訟物を区別する見解や、異議の態様や種類に応じて訴訟物を区別する見解に立つと、この規定は、請求異議訴訟の繰り返しによる執行の遅延を防ぐために、1つの請求異議訴訟の中で複数の訴訟物について訴訟を集中させる、特別な規定と解される。民事執行法34条2項により、訴訟係属中においては、同一請求権について他の異議事由を理由とする別訴を禁止し、訴訟終了後には既判力と異なる特別の失権効により、他の異議事由に基づく後訴を排除する。

これに対して、請求異議訴訟の訴訟物を、債務名義や請求権ごとに1つと捉える見解に立つと、複数の異議事由は、訴訟物についての判断を左右する攻撃防御方法に過ぎないことになる。したがって、この規定は、請求異議訴訟の事実審の口頭弁論終結時までに、主張できる複数の異議事由を提出しなければ、

再度の請求異議訴訟を提起できなくなる（これは、請求棄却判決の既判力により、当然に実現される）という、いわば当たり前のことを、確認的に定めたにすぎないと解される。

(6) **請求異議の訴えの手続** (i)**管轄権**　請求異議の訴えは、執行文付与の訴えと同様、債務名義ごとに土地管轄・事物管轄が専属管轄として法定されている（民執35条3項・33条2項・19条）。

(ii)**当事者**　請求異議の訴えの原告は、債務名義に債務者として表示された者、またはその債務名義の執行力を受ける者である（民執23条）。被告は、債務名義に債権者として表示された者、またはその承継人や被担当者等、債務名義の執行力を有する者である。

なお、債権者側の承継人等については、承継執行文の付与を受けていなくても、請求異議の訴えの被告適格を有する。これに対して、承継の事実等、執行力の拡張そのものを争いたい場合は、請求異議の訴えではなく、執行文付与に対する異議（民執32条）や、執行文付与に対する異議の訴え（民執34条）を要する（→59頁）。

(iii)**訴えの提起**　債務者にとっては、債務名義が存在する以上、執行文付与前または執行開始前でも、不当執行のリスクがあり、したがって、請求異議の訴えの利益がある。これに対して、債務名義に基づく強制執行が完結し、債権者が債務名義に表示された請求権につき完全な満足を受けた後は、請求異議の訴えを提起しても、訴えが却下される。

(iv)**執行停止等の仮の処分**　請求異議の訴えを提起しても、当然には執行手続が停止しない。そのため、すでに強制執行手続が開始した場合、原告たる債務者は、別途、執行停止等の仮の処分を申し立てる必要がある（民執36条）。

(v)**審理**　請求異議の訴えは訴訟手続であり、通常の訴訟と同様に、必要的口頭弁論（民訴87条1項）に基づいて審理判断を行う。

請求異議の訴えにおける証明責任の分配は、一般の民事実体法に従う。債務名義の存在が、それに表示された請求権の存否につき、証明責任の所在を転換させるものではないからである。

請求異議の訴えにおける要件事実については、議論があるが、実務上は以下のように解されている。

(a) 原告は、**請求原因**として、原告が債務者（またはその執行力の拡張を受ける者）・被告が債権者（またはその執行力の拡張を受ける者）である債務名義の存在を主張する。

(b) 被告は、**抗弁**として、債務名義に表示された請求権の存在および債務名義の成立を主張する。

(c) 原告は、**再抗弁**として、請求権の存在もしくは内容、または債務名義の成立等に関する異議事由（→(3)）を主張する。

ただし、確定判決等の既判力ある債務名義の場合、(a)の債務名義の存在が、そのまま(b)の請求権の存在について、既判力ある判断を示している（なお、債務名義の成立は、確定判決にとって異議事由とならない）。そのため、被告は抗弁を主張する必要がない。

そこで、原告は、(a)の請求原因と同時に、(c)の異議事由も請求原因の一部として主張する必要がある（このことを、「要件事実のせりあがり」と呼ぶことがある）。

なお、主張立証責任の分担とは別に、原告は、請求異議の訴えに際して争点を設定する責任を負い、特定の債務名義の存在とともに、異議の具体的事由を請求原因事実として主張しなければならない、との有力説がある。

(vi)裁判　異議事由に理由があると認められる場合、裁判所は、強制執行の全部または一部を不許と宣言する判決をする。

裁判所は、終局判決において、執行停止の仮の処分について、新たな処分を命じるか（請求認容の場合）、すでになされた決定を取り消し（請求棄却の場合）、変更し、もしくは認可する（請求認容の場合）することができる。この裁判については、仮執行の宣言をしなければならない（民執37条1項）。

請求異議の訴えは訴訟手続のため、通常の民事訴訟と同様に、上訴として控訴・上告ができる。

請求異議の訴えの判決が確定した場合に生じる判決効（既判力、形成力）については、請求異議の訴えの訴訟物を何と捉えるかに応じて異なる。形成訴訟説に従えば、訴訟物たる異議権もしくは異議事由（または、債務者が当該債務名義について執行力の排除を求め得る地位）の存否について既判力が生じるとともに、請求認容判決が確定した場合は、形成力の効果として、債務名義の執行力の消滅という法律関係の変動が生じる。

請求認容判決が確定した場合、請求認容確定判決の正本（せいほん）が、当該強制執行手続における反対名義となる。当該債務名義について、まだ強制執行手続が開始されていない場合、債権者は当該債務名義について執行文付与を受けることができず（執行力の現存が公証されないため）、強制執行手続を開始することができなくなる。すでに強制執行手続が開始している場合、債務者は、判決正本を執行機関に提出することで、強制執行を停止し、すでになされた執行処分を取り消すことができる（民執39条1項1号・40条）。

2 第三者異議の訴え

(1) 趣旨 債権者が債務者に対して強制執行を行うとき、その対象となる財産は、債務者の財産（責任財産）である（→65頁）。民事執行法は、執行手続を迅速に行うことができるように、債権者が執行の対象とした財産が債務者の責任財産であるかどうかを、登記や占有、債権者の陳述のような一定の外観的事実によって判断し、これに基づいて適法に執行を行うことができるとする（外観主義→67頁）。たとえば、不動産執行を行う場合には、債務者名義の所有権登記があれば、その不動産を差し押さえて競売（けいばい）してよいし、動産執行の場合には、債務者が占有していれば、その動産に対して執行ができる。また、債権執行の場合には、債務者が第三債務者に対して債権を有していると債権者が陳述すれば、これを基準にして執行を行うことができる。しかし、外形上債務者の責任財産に見えても、それが実際の権利関係とは異なる場合もありえる。つまり、債務者が登記名義を有していたり、ものを占有していたりしたとしても、本当の所有者は第三者であることもある。このような場合には、第三者は、執行の対象となった財産について、自己の有する権利や法的に保護される地位が侵害されることを主張して、その執行の不許を求めて訴えを提起することができる。これが第三者異議の訴え（民執38条）である。このように、第三者異議の訴えは、特定の財産に対する執行を排除することを目的とする。この点は、特定の債務名義に基づく執行を一般的に排除することを目的とする請求異議の訴えや執行文付与に対する異議の訴えとは異なっている。

第三者異議の訴えの法的性質や訴訟物については、請求異議の訴えと同様に、さまざまな学説が主張されているが、多数説は形成訴訟説である。

(2) **異議事由**　第三者異議の訴えを提起することができる事由を第三者異議事由という。これにつき、民事執行法 38 条 1 項は、「目的物について所有権その他目的物の譲渡又は引渡しを妨げる権利を有する」ことと規定している。

(i)**所有権**　第三者が所有権をもつ財産は、原則として債務者の責任財産には含まれない。強制執行による譲渡や引渡しによって第三者が所有権を失う場合だけでなく、所有者としての権利の行使が事実上妨げられる場合も広く異議事由として認められる。しかし、建物収去土地明渡執行に対して、土地の真の所有者であることを理由とする第三者異議の訴えのように、所有者を害しない場合には所有権は異議事由とならない（東京高判昭和 52〔1977〕年 2 月 22 日・下民集 28 巻 1 ～ 4 号 78 頁）。また、共有者の一部に対する債務名義に基づいて共有物全体に対して強制執行が行われた場合には、他の共有者は、自己の持分権に基づいて単独で第三者異議の訴えを提起することができる（大阪高判昭和 52〔1977〕年 10 月 11 日・判時 887 号 86 頁）。

　第三者の所有権が異議事由として認められるためには、所有権を有しているというだけではなく、その所有権が執行債権者に対抗できるものでなければならず、さらに対抗関係にある以上は対抗要件の具備の事実が必要である。

　たとえば、執行債権者が執行債務者に対して、登記名義が執行債務者である不動産を差し押さえたとき、第三者がその不動産の所有者は自分であると主張して第三者異議の訴えを提起したとする。このとき、第三者が執行債権者の差押えよりも前に、執行債務者からこの不動産の譲渡を受けていた場合、第三者は所有権移転の登記という対抗要件（民 177 条）を備えていなければ、所有権を取得したことを第三者である執行債権者に対抗できないことになる。他方で、執行債権者は、差押えについて裁判所書記官から登記嘱託がなされ（民執 48 条 1 項）、これにより対抗要件を備えることになり、第三者に対して差押えについて対抗できる。したがって、第三者は自分の所有権を執行債権者に主張できないので、第三者の主張する対抗力のない所有権は第三者異議事由にならない（請求棄却となる）ことになる。このように、第三者が自己の所有権を主張する場合であっても、実体法上、その所有権を債権者に対抗することができなければ、第三者異議事由とならないことがある。

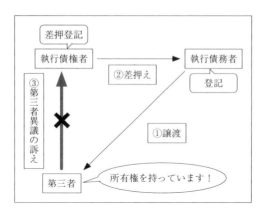

　第三者が執行の対象となっている財産について、所有権移転について仮登記を有している場合に、本登記のための実体上の要件を備えれば所有権を主張して第三者異議の訴えが提起できるかについては争いがあるが、仮登記には対抗力がないので、第三者異議の訴えは提起できないとする説（消極説）が有力である（積極説をとる判例として、東京高判昭和57〔1982〕年11月30日・高民35巻3号220頁）。

　また、執行の対象が債権その他の財産権である場合にも、第三者がその権利が自分に属することを主張して、第三者異議の訴えを提起することができる。ただし、執行債権者が差し押さえた債権の第三者の譲受けの対抗力について争うときは、第三者は差押えに先立って対抗要件を具備したことを主張して立証しなければならない（民467条、動産債権譲渡特例4条1項）。

　(ii)**占有権**　債務者以外の第三者が占有している財産についての強制執行に対して、第三者が自己の占有権に基づいて第三者異議の訴えを提起できるかについては、争いがある。判例・通説は、占有者は債権者に対して執行を受忍すべき理由がないので、占有を妨害される限りは、第三者異議を提起できるとする。

　(iii)**地上権・永小作権・留置権・質権**　その他の占有・用益を目的とする物権は、差押債権者に対抗できる場合には、目的物の占有・収益の方法による強制執行（不動産執行における強制管理等）に対して、第三者異議事由となる。

　(iv)**抵当権・先取特権**　抵当権者と先取特権者は、目的物の占有使用権限を有していないので、目的物に対する他の債権者の強制執行に対して、第三者異議

の訴えを提起することはできない（民執59条）。抵当権者は、目的物に対して他の債権者が強制執行をしても、その手続の中で優先的に配当を受けることができ（民執87条1項4号）、また、そもそも抵当権者が被担保債権の回収が不可能となるような強制執行を他の債権者は行うことができない（民執63条）ので、抵当権は第三者異議事由にはならない。ただし、抵当権の効力の及ぶ動産（附加物・従物）に対して他の債権者が差押えや引渡執行をしたときは、抵当権者は、抵当物件の担保価値が減損することを受忍しなければならない理由はないので、第三者異議の訴えを提起できる（最二小判昭和44〔1969〕年3月28日・民集23巻3号699頁）。

　動産執行においては、先取特権者や質権者は配当要求をすることができ（民執133条）、先取特権には優先弁済権がある（民303条）ので、これらの者は第三者異議の訴えを提起できない。

　(v)非典型担保物権　仮登記担保、譲渡担保、所有権留保等の目的財産を他の債権者が差し押さえた場合、これらの非典型担保権を有する者が第三者異議の訴えを提起できるか。

　①仮登記担保　仮登記担保（権利移転予約型担保）は、債務者が債務を履行しないときには、債務者が所有する特定の不動産の所有権を債権者に移転させるという約束をするものである。具体的には、不動産を目的とする停止条件付代物弁済契約、代物弁済予約契約、売買予約契約をすることによって、その不動産についての将来における所有権移転を約束するものである。担保仮登記がなされた土地等に対して、債務者の他の債権者による強制競売が開始された場合に、その開始決定が仮登記担保権者の清算金支払債務の弁済前にされた申立てに基づくときは、担保仮登記の権利者は、その強制競売手続の中で、債権を届け出て売却代金の配当を受けることはできるが（仮登記担保17条2項）、仮登記に基づく本登記の請求をすることはできず、第三者異議の訴えにより、執行の排除を求めることもできない（仮登記担保15条1項・16条1項）。これに対して、強制競売の開始決定が、清算金の弁済後になされた申立てに基づくときは、担保仮登記の権利者は、その土地等の所有権の取得を差押債権者に対抗することができ（仮登記担保15条2項）、第三者異議の訴えを提起して執行を阻止することができる。

②**譲渡担保**　民法に規定のない非典型担保として、譲渡担保（権利移転型担保）
がある。これは、債務者の債務不履行に備えて、債務者（第三者の場合もある）
の所有する目的物の所有権を債権者にいったん移転しておくという約束をする
ものである。前述の仮登記担保は債務不履行があった際に担保目的物の所有権
を債権者に移転させるものであったが、譲渡担保は、すでに担保目的物の所有
権を債権者に移転させているので、債務不履行の際には目的物の所有権を債権
者にそのまま帰属させておけばよいことになる。不動産に譲渡担保を設定して、
譲渡担保権者に所有権移転登記がなされた場合に、設定者（債務者）の他の債
権者が担保目的物に対して執行を申し立てても、却下されることになる。担保
目的物の登記名義人は譲渡担保権者となっているので、このような申立てがな
されることはほとんどないが、譲渡担保権者の債権者が担保目的物を担保権者
の不動産であるとして差し押さえることがある。

　このような場合に、譲渡担保の設定者は、第三者異議の訴えを提起すること
ができるか。判例（最二小判平成18〔2006〕年10月20日・民集60巻8号3098頁）
は、被担保債権の弁済期が徒過したことにより、譲渡担保権者が目的物の処分
権能を取得して、設定者はその換価処分を受忍すべき立場にあるので、被担保
債権の弁済期後に譲渡担保権者が目的不動産を差し押さえて差押登記がなされ
たときは、設定者は債務の全額を弁済しても、第三者異議の訴えによって強制
執行を排除することはできないとした。

　③**所有権留保**　売買契約において、買主が代金を全額支払う前に目的物が引
き渡される場合に、売買代金の担保のために、買主が代金を完済するまで売主
が目的物の所有権を自己に留保することがある。これにより、売主は、買主が
債務不履行になっても、留保した所有権に基づいて売買目的物を取り戻して、
そこから債権を優先的に回収することができる。このような動産の所有権留保
が第三者異議事由となるかについて、判例（最一小判昭和49〔1974〕年7月18日・
民集28巻5号743頁）は、留保売主は、第三者異議の訴えによって他の者の強
制執行を排除することができるとする。

　(2)　訴訟手続　(i)管轄裁判所　第三者異議の訴えは、目的物の権利や法律関
係についての争いが審理の対象となるので、目的物の価額とは関係なく、執行
裁判所の専属管轄である（民執38条3項）。つまり、排除が求められている執

行処分に関連して管轄が配分されており、目的物の所在地を管轄する地方裁判所に訴えを提起することになる。

(ii)**当事者**　原告適格を有するのは、強制執行の目的物について自己の権利ないし法的地位が、執行債権者との間の関係で実体法上侵害されていると主張する第三者である。また、債務者も、債務名義に表示された責任範囲を超えて強制執行が行われた場合等、第三者としての地位を有しているときには、第三者異議の訴えを提起することができる。

被告適格を有するのは、原告が第三者異議の訴えによって排除しようとしている強制執行を行う執行債権者である。執行債権者の承継人は、承継執行文の付与を受けたときに被告適格者になる。

(iii)**訴えの提起**　第三者異議の訴えは、特定の財産に対する執行を排除するためのものであるから、執行が開始されなければその対象が特定されない財産執行の場合は、強制執行が始まるまでは訴えの利益がないので、訴え却下される。しかし、特定物の引渡・明渡執行の場合は、債務名義に表示された執行対象の財産に対して確定的に行われるであろう執行を予め阻止する必要があるので、執行が開始する前でも、また執行文が付与される前でも、第三者異議の訴えを提起することができる。

第三者異議の訴えが提起されても、当然には強制執行手続の続行は妨げられないので、請求異議の訴えの場合と同様に、執行停止や取消しの仮処分が認められている（民執38条4項）。なぜならば、強制執行が続行されると、訴え提起した目的である執行の阻止が果たせなくなるからである。

(iv)**審理・裁判**　第三者異議訴訟の本案審理は、原告の主張する、特定の目的物に対する執行を排除すべき異議事由があるか否かについてなされ、執行債権が存在するか否か（債務名義の効力）については審理しない。手続は、通常の訴訟手続のルールに基づいて行われる。

審理の中で、原告は、排除されるべき具体的な執行行為を特定して、異議事由である「譲渡又は引渡しを妨げる権利」の根拠となる事実を主張しなければならない。これに対して被告は、原告の主張する異議事由に対抗できるすべての事由を主張することができる。この点に関して、判例（最三小判昭和41〔1966〕年2月1日・民集20巻2号179頁）は、被告が原告の異議事由の主張が信義則

に反するという抗弁を主張することができるとしている。

なお、第三者異議の訴えと法人格否認の法理については、次の判例がある。

【判例⑫】 第三者異議の訴えと法人格否認の法理
  ——法人格否認の抗弁を認めて請求を棄却できるか？
  最二小判平成17〔2005〕年7月15日・民集59巻6号1742頁

〈事案〉 Yら（被告・被控訴人・被上告人）は、A社が開いたゴルフ場に作られたゴルフクラブに入会し、それぞれ1200万円の会員資格保証金を預託していた。その後入会規約で定められた期間が経ったためゴルフクラブを退会し、預託金返還請求訴訟を提起して勝訴したので、これを債務名義とする動産執行を申し立てた。Yらの申立てに基づき、執行官は、ゴルフ場で現金、芝刈り機等の動産を差し押さえた。これに対して、X（原告・控訴人・上告人）が、A社の関連会社からゴルフ場の運営業務を任されており、差し押さえられた物件は、この契約に基づく運営業務としてゴルフ場において所有、占有しているものであると主張して、Yらに対して、強制執行の不許を求めて第三者異議の訴えを提起した。

第1審と控訴審は、「A社は、Xを意のままに道具として利用し得る支配的地位にあり、本件ゴルフクラブの多数の会員がA社に対して預託金の返還を求める訴えを提起し、その勝訴判決に基づいて強制執行に及ぶことを予想して、これを妨害するという違法不当な目的でXの法人格を濫用している」として、Xの法人格を否認して、請求を棄却した。これに対してXが上告受理の申立てをした。

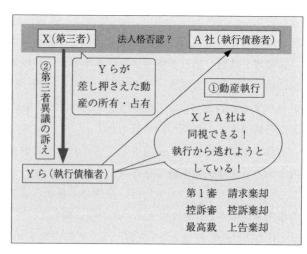

〈判旨〉 上告棄却。最高裁は、第三者異議の訴えは「債務名義の執行力が原告に及ばないことを異議事由として強制執行の排除を求めるものではなく、執行債務者に対して適法に

開始された強制執行の目的物について原告が所有権その他目的物の譲渡又は引渡しを妨げる権利を有するなど強制執行による侵害を受忍すべき地位にないことを異議事由として強制執行の排除を求めるものである」として、Ｘの法人格がＡ社に対する強制執行を回避するために濫用されている場合には、ＸはＡ社と別の法人格であることを主張して、強制執行の不許を求めることはできないと判示した。

さらに、第三者異議の訴えに対して、原告が異議事由として主張している所有権の取得が詐害行為であると被告が主張して、詐害行為取消しの反訴を提起した判例（最二小判昭和40〔1965〕年3月26日・民集19巻2号508頁）では、口頭弁論終結時に詐害行為取消権があると判断され、原告の所有権取得が否定されるべきことが裁判所に明らかな場合には、原告が主張する所有権は第三者異議事由にならないとしている。

　裁判所は、審理の結果、異議事由があると認めるときは、目的財産に対する強制執行を許さない旨を判決主文で宣言する。ただし、すでに開始した執行手続を停止させたり、すでに行われた執行処分を取り消したりするためには、執行不許の確定判決（または仮執行宣言付判決）の正本を執行機関に提出しなければならない（民執39条1項1号・40条1項）。

　第三者異議請求についての本案判決が確定すると、原告が特定物について強制執行を阻止することのできる地位にあるか否かについて既判力が生じるが、原告が異議事由として主張した実体権があるか否かについては、判決理由中の判断となり、既判力を生じない（民訴114条1項参照）。

第7講

不動産執行：その1
——不動産執行の基礎・強制競売における差押えと換価

〈本講のポイント〉

　本講と次講では、不動産に対する強制執行、つまり不動産執行について説明する。強制執行は、執行対象ごとに手続が異なる。不動産に対する強制執行手続は、不動産に関する権利関係が複雑になり、しかも、不動産が一般に高価であるため、慎重な執行手続が必要になることから、条文数も格段に多い。不動産執行は、「差押え→換価→満足」の手続をとるが、本講では、まず、不動産執行の基礎について概観し（→Ⅰ）、次に、強制競売を概観する（→Ⅱ）。不動産執行は、規定が詳細であることから、本講では、差押えと換価について説明し、次講で、満足の手続について概説する。不動産執行における換価には、強制競売と強制管理があるが、後者については、次講で述べる。

Ⅰ　不動産執行の基礎

1　不動産執行の概観

（1）**不動産執行の意義**　金銭執行（金銭の支払を目的とする債権についての強制執行）のうち、不動産を強制執行の対象とするものを、**不動産執行**という。不動産執行には、対象不動産を売却することによって得られる代金を債権者の弁済に充てる**強制競売**（民執45条以下）と、対象不動産を管理することによって得られる賃料等の収益を債権者の弁済に充てる**強制管理**（民執93条以下）という、2つの方法がある。どちらの方法によるのかは、申立てを行う債権者が選択するが、両者を併用することもできる（民執43条1項後段）。

　不動産は、一般的に価値が高く、また、隠匿することが困難であることから、理念的には、債務者の責任財産の中核的なものと位置づけられている。また、

不動産執行は、その手続が複雑であることから、詳細な規定が数多く置かれており、民事執行法全体の中で特に大きな割合を占めている。しかし、現実には、金銭債務不履行の状態にある債務者が所有する不動産には、担保価値いっぱいに（時に複数の）抵当権が設定されていることが多く、このような場合には、担保権を有していない債権者（一般債権者）が、債務名義を得て、当該不動産に対して強制競売を申し立てたとしても、抵当権者が優先的に弁済を受けるため、差押債権者への配当が見込まれないこととなる。したがって、不動産執行手続の大半は、手続の取消し（民執 63 条 2 項等）や申立ての取下げ（民執 76 条 1 項参照）により、不動産の売却に至ることなく終了している。不動産執行の申立件数自体も、そもそも他の執行方法に比較して少ないが、その申立ての多くは、債務者の任意弁済を期待してのものであるというのが現状である。

　もっとも、このように現実の社会において果たしている不動産執行の機能が、それほど大きくないからといって、不動産執行の仕組みについて理解することの意義が小さいということにはならない。なぜなら、抵当権の実行手続（→第 12 講）は、債権回収の手段として、社会的に極めて重要な役割を果たしているところ、このような**不動産に対する担保権実行**（**担保不動産競売、担保不動産収益執行**）の手続に、不動産執行の規定が全面的に準用されている（民執 188 条）からである（不動産に対する担保権実行の申立件数の方が、不動産に対する強制執行の申立件数よりもかなり多い）。また、民事執行法は、船舶等の準不動産に対する強制執行や、動産執行・債権執行の一部についても、不動産執行の規定を準用する形をとっている。したがって、本講（→第 7 講）および次講（→第 8 講）において、不動産執行の仕組みについて学ぶことは、民事執行法全体の仕組みを理解するうえで極めて重要であるといえる。

　なお、本講および次講で取り上げる不動産執行に関する問題は、実際には不動産に対する担保権実行手続において問題となるものが、多く含まれている。とりわけ、抵当権の実行における**執行妨害**への対処が、民事執行法における重要な課題であり、これまで法改正が重ねられている。

　(2)　**不動産執行の手続**　金銭執行の手続は、債務者のどのような財産に対して強制執行が行われるのかを問わず、「差押え→換価→満足」という共通した流れで進められる。まずは手続の全体像を把握するために、以下では、不動産

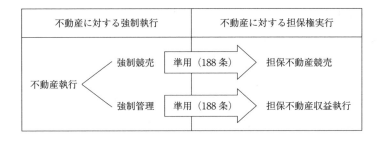

執行を行う場合に即して、その概略を説明する（条文の引用は省略する）。

　(i)**差押え**　手続は**差押え**によって開始される。債務者の財産を売却するなどして、そこから債権者に弁済を与えるためには、執行機関が目的財産を確保して、債務者が目的財産を自由に処分できないようにしておく必要があり、このような**処分禁止効**（→110頁）を生じさせるための執行処分が差押えである。不動産執行における差押えは、**強制競売開始決定**または**強制管理開始決定**により行われ、当該不動産に差押えがあったことは、登記によって公示される。強制競売の場合は、差押えがなされると、債務者は、当該不動産の所有権を移転したり抵当権を設定したりすることができなくなるが、通常の用法に従った使用・収益をすることはできる。これに対し、強制管理の場合は、債務者は、差押えにより、当該不動産を処分することができなくなるだけでなく、管理・収益をすることもできなくなる（ただし、執行裁判所の許可を受けて、建物の使用をすることは可能である）。

　(ii)**換価**　手続の次の段階として、差し押さえた財産を、債権者の弁済に充てるために金銭に換える必要がある。これを**換価**という。強制競売においては、差押不動産を換価するための準備（「**3点セット**」の作成等→121頁）を経たうえで、**期間入札**（→124頁）等の方法により、不動産の売却を実施する。そこで最も高い価額で買受けを申し出た者に当該不動産を売却する決定（**売却許可決定**→126頁）が、執行裁判所によりなされる。買受人が売却代金を納付すると、当該不動産の所有権が買受人に移転し、所有権移転登記も行われる。買受人は、当該不動産の引渡しを受けるために、債務者または占有者に対する**不動産引渡命令**（→127頁）を申し立てることができる。これに対し、強制管理における換価は、執行裁判所により選任された管理人が、差押不動産を管理し、そこか

ら収益（賃料等）を収取することによって行われる。

(ⅲ)**満足**　手続の最後の段階として、債権者は、換価によって得られた金銭で
もって、債権の**満足**を受けることになる。債権者が1人の場合、または債権者
が複数であっても各債権者に全額の弁済をすることができる場合には、**弁済金
の交付**を行い、債権者が複数で各債権者に全額の弁済をすることができない場
合には、**配当**（→ 129頁）を行う。配当は、配当期日に債権者・債務者を呼び
出して、配当表に従って実施される。配当表に異議のある債権者・債務者は、
配当異議の申出をしたうえで、**配当異議の訴え**（→ 133頁）を提起することが
できる。強制競売においては、配当または弁済金の交付が済めば、手続が終了
する。これに対し、強制管理においては、裁判所が定める期間ごとに配当等が
実施され、各債権者が全額の弁済を受けると、手続が取り消されて終了する。

2　不動産執行の通則

⑴　**対象となる「不動産」の意義**　不動産執行においては、登記が重要な意
義を有するため、執行の対象となる不動産の範囲は、民法上の不動産（民86
条1項）の範囲とは完全に一致しないこととなる。すなわち、民法上は不動産
であっても、登記することのできない土地の定着物は、不動産執行の対象とな
らない（民執43条1項括弧書）。その一方で、不動産の共有持分、登記された
地上権・永小作権およびこれらの権利の共有持分（同条2項）、その他特別法
上不動産とみなされるもの（登記された立木〔立木1条・2条〕、工場財団〔工場
抵14条1項〕、鉱業権〔鉱業12条・13条〕等）は、不動産執行の対象となる。

⑵　**執行機関**　不動産執行における執行機関は、**執行裁判所**である。一般的
に不動産には利害関係人が多く、法律関係も複雑なものとなることから、不動
産執行の手続は複雑なものとなり、そこでは、高度な法律上の判断を必要とす
る観念的な執行処分を行うことが中心になるからである。これに対し、執行官
は、不動産執行においては執行機関とならないが、不動産の現況調査（民執57
条）、売却（民執64条3項）、内覧（民執64条の2）を実施するなどの、執行裁
判所を補助する役割を果たす。また、裁判所書記官も、登記の嘱託（民執48
条1項など）、配当要求の終期の決定（民執49条）、物件明細書の作成（民執62条）、
不動産の売却方法の決定（民執64条1項）などを行い、その役割は大きい。さ

らに、不動産の評価人（民執58条）、強制管理における管理人（民執94条）なども、執行補助機関としての役割を果たす。

(3) **管轄裁判所**　不動産執行における執行裁判所の管轄は、対象不動産の所在地を管轄する地方裁判所（不動産とみなされるものについては、その登記をすべき地を管轄する地方裁判所）に専属するのが原則である（民執44条1項・19条。建物が複数の管轄区域にまたがって存在する場合の特則として、民執44条2項・3項）。

3　執行参加と平等主義

(1) **執行参加**　金銭執行において配当等を受ける者は、強制執行を申し立てた債権者のみに限定されない。一般債権者に優先する担保権者は、当該執行手続内で配当等を受けることができることはもちろん（不動産強制競売につき、民執87条1項4号）、実体法上平等に扱われるべき他の一般債権者も、当該執行手続に参加することによって、配当を受けることができる。すなわち、執行力のある債務名義の正本を有する債権者（**有名義債権者**）は、重ねて執行手続を申し立て、**二重開始決定**（→110頁）を受けるか、配当要求の終期までに**配当要求**（→130頁）をすることによって、当該執行手続内で配当を受ける資格を得ることができる（不動産強制競売につき、民執87条1項1号・2号・51条1項）。これに対し、執行力のある債務名義の正本を有しない債権者（**無名義債権者**）は、仮差押えの申立てと執行をしたうえでなければ、配当要求をすることができない（同51条1項）。

(2) **優先主義と平等主義**　実体法上同等の地位にある債権者の間で、換価によって得られた金銭を、どのように分配すべきかが問題となる。この問題における対照的な考え方として、優先主義と平等主義がある。

優先主義とは、勤勉な債権者を有利に扱うのが公平であるとして、差押えや執行参加の前後によって優劣を決める（先に執行に着手した債権者が優先して満足を受ける）とする考え方である。たとえば、下図の例のように、債務者に対して400万円の債権を有する一般債権者Aが、最初に強制競売を申し立てて競売開始決定を受け、次に、債務者に対して600万円の債権を有する一般債権者Bが、強制競売を申し立てて二重開始決定を受け、最後に、債務者に対して800万円の債権を有する一般債権者Cが配当要求をしたとする。そしてそ

の後、不動産の売却が実施され、配当のための金銭として 900 万円が得られたとする。これを ABC で分配する場合、優先主義によれば、手続に参加した順序に従い、A は B に優先し、B は C に優先することになり、A は 400 万円、B は 500 万円の配当を受け、C は配当を受けることができないという結果になる。

これに対し、**平等主義**とは、債権者平等原則を重視し、債権額に応じた案分での満足を受けさせるという考え方である。下図の例でいえば、売得金 900 万円を各自の債権額で 2：3：4 に案分し、A は 200 万円、B は 300 万円、C は 400 万円の配当を受けるという結果になる。優先主義と平等主義は、どちらが債権者間の公平に資するのかという観点からだけでなく、個別執行手続に小型破産的な機能を持たすべきかという観点や、どちらが債務者の保護や手続の迅速化に資するのかといった観点からも、それぞれにメリット・デメリットがあるとされる。どちらの考え方を採用するのかは、立法政策上の判断であるといえるが、日本の民事執行法は、原則として平等主義を採用している。もっとも、そこでは、必ずしも平等主義が徹底されているわけではなく、無名義債権者は、民執法 51 条所定の例外を除き、原則として配当要求をすることが認められておらず、また、配当要求の終期（民執 49 条 1 項）が手続の比較的早い時期に定められ、それ以降においては、たとえ有名義債権者であっても配当要求をすることができないという点において、優先主義的な側面も有している。

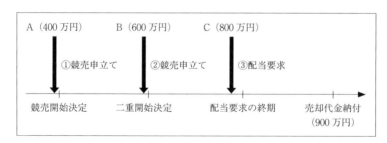

II　強制競売

1　強制競売の開始

(1) **強制競売の申立て**　強制競売は、債権者の申立てによって開始される（民

執2条）。申立ては書面によってしなければならず（民執規1条、記載事項については、民執規21条参照）、申立書には、執行力のある債務名義の正本のほかに、対象不動産の登記事項証明書等を添付しなければならない（民執規23条。手続の進行に資する書類の提出が求められることについては、民執規23条の2参照）。また、申立債権者は、手続に必要な費用を予納しなければならない（民執14条1項）。なお、申立てによって、時効の完成猶予の効果が生じる（民148条1項1号）。

　不動産の登記事項証明書における登記名義人と、債務名義における債務者とが一致することにより、当該不動産が債務者の責任財産であることが形式的に確認される（外観主義→67頁）。

　(2)　**強制競売の開始決定**　強制競売の申立てを受けた執行裁判所は、強制執行開始の要件が備わっている等、申立てが適法であると判断すれば、強制競売の開始決定をし、その開始決定において、債権者のために不動産を差し押さえる旨を宣言する（民執45条1項）。申立てが不適法であると判断する場合には、申立てを却下する。この却下決定に対して、債権者は、執行抗告をすることができる（同条3項。これに対し、開始決定に対しては、債務者は、執行抗告をすることができず、執行異議を申し立てることができるにとどまる。なぜなら、債務者は、差押えによって使用収益を妨げられず、また、その後の売却許可決定に対して執行抗告をすることができるため、申立段階で執行抗告を認める必要は大きくない一方で、執行妨害目的の濫用的な抗告を防止する必要があるからである）。

　競売開始決定は、債務者に送達される（民執45条2項、申立人にも告知される〔民執規2条2項〕）。この開始決定の付随処分として、裁判所書記官が、差押登記の嘱託（民執48条）、配当要求（→130頁）の終期の決定（民執49条1項）、開始決定がされた旨および配当要求の終期の公告（同条2項）を行う。また、裁判所書記官は、剰余の有無（→123頁）、超過売却（→121頁）、売却条件（→116頁）、売却基準価額（→121頁）などの判断に必要な資料を収集するために、所定の担保権者や租税債権者等に対して、債権届出の催告を行う（同条2項）。催告を受けた者は、債権の届出義務を負い（民執50条1項）、故意・過失により届出をしなかったとき、または不実の届出をしたときは、これによって生じた損害の賠償責任を負う（同条3項）。

(3) **二重開始決定**　すでに競売開始決定がなされている不動産に対し、さらに別の債権者から適法な強制競売の申立てがあった場合、執行裁判所は、重ねて強制競売の開始決定をする（**二重開始決定**、民執47条1項）。有名義債権者は、配当要求をすることによって配当を受けることもできるが、二重開始決定を得ておくことによって、先行事件が取下げ（民執76条1項参照）や取消し（民執14条4項・40条・63条2項）により終了した場合でも、競売手続が当然に続行される（同47条2項）。

(4) **差押えの効力**　差押えには、**処分禁止効**が生じる。この効力により、差押不動産の交換価値を維持し、換価(かんか)を実効的なものとすることが可能となる。

(i)**差押えの効力発生時**　差押えの効力は、強制競売の開始決定が債務者に送達された時に生じる（民執46条1項）。送達前に差押えの登記がなされた場合は、その登記がされた時に、差押えの効力が生じる（同項但書）。このように、条文上は、強制競売の開始決定の送達時と差押えの登記時のいずれか早い方を効力発生時としているが、登記よりも先に送達を行うと、差押えを察知した債務者が、目的不動産を第三者に譲渡して所有権移転登記を先にしてしまい、登記嘱託をすることができなくなってしまう（裁判所も第三者の所有物について開始決定をしたことになるので、取り消さなければならなくなる）ことや、第三者のために抵当権(ていとうけん)や賃借権を設定して、この登記を先にしてしまい、目的不動産の価値が下がってしまうことが起こり得るため、実務では、「登記嘱託→送達」の順で行われており、差押えの効力発生時は、実際上、差押えの登記時となっている。

(ii)**差押えの効力の範囲**　差押えの効力が及ぶ範囲は、当該不動産に抵当権が設定された場合の、抵当権の効力が及ぶ範囲（付加一体物、従物、従たる権利など）と同一であると考えられている（明文の規定はない）。たとえば、借地上の建物を差押えた場合の効力は、建物だけでなく借地権にも及んでおり、買受人(かいうけにん)は、建物の所有権とともに借地権も取得するとされる。

(iii)**処分が禁止される行為**　処分禁止効によって禁止される行為は、所有権の移転といった、換価自体をできなくする行為や、担保権・用益権の設定といった、換価価値を減少する行為である。ただし、債務者の占有は奪われず、通常の用法に従って使用・収益をすることは妨げられない（民執46条2項。この点

第7講　不動産執行：その1　111

は強制管理の場合と異なる）。たとえば、次の判例は、債務者が賃借権の譲渡に承諾を与えること（民612条1項）は、特段の事情のない限り、不動産の交換価値を減少させるものではないので、処分禁止効に触れないとした。

【判例⑬】差押不動産の使用・収益
──差押えの効力発生後における賃借権譲渡の承諾は処分禁止効に反するか？
最一小判昭和53〔1978〕年6月29日・民集32巻4号762頁

〈事案〉　Aは、A所有の建物につき、Bに対する債務を担保するため抵当権を設定し、登記をした。Xは、Bによる抵当権の実行としての競売手続において本件建物を競落し、その所有権を取得したが、本件建物の一部をYが占有していた。そこで、Xは、Yに対し、所有権に基

```
X → Y
建物明渡等請求
    第1審　請求認容
    控訴審　控訴棄却
    最高裁　破棄差戻し
```

づき占有部分の明渡し等を求める訴訟を提起した。Yは、占有権原として、最先順位の抵当権に対抗しうる賃借権を、本件建物の賃借人Cから、賃貸人Aの承諾を得て譲り受けたと主張した。第1審は請求を認容し、原審も、賃貸人Aの承諾は、競売開始決定の差押えの効力によって禁止された処分行為に当たるとして、Yの占有権限の抗弁を排斥して、Xの請求を認容すべきとした。これに対して、Yが上告した。

〈判旨〉　破棄差戻し。「…競売開始決定当時目的不動産につき対抗力ある賃借権の負担が存在する場合において、競売開始決定により差押の効力が生じたのちに賃貸人のした右賃借権譲渡の承諾は、特段の事情のない限り、右差押の効力によって禁止される処分行為にあたらず、賃借権の譲受人は、競売申立債権者ひいて競落人に対する関係において、賃借権の取得をもって対抗しうるものと解するのが相当である。けだし、競売開始決定の差押の効力は、競売開始時における目的不動産の交換価値を保全するため、債務者ないし目的不動産の所有者の処分権能を制限し、目的不動産の交換価値を消滅ないし減少させる処分行為を禁止するものにほかならないところ、賃借権の譲渡に対する賃貸人の承諾は、その承諾に伴って賃貸借契約の内容が改定される等特段の事情のない限り、これによって賃借人の交替を生ずるにとどまり、他に従前の賃貸借関係の内容に変動をもたらすものではないから、右承諾は、目的不動産に新たな負担又は制限を課するものではなく、目的不動産の交換価

値を消滅ないし減少させる処分行為にあたるということはできないからである。」

(iv)処分禁止効の相対性　処分禁止効に触れた行為が、どのように取り扱われるべきかについては、まず、絶対的無効と相対的無効という考え方があり、古くは、**絶対的無効**という考え方が採られていた。これによれば、差押え後になされた処分行為はすべて（誰に対しても）無効であるとされ、たとえば、下図のように、債権者Aが債務者Bの不動産を差し押さえた後に、Bが当該不動産をCに売却したとしても、この売買は絶対的に無効となる。確かに、この考え方を採れば処分禁止を貫徹することができるが、現在の登記実務では、差押え後の処分の登記を認めており、絶対的無効という考え方は採られていない。なぜなら、不動産の売却には時間がかかるところ、取下げや取消しによって、不動産が売却されることなく手続が途中で終了することも少なくないが、絶対的に無効としてしまうと、手続が終了するまでの間、債務者は、当該不動産の取引等を行うことができなくなり、債務者に過剰な負担を課すことになってしまうからである。

　差押えによって生じる処分禁止効の目的は、目的物の換価により債権者の満足を図ることにあるのであるから、それに必要な範囲で効力を及ぼせば足りる。そこで、現在は、**相対的無効**という考え方が採られている。これによれば、差押え後の処分行為は、差押債権者に対抗できないと解することになる。下図の例では、当該不動産の売却は、B・C間では有効であるが、その効果を債権者Aに対抗することができないということになる（取下げや取消しによって売却に至らずに手続が終了すれば、B・C間の売買は完全に有効なものとなる）。

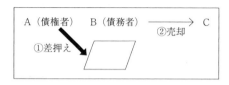

　処分禁止効が相対的無効であることを前提にすると、次に、処分行為が誰との間で相対的に無効となるのかが問題となる。考え方としては、個別相対効説と手続相対効説がある。**個別相対効説**は、差押えの効力発生後の処分行為は、

差押債権者、およびその処分の対抗要件を備えた時点までに競売手続に参加した、他の差押債権者（二重開始決定を受けた債権者）・配当要求債権者・仮差押債権者らには対抗することができないが、その処分行為が行われた後に執行参加した債権者に対しては、対抗することができ、処分行為の効果を主張することができるとする。たとえば、上図の例では、Ｃに不動産が売却された後には、他の債権者は、当該不動産がもはやＢの責任財産ではなくなっているので、強制競売の申立てや配当要求をすることができない（余剰金はＣに交付されることとなる）。また、下図のように、まず、債権者Ａが強制競売を申し立てて債務者Ｂの不動産を差し押さえ、次に、債権者Ｃが当該不動産に抵当権の設定を受け登記をし、最後に、債権者Ｄが配当要求をしたとする。Ａ・Ｃ・Ｄそれぞれの有する債権が1000万円であり、当該不動産の売却により2000万円が配当のために得られたとした場合、Ｃは、Ａに抵当権の優先権を主張できないが、Ｄには主張できることとなり、Ａは1000万円、Ｃは1000万円の配当を受けるが、Ｄは配当を受けることができないという結果になる。

　これに対し、**手続相対効説**は、差押えの効力発生後の処分行為は、その手続に参加するすべての債権者に対して対抗できないとする。上図の例では、Ｃに不動産が譲渡された後であっても、他の債権者は強制競売の申立てや配当要求をすることができるということになる（余剰金はＢに交付されることになる）。また、下図の例では、Ｃは、Ａに対してだけでなく、Ｄに対しても抵当権の優先権を主張できないこととなり、Ａは1000万円、Ｄは1000万円の配当を受けるが、差押えも配当要求もしていないＣは、配当を受けることができないという結果になる。

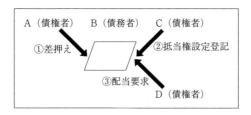

　民事執行法の立場は、これを直接に規定した条文はないが、平等主義（→108頁）に親和的な**手続相対効説**の立場に立っているとされる（民執87条1項4号・

84条2項等参照）。また、個別相対効説では、いわゆる「グルグル回り」（優先関係の循環）の問題が生じてしまうことも、手続相対効説を採る理由とされている。すなわち、個別相対効説では、上図の例でDが一般先取特権者であった場合、AはCに優先し、CはDに優先し（民336条但書）、DはAに優先する（民303条、336条）ことになり、順位が決まらないことになってしまう。

（5）**不動産価値の維持**　差押えの処分禁止効によって、債務者は、当該不動産を譲渡したり、抵当権を設定したりするなどの処分は禁止され、相対的に無効とされるが、処分禁止効によっては防ぐことのできない債務者または占有者の行為によって、差押不動産の価値が損なわれることも起こり得る。そこで、民事執行法は、以下の制度を設けている。

（i）**売却のための保全処分**　債務者または不動産の占有者が、当該不動産の価格減少行為をするときは、差押債権者は、**売却のための保全処分**（民執55条）を申し立てることができる。この保全処分は、とりわけ抵当権実行における執行妨害対策としての意義を有しており、平成8年（1996年）および平成15年（2003年）の改正によって、より実効的なものへと強化された。

不動産の価格減少行為には、建物を破壊したり、土地に廃材を搬入したりするなどの、物理的に不動産の価格を減少させる行為と、反社会的勢力に建物を占有させるなどの、買受希望者に入札を躊躇させて、競売による適正な価格形成を阻害する行為がある。

このような価格減少行為があることが疎明されれば、執行裁判所は、保全処分を発令する（債務者以外の占有者に発令する場合には、必要があると認めるときは、審尋をしなければならない〔民執55条3項〕）。保全処分の内容は、価格減少行為をする債務者または不動産の占有者に対する、①価格減少行為を禁止し、または一定の行為をすることを命じる保全処分（**作為・不作為命令**、民執55条1項1号）、②不動産に対する占有を解いて、執行官にその保管を命じる保全処分（**執行官保管命令**、同項2号）、③不動産の占有移転を禁止することを命じ、不動産の使用を許す保全処分、およびこれを公示する保全処分（**占有移転禁止の保全処分**および**公示保全処分**、同項3号）である。②・③の保全処分は、債務者が不動産を占有している場合であるか、占有者の権原が差押債権者、仮差押債権者または民事執行法59条1項により消滅する権利を有する者に対抗することが

できない場合でなければ、発令することができない（同条2項）。なお、公示保全処分とは、執行官に、保全処分の内容を、不動産の所在する場所に公示書その他の標識を掲示する方法により公示させることを内容とする保全処分であり（同条1項柱書括弧書）、占有移転禁止の保全処分とセットで発令されるが、執行裁判所が必要であると認めるときは、①・②の保全処分を命じる場合にもすることができる（同条1項1号・2号各括弧書）。

　これらのうち、③の保全処分は、**当事者恒定効**を付与するものである。たとえば、下図のように、債権者Aが、債務者Bの所有する建物を差し押さえたところ、当該建物に占有者Cがいるとする。Aが売却のための保全処分を申し立て、Cに対して占有移転禁止の保全処分が発令されていれば、公示保全処分がなされた後にDが当該建物を占有したとしても、当該建物を競落した買受人Eは、Dが当該保全処分を知っていた（民執83条の2第2項により法律上推定される）か、Cから占有を承継した場合には、不動産引渡命令（→127頁）を得て、Dに対して当該建物の引渡しの強制執行をすることができる（同83条の2第1項）。

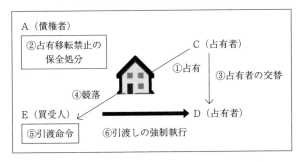

　売却のための保全処分の申立ては、相手方（債務者または不動産の占有者）を特定して、しなければならないのが原則である。しかし、占有者を頻繁に入れ替えるなどして占有者の特定を妨げる執行妨害への対応として、②・③の保全処分の決定の執行前に相手方を特定することを困難とする特別の事情がある場合には、**相手方を特定しないでする売却のための保全処分**（民執55条の2第1項）を発令することが認められている。ただし、この相手方を特定しない保全処分は、不動産の占有を解く際に相手方を特定しなければ、執行することができな

い（同条2項）。

(ii)地代等の代払の許可　借地権付きの建物に対して強制競売が申し立てられた場合において、債務者が地代・賃料を支払わないと、地主から借地契約を解除されてしまい、建物の価値が大きく損なわれてしまうことになる。そこで、差押債権者は、地代・賃料を債務者に代わって弁済することを執行裁判所に申し立て、許可を得ることによって、これを支払うことが可能となっている（**地代等の代払の許可**。民執56条1項）。差押債権者が支払った地代・賃料は共益費用となる（同条2項・55条10項）。

2　換価：その1——売却条件

(1)　概観　売却条件とは、売却の成否、内容、効力に関する条件をいう。強制競売において行われる換価としての売却も、目的不動産の譲渡と対価の支払により行われるので、基本的な関係は民法上の売買に類似する。しかし、売却は所有者たる債務者の意思とは無関係に行われるので、一般の売買のように取引内容を債務者と買受人との合意により決定させるのは適切ではない。そこで法律は、買受申出（かいうけもうしで）を許可する条件や買受人による不動産取得の条件などを予め定型的に定めておき、買受申出人はそれに応じて代金額を申し出るものとしている。売却条件のほとんどは法定のものであり、原則として変更は認められない（ただし、民執59条5項・60条2項参照）。この売却条件に従って、売却手続が実施される。

(2)　不動産上の担保権・用益権等の処遇　(i)引受主義（ひきうけしゅぎ）と消除主義（しょうじょしゅぎ）　不動産に担保権や用益権が存在する場合に、競売によりこれらの権利がどのように処理されるべきかが問題になる。

立法上の基本的な考え方として、2通りある。1つは消除主義で、売却によりすべての担保権・用益権を消滅させるというものである。消除主義をとれば、買受人は負担のない所有権を取得することができるので、比較的高い価格での売却が可能になり、差押債権者は十分な満足を得ることができる。しかし、担保権者は自己の担保権を失うことになるので、権利を害されることになる。もう1つは引受主義で、担保権・用益権の負担を買受人に引き受けさせるというものである。引受主義をとれば、不動産上の権利者は保護されるが、買受人は

負担つきの所有権しか取得できない。買受人は、買受後の担保権実行により不動産の所有権を失う危険を負うことになるので、買受希望者の減少や売却価格の下落により、差押債権者への十分な満足は難しくなり得る。

日本の民事執行法は、競売不動産上の担保権については、その種類に応じて消除主義と引受主義を併用しており、用益権については、それが差押債権者等に対抗できるかどうかによって引受けと消除を決定することにしている。

(ⅱ)担保権の処遇 抵当権・根抵当権は、売却によってすべて消滅する（民執59条1項）。差押債権者の権利との優先劣後や、登記の有無や、被担保債権が売却代金により満足を与えられるかどうかは問わない。権利の消滅時は売却許可決定の確定時であり、買受人の代金納付があれば、これらの担保権の登記は抹消される（民執82条1項2号）。ただし、差押債権者に対抗できる抵当権者は、抵当権が抹消される代わりに、実体法上の優先順位に従って売却代金から配当を受ける（民執87条1項4号）。

たとえば、甲土地に、①Aのために抵当権が設定・登記され、②Xによる差押えがなされた後、③Bのために抵当権が設定された場合、売却によりAの抵当権もBの抵当権も消滅する。ただし、Aの抵当権は差押前の登記により差押債権者Xに対抗できるので、Xの差押えによる強制競売手続において配当を受けることができるが、Bの抵当権設定は差押えの処分禁止効に抵触するので、Bは抵当権を差押債権者Xに主張できず、配当に与ることはできない〈図1〉。

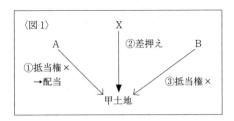

先取特権および不用益特約（民359条）のある質権も、抵当権と同様に、売却によって消滅する。これらの権利は抵当権と同視することができるからである。これに対して不用益特約のない質権（民356条）は買受人に引き受けられ、買受人がその被担保債権を弁済しなければならない（民執59条4項）。質権者

には優先弁済権のほか占有権が認められているので、これを保護する必要があるからである。ただし、その質権が差押債権者に対抗できない場合や、先順位に抵当権など売却によって消滅する担保権がある場合には、売却によって消滅する（同条2項）。

たとえば、甲土地に、①Aのために質権（民356条）が設定され、②Bのために抵当権が設定・登記され、③Cのために質権が設定された後、④Xによる差押えがなされた場合、Aの質権は民事執行法59条4項により買受人に引き受けられるが、Bの抵当権は同条1項により、Cの質権も同条2項により消滅する。しかしBの抵当権もCの質権もXによる差押前に設定されているので、優先順位に応じて配当を受けることができる〈図2〉。

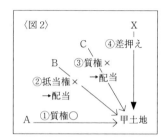

留置権も買受人に引き受けられる（民執59条4項）。留置権の成立時期や原因は問わない。留置権には優先弁済権がなく、これを消滅させると優先的満足を得られなくなるからである。

(iii) 用益権の処遇　差押債権者に対抗できない用益権は、売却によって消滅する（民執59条2項）。これは差押えの処分禁止効の結果であり、対抗できるかどうかは民法の一般原則に従う。

差押債権者に対抗できる用益権は、買受人に引き受けられる（同項の反対解釈）。したがって、たとえば甲土地に①Aのために地上権が設定され、②Bのために抵当権が設定された後、③Xによる差押えがなされた場合、Bの抵当権は消滅するが（同条1項）、Aの地上権は差押債権者Xに対抗できるので消滅しない（同条2項）〈図3〉。ただし、差押債権者に対抗できる用益権でも、先順位に売却により消滅する担保権等がある場合（いわゆる中間の用益権の場合）には、売却によって消滅する（同項）。たとえば甲土地に①Aのために抵当権が設定

され、②Bのために地上権が設定され、③Xによる差押えがなされた場合には、Aの抵当権が消滅し（同条1項）、これに対抗できないBの地上権も消滅する（同条2項）。Aは抵当権消滅の代わりに配当に与ることができるが（民執87条1項4号）、Bには配当に参加する権利は認められていない〈図4〉。

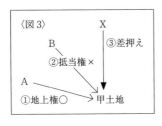
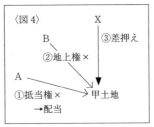

これらの規定は、一方で不動産を利用する用益権者の地位を保護しつつ、他方で担保権設定後の用益権が消滅しないことによる担保価値の下落を防止するために、用益権と担保権・差押えとの対抗問題として処理することを定めたものである。こうした中間の用益権が賃借権であった場合には、賃借人は、賃貸人と差押債権者という他人間の法律関係のために生活の根拠を失うことになりかねない。これに対して現行法は、抵当建物使用者の明渡猶予の制度（民395条）や、抵当権者の同意により抵当権設定後の賃貸借に対抗力を付与する制度（民387条）を設けて、賃借人の保護を図っている。

(iv)**法定地上権**　土地または建物の売却による法定地上権の成立も売却条件の1つである。土地とその上にある建物が同一の債務者の所有に属し、その一方または双方に差押えがなされ、売却によって異なる所有者に属することになった場合には、その建物のために地上権が設定されたものとみなされる（抵当権設定のない土地・建物の強制競売について、民執81条、抵当権設定のある土地・建物の強制競売および抵当権の実行としての競売について、民388条）。

土地と建物が同一の所有者に属している場合には、建物について借地権のような利用権は存在していない。しかし土地と建物の一方または双方の所有者が競売によって別々になると、そのままでは建物所有者に土地の利用権がなく、土地所有者から建物収去を迫られるおそれがある。これでは建物の買受人に不都合であるし、建物について買受申出人がいない事態も想定される。こうした

事態を避け、建物を維持するために設けられたのが、法定地上権の制度である。

【判例⑭】土地と建物の両方が共有である場合と法定地上権の成否
　　——共有に属する土地・建物に対して1人の共有者の土地の持分について差押
　　　え・売却がされた場合に、その持分を取得するに至った第三者は法定地上
　　　権を取得するか？

最一小判平成6〔1994〕年4月7日・民集48巻3号889頁

〈**事案**〉　AとY（被告・控訴人・上告人）は甲土地
とその土地上の乙建物を共有していた。Yの債権者
であるBが甲土地のYの共有持分を差し押さえ、
強制競売の結果X（原告・被控訴人・被上告人）が
甲土地の共有持分権者となった。XはAに対して
甲土地につき共有物分割訴訟を提起し、その後行わ

X → Y
地上権不存在確認請求
第1審　　請求認容
控訴審　　控訴棄却
最高裁　　上告棄却

れたいわゆる形式競売（→ 207頁）においてXが甲土地の買受人となり、甲土地
はXの単独所有に帰することになった。他方で、乙建物はAとYが共有していた
ので、XはYに対し、甲土地上にはYのための地上権は不存在である旨の確認を
求めて訴えを提起した。第1審は請求を認容したが、控訴審はYの控訴を棄却し
たため、Yが上告した。

〈**判旨**〉　上告棄却。「土地及びその上にある建物がいずれもA・Y両名の共有に属
する場合において、土地のYの持分の差押えがあり、その売却によって第三者が
右持分を取得するに至ったとしても、民事執行法81条の規定に基づく地上権が成
立することはないと解するのが相当である。けだし、この場合に、Yのために同条
の規定に基づく地上権が成立するとすれば、Aは、その意思に基づかず、Yのみ
の事情によって土地に対する持分に基づく使用収益権を害されることになるし、他
方、右の地上権が成立することを認めなくても、直ちに建物の収去を余儀なくされ
るという関係にはないので、建物所有者が建物の収去を余儀なくされることによる
社会経済上の損失を防止しようとする同条の趣旨に反することもないからである。」

・・

（3）　**売却基準価額・買受可能価額**　執行裁判所は、評価人の評価に基づいて
売却基準価額を定める（民執60条1項）。売却基準価額とは不動産の売却額の

基準となるべき価額であり、買受希望者は、売却基準価額からその2割に相当する額を控除した額（買受可能価額）以上でなければ、買受けの申出をすることができない（同条3項）。不動産が不当な安価で売却されると、所有者や債権者の利益が不当に害されたり、近隣の不動産の相場を混乱させる可能性がある。売却基準価額は、こうした危険を回避するとともに、買受希望者が買受申出額を決定する際の適切な指針を提供する機能を有する。

売却基準価額は、法定売却条件の1つであり、利害関係人の合意により変更することはできない。ただし、執行裁判所は、不動産価額の変動が著しい場合や、評価の前提とされた重要事項に変動があった場合など必要があると認めるときは、売却基準価額を変更することができる（民執60条2項）。また、適法な買受申出がなく、当初の価額のままでは売却の見込みがないと認められる場合にも変更することができる（民執規30条の3）。

（4）**一括売却**（いっかつばいきゃく）　数個の不動産に対する競売では各不動産を個別に売却することが原則であるが、土地と地上建物、宅地と私道、店舗と倉庫など、数個の不動産を一括して売却する方が個別売却よりも売却価額が高くなる場合がある。このような場合に、執行裁判所は、数個の不動産を一括して売却することができる（民執61条）。一括売却は、差押債権者または債務者を異にする場合にも認められるが、執行裁判所が同じであって、不動産相互の利用関係からみて一括売却が相当と認められる場合に限られる（同条本文）。超過売却は、原則として許されない（同条但書参照）。

3　換価：その2──「3点セット」

（1）**概説**　競売（けいばい）不動産に関する情報の公開は、**現況調査報告書・評価書・物件明細書**のいわゆる**3点セット**の写しを執行裁判所に据え置き、一般の閲覧に供することで行われる（民執62条2項、民執規31条1～3項）。競売手続ではできるだけ多くの買受希望者の参加を得て、公正な競争により、適正な価格で売却される必要がある。そのため、競売不動産についてはできるだけ正確な物件情報をそろえ、売却基準価額を定めて、それらをできるだけ広く開示することが求められる。

（2）**不動産の現況調査**　執行裁判所は、競売開始決定に続いて、**執行官**に対

して不動産の現況を調査するよう命じる（**現況調査命令**。民執57条1項）。売却条件の確定と売却基準価額の決定に必要な判断資料を調達し、買受希望者に精度の高い情報を提供して、不動産を適正な価格で売却するためには、不動産の権利関係や占有状態が正確に把握されることが必要であり、登記簿記載の情報のみでは不十分だからである。

　現況調査の対象は、土地の場合は、土地の所在地、形状、現況地目、境界、占有者と占有の状況、占有権原などであり、建物の場合は、建物の種類、構造、面積、占有者と占有の状況、占有権原などである。現況調査に際して執行官は不動産に対する強制立入権・強制開扉権を有し、債務者・占有者へ質問をしたり、文書の提示を求めることができる（民執57条2項・3項）。また市町村に対して固定資産税に関する資料提供を求めたり、電気・ガス・水道等の供給者に必要な事項の報告を求めることもできる（同条4項・5項）。現況調査の結果は、現況調査報告書にまとめられ執行裁判所に提出される（民執規29条1項）。

　(3)　**不動産の評価**　執行裁判所は、現況調査命令と同時に**評価人**を選任し、不動産の評価を命じる（**評価命令**。民執58条1項）。評価人は、通常は不動産鑑定士から選任される。評価に際して、不動産への立入り、債務者・占有者への質問・文書提示要求、市町村や電気・水道・ガスの供給者への資料・報告要求ができる点は、現況調査の場合と同様である（同条4項・57条2項・4項・5項）。

　不動産は、定められた売却条件のもと買受人が引き受けるべき負担が付着した状態で評価される。また、近傍同種の不動産取引価格やその他不動産の価格形成上の諸事情のほか、競売手続において不動産を売却するための評価であることが考慮されなければならない（民執58条2項）。強制競売では、一般の売買と異なり売主・買主間の信頼に欠け、買受人は不動産引渡しのために法定の手続を取らねばならず、また売主は担保責任を負わないので、一般市場の実勢価格をそのまま採用することはできないからである。評価の結果は、評価書として、執行裁判所に提出される（民執規30条）。

　(4)　**物件明細書の作成**　現況調査報告書、評価書が提出されると、**裁判所書記官**は、物件明細書を作成する。**物件明細書**には、不動産の表示のほか、買受人の引受けとなる不動産上の負担（担保権、用益権等）、売却により失効しない仮処分の執行、売却により成立する法定地上権の概要が記載される（民執62

条1項)。これら必要的記載事項のほか、占有者や占有権原に関する事項や、建物の敷地利用権に関する事項、区分所有建物の滞納管理費など、買受希望者が意思決定する上で重要だと思われる事項についても記載される（任意的記載事項）。ただし、物件明細書の記載には、既判力や形成力のような法的効力はなく、利害関係人の実体法上または手続法上の権利に対して何も影響は与えない。物件明細書の記載を信用した結果、買受人が予期せぬ負担を引き受けることになった場合には、事後的な救済が認められる可能性がある。

　(5)　**物件情報の公開**　物件明細書は、現況調査報告書、評価書とともに、その写しが執行裁判所に備え置かれ、一般の閲覧に供される（民執62条2項、民執規31条3項）。また、より多くの人がアクセスできるように、インターネットを通じても閲覧できるようにされている（民執規31条1項）。裁判所が行う不動産競売物件情報サイトは**BIT システム**（Broadcast Information of Tri-set system）と呼ばれ、全国の競売物件の3点セットをダウンロードしたり、売却結果を確認できるようになっている。なお、買受希望者は、内覧によって目的不動産の内部を確認することもできる。（**内覧実施命令**。民執64条の2）。

　(6)　**無剰余の場合の措置**　無剰余執行は、原則として禁止されている。無剰余執行とは、執行の結果、差押債権者が執行債権についてまったく弁済を受け得ないことが見込まれる執行のことである。

　売却基準価額が定められると買受可能価額が明らかになるが（民執60条1項・3項）、この買受可能価額で目的不動産を売却したときに、売却代金から手続費用や優先債権額を差し引いた結果、差押債権者がまったく配当を受けない事態になるのでは、強制執行を行う根拠に乏しい。また売却代金によって優先債権額が完全な満足を得ないことになれば、執行手続において先順位の権利が後順位の権利の行使により侵害されることになる。そこで、執行裁判所は、①不動産の買受可能価額が手続費用に満たないとき、または、②買受可能価額が手続費用と優先債権の見込額の合計に満たないときには、その旨を差押債権者に通知し、差押債権者が必要な対応をしない場合には競売手続を取り消す措置を採る（**無剰余措置**。民執63条）。

4　換価：その3——売却の手続

(1)　**売却の方法**　売却方法は、裁判所書記官が裁量によって決定し（民執64条1項）、執行官に売却を実行させる（**売却実施処分**、同条3項）。動産競売における売却方法には、**期日入札、期間入札、競り売り、特別売却**の4種類がある（同条2項、民執規34～51条）。

　入札とは、特定の期間（期間入札）または特定の日の一定の時間（期日入札）に買受希望者から提出された入札書に基づき、最も高い入札価額を記載した買受希望者を最高価買受申出人と定める方法である。**競り売り**とは、特定の期日に一定の場所に買受希望者を集めて買受申出額を競り上げさせ、最高価買受申出人を決める方法である。**特別売却**とは、入札または競り売りを実施したものの適法な買受けの申出がなかった場合に、裁判所書記官の定める方法で行われる売却である。

(2)　**買受けの申出**　**(i)買受申出の手続**　買受申出は、手続法上は執行裁判所に対する売却許可処分の申立てであり、実体法上は売買契約における買受申込みに相当する。買受申出に一般的な資格制限はなく、執行債権者でも買受申出をすることができるが（民執78条4項参照）、債務者は買受申出ができない（同68条）。債務者に不動産を買い受ける資金があるなら債務を弁済すべきであり、それをせずに買受けによる担保権等の消除の利益を享受するのは不当だからである。また、競売手続から暴力団を排除するために、買受けの申出をしようとする者は、自分が暴力団員等に該当しない旨の陳述をしなければならない（民執65条の2）。

　買受申出をしようとする者は、執行裁判所が定める額・方法による保証の提供をしなければならない（民執66条）。保証の額は原則として売却基準価額の2割である（民執規39条・49条・50条4項、なお、同51条3項）。提供された保証は、当該買受申出人が買受人になった場合には代金の一部に充てられるが（民執78条2項）、買受人になったにもかかわらず代金を納付しない場合には没収される（民執80条1項後段）。保証は売買契約上の解約手付（民557条）に相当し、安易な買受申出を防止する機能を果たす。

　入札・競り売りの結果、最高の価額（ただし買受可能価額以上でなければならない）で買受申出をした者が、**最高価買受申出人**となる。最高価買受申出人に

次いで高額の買受申出をした者は、その買受申出額が買受可能価額以上で、かつ最高価の買受申出額との差額が売却基準価額の2割以下である場合に限って、次順位買受けの申出をすることができる（民執67条）。**次順位買受申出人**は、最高価買受申出人が代金を納付せず、その者に対する売却許可決定が失効した場合に、売却許可決定を受けうる地位を取得する（民執80条2項参照）。これにより、すでに行われた売却手続の結果を失うことなく、手続の繰り返しを回避することができる。

(ii)**買受申出がなかった場合の措置**　売却を実施しても買受申出がない場合には、売却基準価額を下げて、売却手続を繰り返すことになる。しかし、やみくもに売却手続を繰り返すことも非効率である。そこで、執行裁判所は、差押債権者に対して売却を困難にしている事情等について調査を求め（民執規51条の5）、事情に応じて売却基準価額の変更（民執60条2項）や特別売却方法の選択（民執規51条）など適切な措置を講じる。また、入札または競り売りの方法による売却を3回実施しても適法な買受申出がまったくなかったという場合で、さらに売却を実施しても売却できる見込みがないと認められるときには、執行裁判所は、競売手続を停止することができる（民執68条の3第1項前段）。この措置は差押債権者に通知され（同項後段）、差押債権者が停止通知を受けた日から3か月以内に買受希望者を見つけて競売実施の申出をしてくれば、裁判所書記官は執行官に売却を実施させる（同条2項）。しかし、3か月以内に競売実施の申出がなかった場合、あるいは申出があって売却を実施したが買受申出がなかった場合には、執行裁判所は競売手続を取り消すことができる（同条3項）。差押債権者に買受人を探す義務を実質的に課すことにより、当該不動産から配当を得るという差押債権者の利益と、競売事件の滞留を防ぐという公益を調整しているのである。

(3)　**売却決定**　売却が終わると、執行裁判所は売却決定期日を開き、売却の許可または不許可を言い渡さなければならない（民執69条）。売却の許否の裁判に際して、執行裁判所は、開始決定から売却までの手続が適法であるかどうかを職権で調査するが、利害関係人に意見陳述の機会を与えるために必ず売却決定期日が開かれる。審理の結果、売却不許可事由が認められなければ売却許可決定を、売却不許可事由があれば売却不許可決定をする（民執71条）。この

決定は言渡しの時にすべての利害関係人に告知の効力が生じ（民執規54条）、執行抗告の期間が進行する。

　売却許可決定は、最高価買受申出人の買受申出を認容する裁判であると同時に、買受申込みに対する承諾という性質をもつ。売却許可決定が確定すると、最高価買受申出人は買受人の地位を得て、代金納付により競売不動産の所有権を獲得する。

　売却不許可決定が確定した後の手続は、認められた売却不許可事由に応じて異なる。たとえば執行文の付与された債務名義の正本の提出がなかった（民執71条1号に相当）など不許可事由が競売手続の続行を妨げる場合には、執行裁判所は競売手続を取り消して、競売開始申立てを却下しなければならない。他方で、たとえば物件明細書の記載が誤っていた（同条7号に相当）など不許可事由が手続的瑕疵であって、その除去により競売手続を続行できる場合には、瑕疵が生じた時点に戻って手続をやり直すことになる。

　(4) 代金納付　売却許可決定が確定したときは、買受人は、裁判所書記官の定める期限までに、買受代金を裁判所書記官に納付しなければならない（民執78条1項）。買受人が買受申出の際に保証として提供した金銭等は、代金の先払いとして扱われ、代金の一部に充てられる（同条2項・3項）。買受代金は、原則として現金で全額一時に納付（一括納付）しなければならず、分割納付は認められないが、場合によっては差額納付（同条4項）や金融機関のローンと連結した代金納付（民執82条2項）の方式をとることができる。

　買受人が代金を納付した時点で、競売不動産の所有権は買受人に移転する（民執79条）。

　買受人が期限までに代金を納付しなかったときは、売却許可決定は当然に失効し（民執80条1項前段）、買受人としての地位は消滅する。また、申出の際に提供した保証の返還請求もできなくなる（同項後段）。売却許可決定が失効した場合には、次順位買受申出人がいる場合を除いて（同条2項）、執行裁判所は、売却手続を改めて行うことになる。

　(5) 不動産引渡命令　通常の不動産売買と異なり、強制競売では、債務者は自ら希望してその不動産を売却するわけではないので、買受人による所有権取得後であっても、当該不動産を占有する債務者その他の第三者がこれを買受

人に引き渡そうとしない場合が想定される。このような場合に、もし不動産の占有者に対する所有権に基づく引渡請求訴訟が必要であるとすれば、そのコストの面から、競売において広く買受希望者を募り、高価な売却を図ることは極めて困難になる。そこで民事執行法は、買受人に対して、執行裁判所の略式手続により、簡易・迅速に引渡執行のための債務名義を取得させる手段を認めている。これが**不動産引渡命令**の制度である（民執83条）。

(6)　**強制競売の停止・取消しと強制競売申立ての取下げ**　執行の停止とは、法律上の事由により執行機関が執行を開始・続行しないことをいう。執行停止には、その時点で執行をやめてしまう終局的停止と、手続の続行可能性が残る一時停止がある。終局的停止では、執行機関は強制執行を停止するだけでなく、既にした執行処分を除去しなければならない。そのため終局的停止は執行の取消しとも呼ばれる。

　判断機関と執行機関の分離の原則により、強制執行の停止・取消しについても、一定の文書（反対名義→86頁）が執行裁判所に提出されることが必要である。執行取消文書は民事執行法39条1項1号～6号に、執行停止文書は同項7号・8号に列挙されている。このうち執行取消文書が提出されたときには執行裁判所は既にした執行処分を取り消さなければならない（民執40条1項）。

　執行取消文書・執行停止文書の制度は、不当執行を回避して実体的正当性を確保するための手段である。不動産の売却との関係では、売却手続の進行に伴って申立債権者、債務者以外に買受申出人、最高価買受申出人、買受人などの利害関係人が登場することから、これらの者の所有権取得への期待や信頼と、不当執行回避を求める債務者の利益を調整する必要がある。

　具体的な調整方法は次頁の表の通りである（条文は、民事執行法）。

時期		売却実施終了まで	売却実施終了後、売却決定期日の終了まで	売却決定期日終了後、代金納付まで	代金納付後
考慮すべき事項		買受申出人の登場	最高価買受人・次順位買受人の登場	売却許可決定による買受人の登場	買受人に対する所有権移転
執行取消文書	39条1号～3号、6号	執行取消し（39条1項、40条）			当該債権者を除く他の債権者へ配当実施（84条3項）
	39条4号・5号	最高価買受申出人、買受人、次順位買受申出人の同意があれば執行取消し（76条2項）			
執行停止文書	39条7号	執行停止（39条1項）	執行停止。最高価買受人・次順位買受人は買受申出の取消しが可能（72条1項）	手続続行。ただし売却許可決定の失効または不許可決定の確定があれば執行停止（72条2項）	全員へ配当実施。ただし当該債権者に対する配当分は供託（84条4項、91条1項3号）
	39条8号	執行停止（39条1項）。ただし弁済受領文書による停止は4週間以内（同条2項）、弁済猶予文書による停止は2回までかつ通算6月以内（同条3項）	手続続行。ただし売却許可決定の取消し、失効または不許可決定の確定があれば執行停止（72条2項）		全員へ配当実施（84条4項）
申立て取下げ		買受申出後の取下げには、最高価買受申出人、買受人、次順位買受申出人の同意が必要（76条1項本文）			取下げ不可（競売手続への信頼確保のため）

第8講

不動産執行：その2
——強制競売における満足、強制管理、準不動産執行

〈本講のポイント〉
　本講では、前講を承けて、不動産に対する強制執行、特に強制競売における差押え・換価の後の満足の手続について説明する。その後、強制競売と並ぶ換価方法である強制管理を概観し、さらに、準不動産執行に言及する。

Ⅱ　強制競売（承前）

5　満足（配当等）の手続

(1) **配当、弁済金の交付**　売却による代金納付があった場合、執行裁判所は、配当表に基づいて配当を実施しなければならない（民執84条1項）。ただし、債権者が1人である場合、または、債権者が2人以上であっても売却代金で各債権者の債権および執行費用の全部を弁済できる場合、配当に代えて弁済金の交付が行われる（同条2項）。配当と弁済金の交付を合わせて、配当等という（同条3項）。

　弁済金の交付が行われる場合、執行裁判所は、売却代金の交付計算書を作成し、債権者に弁済金を交付し、剰余金を債務者に交付する（民執84条2項）。弁済金の交付の手続は、裁判所書記官が行う（民執規61条）。

(2) **配当等の対象としての売却代金**　配当等の対象となるのは売却代金である。具体的には、①不動産の代金、②民事執行法63条2項2号の規定により、無剰余の場合に提供された保証金、③民事執行法80条1項の規定により、代金不納付のために没取された買受申出保証金である（民執86条1項）。なお、一括売却に付された場合で、配当を受けるべき債権者の範囲・順位等、各不動

産の負担が異なるときは、各不動産ごとに配当表が作成されるので、売却代金を各不動産の売却基準価額に応じて按分割付けをした額が、各不動産の売却代金額とされる（同条2項）。

(3) **配当等を受ける債権者**　配当等を受けるべき債権者は、以下の通りである（民執87条1項）。

(i)配当要求の終期までに強制競売等の申立てをした差 押 債権者（同項1号）。手続開始申立てをした差押債権者は、当然にこれに該当する。二重開始決定を得た差押債権者については、配当要求終期までに申立てをした者に限定される。このような限定の趣旨は、当該終期後の差押えを認めることで間接的に配当要求の終期が潜脱されることの防止である。

(ii)配当要求の終期までに配当要求をした債権者（同項2号）。配当要求については、後述の(4)で説明する。

(iii)差押えの登記前に登記をした仮差 押 債権者（同項3号）。ここでいう仮差押えは、最初の強制競売の開始決定に係る差押えの登記よりも前に登記された仮差押えを指す。このような仮差押債権者が配当等を受けるべき債権者とされるのは、この者が有する、差押債権者に対抗し得る地位を尊重するためである。この場合、仮差押債権者勝訴の判決が確定する等して、被保全債権につき債務名義が取得されるまで、配当は、民事執行法91条1項2号の規定により供託される。

(iv)差押えの登記前に登記がされた担保権で売却により消滅するものを有する債権者（民執87条1項4号）。差押えの登記前に登記された担保権は、差押債権者との関係で有効に存在するが、売却条件に関する消除主義により消滅させられるため、実体法上の優先権を尊重するべく、このような担保権は配当を受けることになる。

(4) **配当要求**　不動産の強制競売の手続開始申立てをしていない債権者が、既に開始された強制競売手続に参加して配当等を受けたいと考える場合には、配当要求をすることができる。

(i)**配当要求をすることができる債権者**　配当要求をすることができる債権者は、以下の通りである（民執51条1項）。

①執行力のある債務名義の正本を有する債権者。旧法は、平等主義（→108頁）

を徹底し、債務名義を有しない一般債権者も自己の債権の存在を立証して配当要求をすることを認めていた。しかし、その結果、虚偽の配当要求が多発し、手続の遅滞に陥った。そのため、民事執行法は、一般債権者については債務名義の存在を配当要求の要件としている。

②差押登記後に登記された仮差押債権者。ただし、配当要求をした仮差押債権者が本案の訴えを提起してその勝訴判決が確定する等の形で、被保全権利につき執行力ある債務名義を取得するまでは、当該の仮差押債権者への配当額は供託される（民執91条1項2号）。

③民事執行法181条1項各号所定の文書により一般の先取特権を有することを証明した債権者。一般先取特権については、特に労働債権者等のように、債務名義を求めるのが酷な債権者もあることから、例外的に私文書（同条1項4号参照。たとえば、使用者が備え置く賃金台帳、銀行の給与振込未了証明書等）による配当要求が認められる。

(ii)**配当要求の期間**　配当要求の期間については、裁判所書記官が開始決定の付随処分として、物件明細書の作成までの手続に要する期間を考慮して、配当要求の終期を定めなければならないとしている（民執49条1項）。配当要求の終期までに配当要求をしなかった債権者は、配当を受けることができない（民執87条1項2号参照）。ただし、配当要求の終期から3月以内に売却許可決定がされないとき等には、配当要求の終期は、元の終期から3月を経過した日に変更されたものとみなされる（民執52条）。

(iii)**配当要求の手続・効果**　配当要求は、債権（利息その他の附帯の債権を含む）の原因および額を記載した書面でしなければならない（民執規26条）。配当要求があったときは、裁判所書記官はその旨を差押債権者および債務者に通知しなければならない（民執規27条）。不適法な配当要求は、執行裁判所の決定により却下され、却下決定に対しては執行抗告が可能である（民執51条2項）。

配当要求の終期までに配当要求をした債権者は、配当を受けることができる（民執87条1項2号）。配当要求は、差押えに準じるものとして、対象債権の消滅時効の完成を猶予する効力（時効完成猶予効）を有する（最三小判平成11〔1999〕年4月27日・民集53巻4号840頁）。

(iv)**交付要求**　一般債権者に対する優先権を認められる租税債権（または、そ

の例により徴収される、各種社会保険料請求権等の公的債権）が強制競売手続で配当を受けるに際しては、交付要求が必要とされる場合がある。すなわち、国税徴収法による滞納処分（またはその例による滞納処分）による不動産の差押えが強制競売に先行している場合において、滞納処分手続が進行しないときに強制競売の執行債権者の申請により、執行裁判所の民事執行続行決定がされたときに、租税庁等が当該強制競売手続で配当を受けるには、交付要求が必要とされる（滞納処分と強制執行等との手続の調整に関する法律17条・10条3項）。

　(5)　**配当手続**　(i)**配当期日の指定、計算書の作成**　不動産の代金が納付されたときには、執行裁判所は配当期日（または弁済金交付の日）を定めなければならない（民執規59条1項）。配当期日等は、原則として、代金納付の日から1月以内の日としなければならない（同条2項）。

　配当期日等が定められたときは、裁判所書記官は、配当を受けるべき各債権者に対し、債権の元本・配当期日までの利息額等を記載した債権計算書を1週間以内に提出するよう催告しなければならない（民執規60条）。配当表の原案を作成するに際し、配当期日の時点での各債権者の正確な現存債権額を把握し、適正な配当を実施するためである。

　(ii)**配当期日、配当表の作成**　執行裁判所は、配当期日に、配当を受けるべき全ての債権者（民執87条1項）および債務者を呼び出す（民執85条3項）。配当期日において、執行裁判所は、配当を受けるべき各債権者につき、その債権の元本と利息その他の附帯の債権の額、執行費用の額、それぞれの債権に対する配当の順位および額を定め（同条1項本文）、その際には、出頭した債権者・債務者を審尋し、即時に取り調べることのできる書証の取調べができる（同条4項）。

　各債権者の債権額等に関する執行裁判所の定めに基づき、裁判所書記官は配当表を作成する（民執85条5項）。配当表には、売却代金額、各債権者の債権元本・利息・執行費用の額、配当の順位・額を記載する（同条6項）。配当の順位・額は、配当期日において全債権者の合意が成立した場合にはその合意により（同条1項但書）、そうでない場合には民法・商法等の実体法の定めによる（同条2項）。なお、確定期限の到来していない債権は、配当等については、期限が到来したものとみなされ、中間利息等の調整がされる（民執88条）。

(iii)**配当の実施** 配当期日において、配当異議の申出がない部分については、配当表に従って配当が実施される（民執89条2項）。配当金交付の手続は裁判所書記官が行う（民執規61条）。方法については、民執91条参照。

(6) **不服申立手続** (i)**配当異議の申出** 配当表に記載された各債権者の債権額や配当額について不服のある債権者および債務者は、配当期日において、配当異議の申出をすることができる（民執89条1項）。

配当異議を申し出ることができるのは、配当期日に呼出しを受けた債権者および債務者である。配当表に記載のない債権者が配当期日に配当異議の申出をすることができるか否かについては、見解の対立がある。判例は、このような債権者はまず配当表に対する執行異議の申立てをすべきであり、直ちに配当異議を申し出ることはできないとする（最一小判平成6〔1994〕年7月14日・民集48巻5号1109頁）。

(ii)**配当異議の訴え等** 配当異議の申出をした債権者、および、無名義債権者（執行力のある債務名義の正本を有しない債権者）に対して配当異議の申出をした債務者は、配当異議の訴えを提起しなければならない（民執90条1項）。他方、有名義債権者（執行力のある債務名義の正本を有する債権者）に対して配当異議の申出をした債務者は、請求異議の訴え（民執35条）または確定判決変更の訴え（民訴117条）を提起しなければならない（民執90条5項）。いずれの場合も、配当期日から1週間以内（差引納付の場合は2週間以内）に執行裁判所に対する提訴の証明がされないときは、配当異議の申出は取り下げられたものとみなされ（同条6項）、配当が実施される。配当異議の訴えが提起された債権に係る配当額は供託され（民執91条1項7号）、当該訴訟の結果を待って配当が実施され、または配当表の変更がなされる。

配当異議の訴えは執行裁判所の管轄に専属する（民執90条2項・19条）。なお、ここでいう執行裁判所は、当該執行事件が係属する裁判所が属する官署としての裁判所である。

訴訟手続は原則として通常の民事訴訟と同様である。特則として、原告が第1回口頭弁論期日に出頭しないときは、訴えが却下される（民執90条3項。原告の責めに帰することができない事由による不出頭の場合は、この限りでない）。これは、原告の訴訟追行の意思を特に重視し、配当異議の制度の濫用による執行

妨害を防止するものである。

配当異議の訴えの請求認容判決では、配当表を変更し、または新たな配当表の調製のために配当表を取り消さなければならない（民執90条4項）。請求認容判決を受けた原告が債権者であるときは、判決は当事者間で効力を有するにすぎないので（最二小判昭和40〔1965〕年4月30日・民集19巻3号782頁）、係争部分を原告に配当し、残余があれば債務者に返還する旨の判決がされる。他方、請求認容判決を受けた原告が債務者であるときには、執行裁判所は、配当異議を申し出なかった債権者のためにも配当表を変更しなければならない（民執92条2項）。

(iii)**配当と不当利得返還請求**　配当異議を申し出ず、または配当異議を申し出ても配当異議の訴えを提起しなかった債権者が、配当の実施後に、他の債権者に対し、その権利の不存在等を理由に不当利得の返還請求権を行使できるか否かが問題となる。この問題については、配当実施に対する信頼の確保と実体権の貫徹の要請との比較衡量によることとなる。判例は、抵当権者による不当利得返還請求を認め（最二小判平成3〔1991〕年3月22日・民集45巻3号322頁）、一般債権者については不当利得返還請求を認めない（最一小判平成10〔1998〕年3月26日・民集52巻2号513頁）という立場をとる。

なお、配当異議を申し出なかった債務者による不当利得返還請求については、債務者がそもそも配当を受ける者ではないため、その主張が債務名義の既判力に抵触しない限り、認められる。

Ⅲ　強制管理

1　概要

強制管理は、執行対象不動産から生じる収益を債権者への配当財源とする執行方法である。すなわち、債務者所有の不動産の（売却による）交換価値を把握する強制競売に対して、強制管理は不動産の（賃貸等による）使用価値を把握するものである。強制管理では、債務者から執行対象不動産の収益権能を奪い、裁判所が選任する管理人に収益権能を行使させ、得られた収益を債権者の満足に充てる。

担保権の実行については、従来は不動産管理による方法は認められていなかったが、平成 15 年（2003 年）の民事執行法改正により、担保不動産収益執行制度が創設され、この制度では強制管理に関する条文が原則として準用される（民執 188 条）。

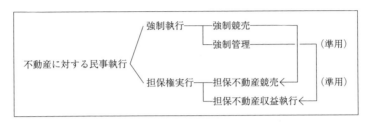

強制管理は、通常の用法に従って収益を得ることができるものであれば、債務者の不動産（民執 43 条 1 項）に対して行うことができるのみならず、共有持分、登記された地上権および永小作権（ならびにこれらの権利の共有持分）（同条 2 項）に対しても行うことができる。強制管理で配当財源とされる「収益」は、後に収穫すべき天然果実、および、すでに弁済期が到来し、または後に到来すべき法定果実（賃料等）であり（民執 93 条 2 項）、直接不動産を使用することによって生じる天然果実、および、不動産を他人に使用させて得られる対価としての法定果実に限られる。これに対し、不動産を主な物的設備として債務者が行う営業活動から生じる利益等は、ここでいう収益には当たらない。

強制管理には、強制競売に関する規定の多くが準用される（民執 111 条、民執規 73 条）。

2 手続

(1) **管轄裁判所**　強制管理については、不動産所在地を管轄する地方裁判所が執行裁判所として管轄する（民執 44 条 1 項）。

(2) **開始決定**　強制管理開始決定では、強制競売の場合と同様の債権者のための不動産の差押えに加え、債務者に対する不動産収益の処分の禁止、また、不動産の収益を債務者に給付すべき第三者（給付義務者）があるときは、給付義務者に対してその後の給付を管理人にすべき旨の命令がなされる（民執 93 条 1 項。強制管理の申立人は、給付義務者の特定や給付請求権の内容について情報

収集に努め、それを申立書に記載する義務を負う。民執規 63 条）。

開始決定があると、裁判所書記官は直ちに差押えの登記を嘱託し（民執 111 条・48 条 1 項）、債務者および給付義務者に開始決定を送達しなければならず（民執 93 条 3 項）、また、管理人の氏名を差押債権者・債務者・給付義務者に通知しなければならない（民執規 65 条 1 項）。

給付義務者に対する開始決定の効力は、当該給付義務者への送達の時点で生じる（民執 93 条 4 項）。強制管理の対象となる収益給付請求権に対してすでに債権執行がされているときは、強制管理手続の方が優先し、債権差押命令・仮差押命令等は原則としてその効力を停止し（民執 93 条の 4 第 1 項・2 項）、債権執行が物上代位に基づく場合でも同様である。このような形で、債権執行と強制管理との調整が必要となるため、給付義務者に対しては、開始決定の送達にあたり、競合する債権差押命令等に関する陳述の催告がなされる（民執 93 条の 3）。

強制管理では、申立ての却下決定に対する執行抗告が認められるのみならず、開始決定に執行抗告も認められ（民執 93 条 5 項）、その理由は、強制管理では債務者から収益権能を（必要があれば、不動産の占有も）奪うことになるので、開始段階での不服申立てを認める必要があるからである。

(3) **管理人による管理の実施**　執行裁判所は、開始決定と同時に管理人を選任する（民執 94 条 1 項）。管理人の資格に格別の制限はない（通常は弁護士または執行官が選任される）。法人も管理人となることができる（同条 2 項。信託会社・銀行・不動産管理会社等が考えられる）。管理人は、複数であってもよい（民執 95 条 3 項・4 項）。

管理人は、不動産の管理および収益の収取・換価の権限を有し（民執 95 条 1 項）、不動産について債務者の占有を解いて自ら占有することができる（民執 96 条 1 項）。なお、当該不動産に債務者が居住し、またはその収益で生活しているような場合に配慮し、期間を定めた債務者による建物の使用許可（民執 97 条）、および、債務者に対する収益等の分与（民執 98 条）の制度が設けられている。

管理人は、執行裁判所の監督に服し（民執 99 条）、職務の遂行にあたり善管注意義務を負う（民執 100 条）。

(4) **配当を受けるべき者**　配当を受けるべき債権者は、執行裁判所の定める配当実施期間内に強制管理の申立てをした差押債権者・仮差押債権者、配当実施期間内に担保不動産収益執行の申立てをした担保権者（一般先取特権者を除き、強制管理開始決定の登記前に登記がされていた者に限る）、および、配当要求債権者に限られる（民執107条4項）。強制競売と異なり、登記された担保権者も直ちに配当を受けることはできず、担保不動産収益執行の申立てをする必要がある。ただ、強制管理開始前に当該収益について債権差押え・仮差押えをしていた債権者、および、その債権執行手続において配当要求をしていた債権者は、強制管理手続で改めて配当要求等をしなくても、当然に配当を受領できる（民執93条の4第3項）。

強制管理において配当要求をすることができる者は、執行力のある債務名義を有する債権者と、文書により証明された一般の先取特権者に限られる（民執105条1項）。

(5) **配当の手続**　配当に充てるべき金額は、収益から不動産に対する租税や管理人の報酬その他の必要な費用を控除した額となる（民執106条1項）。そのような金額を生じる見込みがないときは、手続は取り消される（同条2項）。

配当は、執行裁判所の定める期間ごとに、配当に充てるべき金額を計算して、管理人が実施する（民執107条1項）。ただし、配当について債権者間の協議が調わないときは、管理人が事情を執行裁判所に届け出て（同条3項・5項）、執行裁判所が配当を実施する（民執109条）。

各債権者が配当により債権・執行費用の全額の弁済を受けたときは、強制管理の手続は取り消され（民執110条）、管理人は執行裁判所に計算報告書を提出する（民執103条）。

Ⅳ　準不動産執行

1　船舶執行

(1) **概要**　総トン数20トン以上の船舶は、民法上は動産であるが、通常はそれが極めて高価な資産であり、また、登記がされなければならないこと（商686条）、および、登記が所有権移転の第三者への対抗要件とされていること（商

687条）等から、不動産と共通する部分が多く、また、権利関係も複雑となる。そのため、このような船舶に対する強制執行を、執行官が執行機関となる動産執行手続によることは適当ではない。したがって、このような船舶に対する強制執行（船舶執行）については、執行裁判所が執行機関とされ、不動産の強制競売に近い執行手続がとられ（運航に危険が伴ううえ、多額の費用を要するため、強制管理は認められていない）、性質上船舶には関係しない規定を除き、おおむね強制競売に関する規定が準用されている（民執121条、民執規83条）。他方で、船舶は不動産と異なり可動性を有するので、特則も必要であり、民事執行法は船舶執行に関する固有の規定も置いている（民執112条以下）。

(2) **管轄裁判所と開始決定**　船舶執行では、強制競売の開始決定時の船舶の所在地を管轄する地方裁判所が執行裁判所として管轄する（民執113条。なお、航海中の船舶に対しては差押えができないことにつき、商689条）。ただ、執行手続中に船舶が移動してしまうおそれもあるため、船舶が管轄区域外に所在することとなったときは、船舶所在地を管轄する地方裁判所に事件を移送できる（民執119条）。

　強制競売開始決定では、差押えとともに、船舶の出航禁止が命じられる（民執114条2項）。執行裁判所は、執行官に対し、船舶国籍証書その他の船舶の航行のために必要な文書を取り上げて執行裁判所に提出すべきことを命じなければならない（同条1項）。差押えの効力は、船舶国籍証書等の文書の取上げによっても生じる（同条3項）。開始決定後2週間以内に船舶国籍証書等の取上げができないときは、強制競売手続は取り消される（民執120条）。船舶国籍証書等の文書の取上げにより、船舶の可動性が奪われ、差押えが実効化される。

(3) **債権者・債務者間の利益調整**　開始決定により、船舶の可動性が奪われる。しかし、船舶の抑留は、債務者に多大な費用（港湾施設使用料等）を負担させるおそれがあるため、民事執行法は、債務者の側にも一定の救済手段を認めている（民執117条1項・118条）。

(4) **換価・満足**　売却・満足の手続については、船舶執行に適合しないものを除き、不動産の強制競売の規定が広く準用される（民執121条）。

2 航空機・自動車・建設機械・小型船舶に対する執行

航空機・自動車・建設機械・小型船舶も、総トン数20トン以上の船舶と同様、一般には動産にあたるとされるが、登記ないし登録の制度があり、観念的な差押えが可能である。そのため、これらの物に対する強制執行についても、執行裁判所が執行機関となり、必要な事項については、民事執行規則で規定されている（民執規84条以下）。

航空機執行は、新規登録を受けた飛行機・回転翼航空機を対象とし、原則として船舶執行の方法による（民執規84条）。そのため、航空機の所在地を管轄する地方裁判所が執行裁判所として管轄し、執行官による航空機登録証明書その他の運行必要文書の取上げを経て、不動産の強制競売とほぼ同様の売却・配当の手続に進む。ただし、法律上、航空機については買受人に対抗できる権利は存在しないのが通例であるため、現況調査や物件明細書の作成はなされず、評価人による評価のみが行われる。

自動車執行は、新規登録（道路運送車両法7条以下）を受けた自動車を対象として、強制競売の方法で行う（民執規86条）。自動車執行には、不動産の強制競売に関する規定が広く準用される（民執規97条）。しかし、自動車は移動性が極めて高いため、不動産の強制競売と異なる点もあり、主要な点は次の通りである。自動車執行は、その自動車の自動車登録ファイルに登録された使用の本拠の位置を管轄する地方裁判所が執行裁判所として管轄する（民執規87条）。自動車執行の開始決定では、差押えの宣言とともに、執行官への自動車の引渡しが命じられる（民執規89条1項）。

登記がされた建設機械および登録された小型船舶を対象とする強制執行については、自動車執行に関する規定が準用される（民執規98条・98条の2）。

第9講
動産執行

〈本講のポイント〉
　これまで、不動産に対する強制執行について概説してきたが（→第7講・第8講）、本講では、動産に対する強制執行、すなわち動産執行を説明する。動産執行も金銭執行の一手続であるため、すでに述べた不動産執行と同様に、「差押え→換価→満足」という手続がとられる。ただし、動産執行と不動産執行の手続には、異なる点も多い。以下では、関連する判例を交えながら、まず、動産執行の意義と執行機関等（→Ⅰ）を確認し、次に、動産執行における差押え（→Ⅱ）・換価（→Ⅲ）・満足（→Ⅳ）の手続を説明する。

Ⅰ　意義と執行機関等

1　現状と機能

　金銭執行のなかで不動産を目的として行われる強制執行については、これまで概説してきたとおりであるが、本講では、動産を目的として行われる**動産執行**を説明する。

　動産執行は、債務者の資産の大部分が家財であったような時代において、簡易迅速で実効性に優れた金銭執行の方法として利用されてきた。しかし、技術革新により大量生産・大量消費が可能となった現代社会では、美術品・骨董品・貴金属類等を除き、私たちの身の回りにある多くの動産の交換価値が低落することとなった。また、日本には、動産を扱う公的なオークション制度がないことから、従来、家財道具等の差押えは、債務者の居住する敷地内で実施するいわゆる**軒下競売**という方法がとられてきた。しかし、軒下競売では、古物商 等の専門業者が家財道具の買受人となり、しばしば、それを債務者の親族

や友人に高値で買い戻すよう強要するようなことも横行し、問題視されてきた。その結果、動産執行が本来有する金銭執行の方法としての機能を果たす場面は、次第に減少していくこととなった。

こうした背景から、動産執行は、動産の客観的価値を把握し、その換価金(かんか)によって債権者の満足を図るというよりは、むしろ、債務者にとって使用価値の高い動産を差し押さえ、債務者に心理的圧力を加えることにより、弁済を強制する目的でなされることが多くなった。これを**動産執行の間接強制的機能**という。この機能に対しては、動産執行の本来的な機能ではないとの批判が存在するが、最近では、動産執行が「物を保有する債務者の主観的利益」（物への愛着、その物を手放したくないと思う価値）の差押えの実質をもつことに着眼し、執行官が裁量で換価延期ないし割賦弁済(かっぷ)の判断ができること等を積極的に肯定し、動産執行の間接強制的機能を肯定的に評価する見解もある。

しかし、現在では、動産執行の件数はますます減少し、その多くは執行不能となっており、間接強制的機能も十分に発揮されていないようである。こうした現状から、動産執行の機能向上にむけたインターネットによる公的なオークション制度の導入等が課題となっている。

2　動産執行の対象

動産執行の対象となる**動産**は、民法上の動産と定義が少し異なる。動産執行の対象となる動産には、①民法上の動産（民86条2項。ただし、登記・登録制度のある船舶・航空機・自動車・建設機械を除く）のほかに、②登記することができない土地の定着物（建設中の建物・鉄塔等）、③土地から分離する前の天然果実で1か月以内に収穫することが確実であるもの（収穫期の農作物等）、および、④裏書の禁止されている有価証券以外の有価証券（手形・小切手・株券等）が含まれる（民執122条1項）。

3　執行機関

不動産執行や債権執行における執行機関が執行裁判所であるのに対し、動産執行における執行機関は**執行官**である。執行裁判所も必要に応じて関与するが、あくまで、その役割は補充的・監督的なものにとどまる（民執127条・132条・

142 条等)。機動力のある執行官が動産執行における執行機関とされた理由としては、動産の差押えの際には、執行機関が債務者の住居・営業所等に立ち入り、発見した動産を占有し、物理的に支配する必要があること（民執 123 条 1 項・124 条、民 178 条）、また、動産執行の際には、執行機関が裁判所外に赴き、そこで実力行使をすることも状況次第で必要となること（民執 6 条 1 項・123 条 2 項参照）、さらに、動産は、不動産や債権と比べ複雑な権利関係が絡むことが少なく、裁判所の判断による慎重な手続を必要とする場面が多くないこと等が挙げられる。

Ⅱ 差押え

1 動産執行の申立て

　動産執行の申立ては、債権者が動産執行申立書を執行力のある債務名義の正本等とともに、差し押さえるべき動産の所在地を管轄する地方裁判所に所属する執行官に提出して行う（民執規 1 条・21 条 1 号〜4 号・99 条）。その際、債権者は、差し押さえるべき個々の動産を指定する必要はなく、差し押さえるべき動産が所在する場所を指定すれば足りる（場所単位主義。民執規 99 条）。この点は、債権者が対象となる不動産を特定する必要がある不動産執行とは大きく異なる。また、指定された場所において、個々の動産のいずれを差し押さえるかは、執行官が、債権者の利益を害しない限り、債務者の利益を考慮して決定しなければならない（民執規 100 条）。

2 差押えの方法

　動産執行は、執行官の目的物に対する差押えにより開始する（民執 122 条）。差押えは、執行官が、債務者、債権者または第三者の占有する動産を占有することによって行う（民執 123 条 1 項・124 条）。差押えの方法は、①債務者の占有する動産の差押え（民執 123 条）と、②債務者以外の者（債権者または第三者）の占有する動産の差押え（民執 124 条）とで異なる。

　①債務者の占有する動産の差押えは、執行官が債務者の占有を排除し、自らその動産を占有する方法で行う（民執 123 条 1 項）。その際、執行官は、債務者

の住居等に立ち入り、執行対象となる動産を捜索し、必要があれば閉鎖した戸や金庫等を開くために必要な処分をすることができる（同条2項）。債務者等から抵抗を受ける場合には、威力を用い、または警察上の援助を求めることができる（民執6条）。

②**債務者以外の者（債権者または第三者）の占有する動産の差押え**も執行官の占有によるが、それらの者が任意的に動産を提出または差押えを承諾した場合に限り、差押えをすることができる（民執124条）。第三者が動産の任意提出を拒む場合には、債務者が第三者に対して有する動産の引渡請求権に対する債権執行の方法によらなければならない（民執163条→177頁）。

差し押さえた動産は、**執行官保管**が原則であるが、公的な保管場所がない場合や運搬料・保管料が別途かかる場合もあり得る。そこで、執行官が相当であると認めるときは、債務者、債権者または第三者に、差押物を保管させることができる。ただし、執行官以外の者に差押物を保管させる場合には、必ず、封印その他の方法で差押えの表示をしなければならない（民執123条3項）。さらに、執行官が相当と認めるときは、債務者、債権者または第三者に、差押物の使用を許可することもできるが（同条4項）、保管方法が悪い等の理由により執行官が必要と認めるときは、執行官自ら差押物を保管し、または使用許可を取り消すことができる（同条5項）。

また、動産差押えと債務者の占有をめぐっては、差押えによって執行官が債務者の占有を排除し、自らその動産の占有を取得した場合に、差押えの時まで債務者が有していた占有が差押えによってどのような影響を受けるのか、つまり、差押えによって債務者は占有を失うかということが、判例・学説上問題とされてきた。

【判例⑮】動産差押えと債務者の占有
　　――差押えによって債務者は占有を失うか？
　最二小判昭和34〔1959〕年8月28日・民集13巻10号1336頁

〈事案〉　Y（被告・被控訴人・上告人）は、昭和30（1955）年9月、Aに対する執行力ある正本に基づいて金銭執行をなし、執行吏（執行官の旧称）はA所有の有

体動産（家具等）を差し押さえた（第1回差押え）。記録によれば、執行吏は、差押物件に告示書を施し差押物であることを明示し、債権者の承諾の上、債務者Aに保管させたことが認められる。ところが、Aは、上記差押えの存続中である

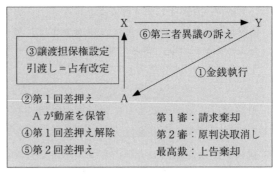

昭和31（1956）年8月に、これらの差押え中の物件をX（原告・控訴人・被上告人）に対する準消費貸借上の債務を担保する目的で、Xに売買名義で譲渡し同時にこれをXから無償で借り受けることを約し、Xに対して、いわゆる占有改定の方法で目的物の引渡しをした（譲渡担保権設定）。その後、昭和31（1956）年9月、Yは手続上の都合によって上記差押えをいったん解除し、同日に再び同一の債務名義に基づいて上記有体動産を差し押さえた（第2回差押え）。この第2回差押えに対して、Xは、その目的物に対する自己の所有権を主張して、Yに対して第三者異議の訴えを提起した。これに対し、YはXが目的物の所有権を取得したと主張する昭和31（1956）年8月当時、これらの目的物は第1回差押え中であったためAのXに対する譲渡は無効であると主張した。

第1審は、Xの請求を棄却したが、原審は、「差押中の物件と雖も処分が絶対に禁止されているものではなく、したがって、その処分が絶体に無効となるものではない。処分は有効であるが、ただ、その有効を以て、当該差押債権者に対抗できないというに過ぎないことは民事訴訟法〔旧〕第650条の法意によっても明かなところである。しかして、差押後の第三取得者に対しては、その差押の効力を以て対抗し得られる結果差押後の第三取得者の存在を無視して競売が実施せられることは勿論であるが、右競売前にその差押が解除せられるときは恰も当初より差押がなかったと同様に、第三取得者の所有権取得を以て解除前の差押債権者にも対抗し得るに至ること言を俟たないところである」と判示してXの請求を認容した。これに対し、Yが上告した。

〈判旨〉　上告棄却。「第一回の差押処分により執行吏〔現、執行官〕が前記有体動産に対する占有を取得した場合でも、差押債務者である訴外Aは右差押物件に対する占有権を喪失するものではないと解するのが相当である。したがって、AとXとの間でなされた右物件の譲渡ならびに占有改定の方法による引渡は、これをも

って差押の存続する間差押債権者たる Y に対抗できないのは格別、前記第一回の差押が解除された結果、X は右譲受および引渡により前記物件の所有権を取得したことを Y に対抗し得るに至ったものと解すべきであるから、これと趣旨を同じうする原審の判断は正当として是認することができる。」

最高裁は、差押えによって執行官が動産の占有を取得した場合でも、債務者の差押物に対する占有権は失われるものではないとしたうえで、差押え存続中に債務者がした譲渡および占有改定による引渡しが債権者に対抗できないのはともかく、差押えの解除があった後は、差押え存続中に債務者がした譲渡および占有改定による引渡しであっても、再び同一物を差し押さえた同一債権者にも対抗できると判示した。

3　差押えの効力

執行官による差押えの効力は、差押物についての債務者の処分を禁止する**処分禁止効**である。処分禁止効は、強制執行の目的を達成するのに必要な限度にとどまる相対的なものである。差押え後になされた処分行為の効力は、差押債権者のほか、その差押えに基づく執行手続に参加したすべての債権者に対して対抗することができない（**手続相対効**→ 113 頁）。したがって、債務者から差押物を譲り受けた第三者も、即時取得（民 192 条）の要件を充たさない限り、権利取得をそれらの者に対抗することができない。この点は、不動産執行の場合と同様である。また、差押えの効力は、差押物から生じる天然の産出物にも及ぶ（民執 126 条）。

動産執行では、この処分禁止効を強化する手段として、執行官が保管していない差押物を執行官の措置によらずに第三者が占有することになった場合には、差押債権者の申立てにより、執行裁判所が、その第三者に対して、差押物を執行官に引き渡すべき旨の命令を発する引渡命令（民執 127 条 1 項）の制度を用意している。引渡命令は、執行官が保管しない差押物が散逸することに備えて、差押物の簡易な取戻しを認めたものであり、債務名義（民執 22 条 3 号）となる。差押債権者による引渡命令の申立ては、差押物を第三者が占有していることを知った日から 1 週間以内に、執行裁判所に申し立てなければならない（民執

127条2項)。ただし、引渡命令が差押債権者に告知された日から2週間を経過すると執行ができなくなる（同条4項）。また、引渡命令の申立てに関する裁判に対しては、執行抗告をすることができる（同条3項）。しかし、引渡命令は、差押物の第三者への占有の移転という外観のみに基づいて発せられるものであるため、執行抗告の理由は、引渡命令の手続上の違法に限られる。

4 差押えの制限

(1) **超過差押え・無剰余差押えの禁止** 動産の差押えは、差押債権者の債権および執行費用の弁済に必要な限度を超えてはならない（民執128条1項）。差押えの後に、その差押えが必要な限度を超えることが明らかとなったときは、執行官は、超過部分の差押えを取り消さなければならない（同条2項）。これを**超過差押えの禁止**という。また、差し押さえるべき動産の売得金が手続費用を超える見込みがないときは（「売得金≦執行費用」が見込まれる場合）、執行官は差押えをしてはならない（民執129条1項）。差押物の売得金が手続費用および優先債権者の債権の合計以上となる見込みがないときは（「売得金＜手続費用＋優先債権額」が見込まれる場合）、執行官は、差押えを取り消さなければならない（同条2項。なお、「売得金＝手続費用＋優先債権額」が見込まれる場合は、差押債権者が弁済を得ることはできないが、差押えは取り消されない）。これを**無剰余差押えの禁止**という。さらに、差押物について相当な方法による売却の実施をしてもなお売却の見込みがないときは、執行官は、その差押えを取り消すことができる（民執130条）。

(2) **差押禁止動産** 民事執行法は、債務者等の生活保障や職業活動の保障といった様々な理由から、債務者の有する一定の動産についての差押えを禁止する（民執131条）。これを**差押禁止動産**という（特別法により差押えが禁止される場合もある。生活保護58条、児童福祉57条の5第2項等）。

たとえば、**債務者等の生活保障を目的とした差押禁止動産**としては、衣服・寝具・家具等（民執131条1号）、1か月間の食料・燃料（同条2号）、金銭（同条3号。現金66万円）、義手等の身体補足用具（同条13号）等が挙げられる。ここでいう「債務者等」の「等」というのは、債務者およびその者と生計を一にする同居の親族（婚姻または縁組の届出をしていないが債務者と事実上夫婦又は

養親子と同様の関係にある者を含む）を指す（民執97条）。

　また、**債務者の職業活動の保障を目的とした差押禁止動産**としては、農器具等（民執131条4号）、漁網等（同条5号）のほか、技術者・職人・労務者の業務に欠くことができない器具（同条6項）等が挙げられる。特に民事執行法131条6号の該当性をめぐっては、開業医の治療器具に関する下級審裁判例がある。東京地八王子支決昭和55〔1980〕年12月5日・判時999号86頁では、内科・小児科医の有するレントゲン撮影機が、同号の差押禁止動産に該当するとされた一方で、東京地決平成10〔1998〕年4月13日・判時1640号147頁では、眼科医が有するレーシック手術（視力矯正手術）に不可欠な治療機器は、同号の差押禁止動産に該当しないとされた。

　さらに、**債務者の個人的使用の保護を目的とした差押禁止動産**としては、実印等（民執131条7号）、仏像・位牌等（同条8号）、日記等（同条9号）、勲章等（同条10号）および教育施設の学習に必要な書類・器具（同条11号）等が挙げられる。その他、文化政策上の考慮に基づき、未公表の発明・著作に係るもの（同条12号）、公共安全政策上の考慮に基づき、消防用の機械・器具（同条14号）等が差押禁止動産として列挙されている。

　以上のように、差押禁止動産は、民事執行法131条によって規定されているが、一般的な列挙のみでは、場合によっては債務者の窮迫を招き、不当に執行機能を阻害する可能性がある。そのため、債権者は、差押禁止動産の差押えに対して、執行異議を申し立てることができる（民執11条）。さらに、執行裁判所は、債務者または差押債権者の申立てにより、債務者および債権者の生活の状況その他の事情を考慮して、差押えの全部もしくは一部の取消しを命じ（差押禁止の範囲を拡大する）、または差押禁止動産の差押えを許す（差押禁止の範囲を縮小する）ことができる（民執132条1項）。つまり、債務者および債権者の個別事情に応じて、差押禁止動産の範囲を執行裁判所の裁判により変更することができるのである。また、これらの申立てについての決定に対しては、執行抗告をすることもできる（同条4項）。

Ⅲ　換価

1　換価の準備

　換価の準備として、執行官は、事前に差押物を評価し（民執規102条2項）、特に高価な動産（宝石・骨董品等）については適切な評価人を選任して、その者に評価させる必要がある（民執規111条）。また、執行官は、差押物の価値が減少しないように、差押物の点検・保存に努めなければならない（民執規108条）。

2　換価方法

　差押物の換価方法は、**売却**による。売却方法には、①**競り売り**、②**入札**、③**特別売却**および④**委託売却**の4種類あるが（民執134条、民執規121条・122条）、実際には、①**競り売り**が中心である。競り売りは、執行官が、差押えの日から1週間以上1か月以内に競り売り期日を定め、その日時・場所等を公告し、債権者および債務者に通知することにより開始される（民執規114条・115条）。執行官は、競り売り期日において、買受申出額を競り上げる方法で競り売りを行い、最高の買受申出額を3回呼び上げた後、その買受申出人に買受けを許可する（民執規116条1項）。その後、執行官が、買受人から直ちに代金を受領し（民執規118条1項）、買受人に動産を引き渡すことにより（民執規126条1項）、手続は終了する。

　②**入札**は、期日入札の方法のみが認められているが（民執規120条1項）、動産執行ではほとんど利用されていない。③**特別売却**は、執行官が、動産の種類・数量等を考慮して相当と認める場合に、執行裁判所の許可を受けて、競り売り・入札以外の方法で、差押物の売却を実施する方法である（民執規121条）。たとえば、所持禁制品（刀剣・火薬品等）を有資格者に限定して売却する場合がこれに当たる。④**委託売却**は、執行官が、動産の種類・数量等を考慮して相当と認める場合に、執行裁判所の許可を受けて、執行官以外の者に差押物の売却を実施させる方法である（民執規122条）。たとえば、食料品の売却を市場に委託したり、骨董品の売却を美術商に委託するような場合がこれに当たる。

　なお、取引所の相場のある有価証券については、その日の相場以上の価額で

あれば、執行裁判所の許可がなくとも、特別売却や委託売却を実施することができる（民執規123条）。

Ⅳ　満足

1　債権者の競合（事件の併合）

　動産執行では、執行官が差押物または仮差押えの執行をした動産をさらに差し押さえる二重差押えは禁止されている（民執125条1項）。その代わりに、差押えを受けた債務者に対しその差押えの場所についてさらに動産執行の申立てがあった場合には、執行官は、①まだ差し押さえていない動産があるときはこれを差し押さえ、②差し押さえるべき動産がないときはその旨を明らかにして、その動産執行事件と先の動産執行事件とを併合する事件併合の手続をとらなければならない（**事件の併合**。同条2項前段）。また、仮差押えの執行を受けた債務者に対しその執行の場所についてさらに動産執行の申立てがあったときも、同様に事件の併合がなされる（同項後段）。

　2個の動産執行事件が併合されたときは、後の事件において差し押さえられた動産は、併合時に、先の事件において差し押さえられたものとみなされ（差押拡張効）、後の事件の申立てには、配当要求効が生じる（民執125条3項前段）。また、差押債権者が動産執行の申立てを取下げ、またはその申立てに係る手続の停止・取消しを求めたときは、先の事件において差し押さえられた動産は、併合時に、後の事件のために差し押さえられたものとみなされる（同条3項後段）。

2　配当要求

　動産執行において配当要求ができるのは、実体法上の優先権を有する**先取特権者と質権者**に限られる（民執133条）。なぜなら、動産執行の場合、**超過差押えの禁止**（民執128条）が貫徹され、必要な範囲を超えて差押えがされないことになっているため、配当要求を容易に認めると、差押債権者が十分な満足を受けることができなくなるからである。そのため、一般債権者が債務名義を持っていたとしても、配当要求をすることはできず、一般債権者が配当を受けるためには、前述のように、さらに動産執行の申立てをし、事件の併合手続を経

た上で、配当要求効を得なければならないとされる。しかし、配当要求ができる先取特権者や質権者が配当要求をしなかった場合には、配当等を受けた債権者に対し、不当利得の返還を請求することはできなくなる。仮に、これらの者が動産執行の開始を知らされず、配当要求の機会を与えられなかった場合でも、執行官の過失を理由として国家賠償を請求することはあっても、不当利得の問題にはならないと解される。

　また、動産執行における配当要求は、配当要求の終期までにしなければ、配当を受けることができない。配当要求の終期は、売得金については執行官がその交付を受ける時（通常は売却時）、差押金銭については差押えの時、手形等の支払金についてはその支払を受ける時である（民執140条）。

3　配当等の手続

　動産執行において配当等を受けることができる債権者は、①差押債権者のほか、②配当要求の終期までに配当要求をした先取特権者や質権者（民執133条）、および、③事件の併合により配当要求効を認められた一般債権者である（民執140条）。配当等を実施する機関は、第一次的には執行官（民執139条）であり、第二次的には執行裁判所（民執142条）である。

　(1)　執行官による配当等の実施　債権者が1人である場合または債権者が2人以上であって、売得金、差押金銭もしくは手形等の支払金（以下、「売得金等」という。）により各債権者の債権および執行費用の全部を弁済することができる場合には、執行官が、債権者に弁済金を交付し、剰余金を債務者に交付する（民執139条1項）。これ以外の場合においては、売得金等の配当について債権者間の協議が調ったときに、執行官がその協議に従い配当を実施する（同条2項）。

　(2)　執行裁判所による配当等の実施　売得金等の配当について債権者間の協議が調わないときは、執行官は、その事情を執行裁判所に届け出なければならない（民執139条3項）。執行裁判所は、事情の届出があった場合には、直ちに配当等の手続を実施しなければならない（民執142条1項）。また、配当等を受けるべき債権者の債権について所定の事由（債権者の債権が停止条件付や不確定期限付である場合等）があるときは、執行官は、それらの者に配当すべき額に相当する金銭を供託し、その事情を執行裁判所に届け出なければならない（民

執141条1項1号～4号）。この場合、執行裁判所は、供託事由が消滅したときに、配当等の手続を実施しなければならない（民執142条1項）。なお、執行裁判所が実施する配当等の手続は、不動産執行における配当等の手続の規定が準用される（同条2項）。

第10講
債権執行等

〈本講のポイント〉
　これまで、金銭執行のなかで、その対象に応じて、不動産に対する強制執行（不動産執行→第7講・第8講）、および、動産に対する強制執行（動産執行→第9講）について説明してきたが、本講では、債権その他の財産権執行（債権執行等）について概説したい。債権執行等も、金銭執行の一手続であることから、「差押え→換価→満足」の手続をとる。以下では、まず、債権執行等について意義やその申立てに関する説明を行い（→Ⅰ）、次に、差押え（→Ⅱ）・換価（→Ⅲ）・満足（→Ⅳ）の各手続について述べ、最後に、特に新たに設けられた少額訴訟債権執行（→Ⅴ）について概説する。

Ⅰ　意義と申立て

1　意義

　債権者が差押えの対象とする債務者の財産は、不動産や動産といった有形のものには限られない。債務者が他の第三者（これを第三債務者という）に対して有している債権を差し押さえて強制執行を行う場合もある。このような債権およびその他の財産権（例、電話加入権等）に対する強制執行（**債権執行・その他の財産権執行**）は、債務者が第三債務者に対して有している権利を差押えの対象財産として、この権利に対して強制執行を行うことから**権利執行**ともいう。民事執行法は、143〜166条において、このような権利執行のうち金銭の支払を目的とする債権に対する執行について特に詳しく規定している。これらの民事執行法の規定によれば、債権執行の対象とする「**債権**」には、①金銭の支払を目的とする債権（金銭債権）、②船舶の引渡請求権、③動産の引渡請求権が

ある。ここでは、①金銭債権に対する執行を前提に説明する。

　債権執行は、不動産執行等とは異なり、執行の対象となる債権が目に見えず、占有や登記等もないことが特徴である。また、債権執行においては、債権者が差押えの対象とする債権を有する執行債務者に加えて、差押えを受ける債権の債務者である第三債務者という存在が様々な場面で登場することも特徴の1つである。

　以下では、複数の債権が登場するので、用語を整理する。まず差押命令を申し立てた債権者が債務者に対して有している債権で、強制執行の根拠となる債権のことを**執行債権**とよび、債務者が第三債務者に対して有している、差押えの対象となり得る債権のことを、差押えを受ける債権または**被差押債権**と呼ぶ。

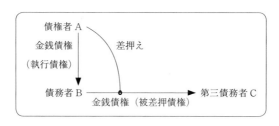

2　差押命令の申立てと差押債権の特定

　債権執行は、債権者が管轄を有する地方裁判所に差押命令の申立てを行うことによって始まる。申立ては書面によらなければならず、申立てにあたって、債権者は、差押命令の申立書において、差し押さえるべき債権の種類および額その他これを特定するに足りる事項を明らかにしなければならない（民執規133条2項）。ところが、前述の債権執行の特徴にあるように、債権の場合は執行対象となる債権について不動産のような占有や登記等はない。そのため、債権者にとって、強制執行の申立てを行う際の債権の特定が、特に銀行預金の差押えの場面に大きな負担となることが指摘されてきた。

　たとえば、債権者Aが債務者BのC銀行に有する**預金債権**を差し押さえようとする場合、仮にBがC銀行に預金債権を有していることをAが特定できたとしても、当該銀行の支店名や預金の種類（当座・普通・定期等）などまで特

定することは困難であることが多い。また、ＢがＣ銀行に複数の預金債権を
有している場合に、いずれの債権を差し押さえるのかまで特定することも、債
権者であるＡにとっては同じく困難である。このような状況において、①債
権者が債務者の預金債権の取扱店舗を特定せずに当銀行の全店を対象として、
支店番号の若い順に順次順序付ける申立て（**全店一括順位付け方式**）や、②一
部の店舗を列挙して順位付けする申立て（**店舗列記順位付け方式**）など、差し
押さえるべき預金債権を厳密に特定しない差押命令の申立てが許されるかが問
題となっていた。この問題について、以下は、いわゆる全店一括方式による申
立ての可否について初めての判断がなされた最高裁判例である。

【判例⑯】 差し押さえるべき債権の特定
──全店一括順位付け方式によって差押債権を特定したといえるか？
最三小決平成 23〔2011〕年 9 月 20 日・民集 65 巻 6 号 2710 頁

〈事案〉 債権者Ｘは、債務者Ｙが第三債務者で
ある各銀行Ａ～Ｄに対して有する預貯金債権の
差押命令の申立てをした。その際、Ｘは、Ｙ名義
の預貯金債権の特定について、各銀行の全ての店
舗を対象として順位付けをし、先順位の店舗の預
貯金債権の額が差押債権額に満たないときは、順

```
X → Y
預貯金債権の差押命令申立て
    第 1 審    申立却下
    控訴審    抗告棄却
    最高裁    抗告棄却
```

次予備的に後順位の店舗の預貯金債権を差押債権とし、同一店舗の預貯金債権の場
合には種別等による順位づけをしたうえで差押債権とする旨のいわゆる全店一括順
位付け方式による申立てをした。原々審、原審は、本件申立ては、差押債権の特定
を欠き不適法であるとして却下した。これに対してＸが許可抗告の申立てをした。

〈決定要旨〉 抗告棄却。「民事執行規則 133 条 2 項の求める差押債権の特定とは、
債権差押命令の送達を受けた第三債務者において、直ちにとはいえないまでも、差
押えの効力が上記送達の時点で生ずることにそぐわない事態とならない程度に速や
かに、かつ、確実に、差し押さえられた債権を識別することができるものでなけれ
ばならないと解するのが相当であり、この要請を満たさない債権差押命令の申立て
は、差押債権の特定を欠き不適法というべきである。債権差押命令の送達を受けた
第三債務者において一定の時間と手順を経ることによって差し押さえられた債権を

識別することが物理的に可能であるとしても、その識別を上記の程度に速やかに確実に行い得ないような方式により差押債権を表示した債権差押命令が発せられると、差押命令の第三債務者に対する送達後その識別作業が完了するまでの間、差押えの効力が生じた債権の範囲を的確に把握することができないこととなり、第三債務者はもとより、競合（きょうごう）する差押債権者等の利害関係人の地位が不安定なものとなりかねないから、そのような方式による差押債権の表示を許容することはできない。」

　本決定は、上記の①全店一括順位付け方式によって、差し押さえるべき預金債権を厳密に特定しない差押命令の申立ての適否についての初めての最高裁判断である。これまで、このように債権を厳密に特定しない方式による申立てが認められるか否かが問題とされてきた背景には、仮に弁護士会照会などの方法を用いても、債権者が差押債権の特定のための情報を得ることが難しいという債権者の負担と、第三債務者である金融機関が顧客情報管理システムを用いて債務者の預金についての情報を得ることの負担を衡量して、差押債権の特定の有無を判断する裁判例の結論が分かれていたためである。しかし、本決定により、差押債権の特定は、速やかかつ確実な差押債権の識別可能性によって判断することが示され、①の方式では特定性に欠け不適法であるとされた。

　上記の預金債権のような場合のほかにも、一般的に、債務者が第三債務者に対して有している差押対象の債権に関する情報を得ることが困難な状況にあることは多い。そこで、差押命令の送達に当たり、第三債務者に対して、債務者が当該第三債務者に対して有している債権についての情報を提供するよう、**催告を債権者が裁判所に申し立てることができる**。この申立てがなされると、裁判所書記官は、送達の日から2週間以内に当該債権の存否等について陳述すべき旨を第三債務者に催告しなければならない（民執147条1項）。

　なお、差押命令の申立てがあると、執行裁判所は、債務者や第三債務者に対して事前に審尋をすることなく差押命令を発令する（民執145条2項）。これは、審尋をすることによって債務者や第三債務者が差押えを予知できることになってしまい、これによる債権譲渡や取立てなどの行動を防ぐためである。

3 差押えの対象にできる債権とできない債権

民事執行法は、動産執行において、債務者の最低限の生活を保障するため、差押禁止動産を定めている（→第9講Ⅱ4）。債権執行においても、同様に債務者の最低限の生活を保障するため、**差押禁止債権**が定められている（民執152条・153条）。また、このほか、生活保護法や国民年金法などの各特別法にも債権の差押えを禁止する規定が置かれている。

民事執行法上、差押禁止債権とされているのは、①給与債権のうち原則として4分の3に相当する部分である。ただし、給与債権の額が「標準的な世帯の必要生計費を勘案して政令で定める額」を超えるときは、超過する部分については差押えが可能である（民執152条1項柱書）。なお、「標準的な世帯の必要生計費を勘案して政令で定める額」とは月額44万円であるから、33万円までの差押えが禁止される。このほか、②退職手当債権と③生計を維持するために支給を受ける継続的給付に係る債権についても、給与債権と同じ範囲が差押禁止債権である（同条2項）。

さらに、明文の規定はないが、差し押さえた債権が強制執行のための費用を上回る見込みがない場合には差押えは許されない（民執129条1項・2項参照）。これを**無剰余差押えの禁止**という。また、前述の通り、債権執行の場合には、執行債権の額と執行費用の総額を上回る債権に対して、その全額を差し押さえることはできるが、これを超えて、さらに別の債権まで差し押さえることはできない（民執146条2項）。これを**超過差押えの禁止**という。

4 執行抗告

差押命令の申立てについての裁判に対して、債務者および第三債務者は執行抗告の方法で不服申立てをすることができる（民執145条6項）。

Ⅱ 差押えの効力

1 差押えの効力の内容と範囲

(1) **債務者に対する処分禁止効**　差押命令を執行裁判所が発すると、この差押命令の効力が生じる。1つは、債務者に対する**処分禁止効**であり、不動産執

行や動産執行と同様に、債務者は差押えを受けた自分の債権について、その取立てや譲渡その他の処分が禁止される。差押えの処分禁止効として禁止される行為としては、典型的な取立てや譲渡のほか、債権の放棄、免除、相殺なども含まれると解される。

　債務者に対する処分禁止効が及んでいても、差押えを受けた債権の発生原因である法律関係それ自体を処分することは妨げられない。賃貸人が賃料債権に対して差し押さえを受けた後に賃貸借契約を解除することや、給与債権に対して差押えを受けた後に退職することなどがその例であり、これらは禁止されない。しかし、これによれば、債務者が第三債務者とともに差押えを受けた債権の発生原因となる法律関係を処分することで執行を免れることができる場合が生じ得る。たとえば、賃料債権を差し押さえられた債務者が、当該賃貸不動産を第三者に譲渡した場合などが考えられる。このような場合に、譲受人である第三者は賃料債権の取得を差押債権者に対抗できるか否かが問題とされていた。この点について判断したのが、次の判例である。

【判例⑰】差押えの効力
——賃料債権の譲受人はその取得を差押債権者に対抗できるか？
最三小判平成 10〔1998〕年 3 月 24 日・民集 52 巻 2 号 399 頁

〈事案〉　Ａが所有する建物（本件建物）の賃借人Ｂらに対して有する賃料債権について、Ａの債権者Ｘは差押命令を取得し、差押命令の正本（せいほん）がＢらに送達された。一方、Ａの別の債権者Ｙは、Ａからの本件建物の代物弁済に基づき本件建物の所有権移転登記を取得し、賃借人Ｂらに賃料の支払を求めた。

Ｘ　→　Ｙ	
供託金還付請求権確認請求	
第 1 審	請求認容
控訴審	控訴棄却
最高裁	上告棄却

Ｂらは賃料を供託したため、Ｘがこの供託金還付請求権が自身に属することの確認を求めて訴えを提起した。なお、Ｂらが建物の賃料を供託したのは、第三債務者であるＢらからすれば、債権者不確知の状態にあったことによる。

　第 1 審と原審は、譲受人による賃料債権の取得は差押債権者に対抗できないとして、Ｘの請求を認容する旨判決した。これに対してＹが上告した。

〈**判旨**〉 上告棄却。「自己の所有建物を他に賃貸している者が第三者に右建物を譲渡した場合には、特段の事情のない限り、賃貸人の地位もこれに伴って右第三者に移転するが……、建物所有者の債権者が賃料債権を差し押さえ、その効力が発生した後に、右所有者が建物を他に譲渡し賃貸人の地位が譲受人に移転した場合には、右譲受人は、建物の賃料債権を取得したことを差押債権者に対抗することができないと解すべきである。けだし、建物の所有者を債務者とする賃料債権の差押えにより右所有者の建物自体の処分は妨げられないけれども、右差押えの効力は、差押債権者の債権及び執行費用の額を限度として、建物所有者が将来収受すべき賃料に及んでいるから（民事執行法 151 条）、右建物を譲渡する行為は、賃料債権の帰属の変更を伴う限りにおいて、将来における賃料債権の処分を禁止する差押えの効力に抵触するというべきだからである。」

差押命令の効力が及んでいる債権について、その発生原因となる法律関係は、その発生原因が同一であれば、民事執行法 151 条の特則に基づき、差押え後の将来受けるべき給付にまで差押えの効力が及ぶ。これは、同一の法律関係から発生時期を異にして継続的に発生する債権に対して毎回差押えをする煩わしさを避けるために包括的な差押えを認めたものである。またそれによって債権者を保護する趣旨もある。

上記判例の事案における賃料債権も継続的に発生する債権であった。このような債権について、最高裁は、本判決において、債権の基本となる法律関係の発生原因である建物自体の処分は妨げられないけれども、差押えの効力は建物所有者が将来受け取るべき賃料に及ぶため、当該建物を譲渡する行為は賃料債権の帰属の変更を伴うことを理由に、このことが債務者に対する差押えの効力である処分禁止効に抵触すると判示したものである。このため、本件のように賃料債権を差し押さえられた債務者が当該賃貸不動産を第三者に譲渡した場合、譲受人である第三者は賃料債権の取得を差押債権者に対抗できない。

(2) 第三債務者に対する弁済禁止効 債務者に対する処分禁止効のほか、差押えのもう 1 つの効力は第三債務者に対する**弁済禁止効**であり、第三債務者が債務者に弁済することを禁止するものである（民執 145 条 1 項）。これにより、差押えの効力が生じた後は、仮に第三債務者が債務者に弁済しても、第三債務者はこれを債権者に対抗することはできず、仮に弁済した場合、第三債務者は

二重払い（民481条）を免れることはできない。差押命令の効力は、差押命令が**第三債務者に送達された時**に生じる（民執145条5項）。

それでは、債務者が第三債務者である銀行に対して有する預金債権について差押えを受けた場合に、第三債務者である銀行も債務者に対して貸付債権を有していたときに、第三債務者である銀行は、債務者が差押えを受けた預金債権と銀行が債務者に有する貸付債権とを相殺することはできるのだろうか。

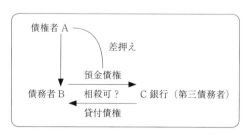

この問題について、改正後の民法511条では、民法改正前の実務の状況を反映して、第三債務者（上記C）は、差押えの効果発生前に取得した債権による相殺をもって債権者（上記A）に対抗することができる旨が規定された。他方、差押えの効果発生後に取得した債権による相殺をもって第三債務者が債権者に対抗することはできない。

なお、債権に対する差押命令の効力が及ぶ範囲は、原則として差し押さえるべき債権の全部である（民執146条1項）。すなわち、債権執行では、執行債権の額を超えて債権全体を差し押さえることもできるのである。これは、動産執行の場合（→147頁）とは異なる点である。

2 二重差押え

すでに差し押さえられた債権について、さらに他の債権者が同じ債権について差押えの申立てをすることができる。申立てがあった場合、裁判所は二重の差押命令をする（これを二重差押えという）。ただし、債権執行の場合、債権の一部に対する差押えが可能であるため、複数の債権者によって差押えが重なったとしても、執行手続が重なる事態（これを執行競合という）が必ず生じるとは限らない。たとえば、債権者X₁がAの有する1000万円の預金債権のうち

の一部の 400 万円を差し押さえ、他の債権者 X_2 が同じ債権のうちの 400 万円を差し押さえたとする。この場合、両者は債権のそれぞれ一部を差し押さえたことにより、執行競合は生じていないため、各自がそれぞれ執行手続を進めることができる。

しかし、X_1・X_2 の差押えがなされた後に、さらに別の債権者 X_3 が同じ債権に対して 300 万円の差押えを申し立てたとする。この場合、差し押さえられた部分が重なることになり、各差押えの効力は、それぞれ当該債権 1000 万円の全体に及ぶことになる。このことを**差押効の拡張**という（民執 149 条前段）。この場合には、A の有する預金債権について、**義務供託**か**供託判決**のいずれかを経たうえで、各債権者は、それぞれの執行債権額に応じて供託金から満足（→本講Ⅳ）を得ることになる。

Ⅲ　金銭債権の換価

1　債権執行における換価の特徴

不動産執行においては、差押えを受けた財産の換価は一様である。これに対して、債権執行では、差押えを受けた債権についての換価は、①**債権者による取立て**、②券面額のある金銭債権を債権者に移転する**転付命令**、および、③**譲渡命令・売却命令・管理命令**というものもある。

2　換価方法：その1──債権者による取立て

（1）**取立権の内容**　債権者は、差押命令が債務者に送達された日から 1 週間を経過したとき、取立権を取得する（民執 155 条 1 項）。この取立権により、差押えの効力が及ぶ範囲について、債権者は債務者に代わって第三債務者から債権の取立てが可能となる。債権者は、自己の名で第三債務者に対して、差押えをした債権の取立てに必要な裁判上・裁判外の一切の行為が可能である。これが債権執行における第 1 の換価の方法である。

差押債権者の行為に関して、債務者の有する**生命保険契約の解約返戻金請求権**を差し押さえた債権者が、これを取り立てるために、債務者の有する解約権を行使することができるかが問題となる。すなわち、金銭債権を差し押さえた

債権者が、取立権の内容として、債務者の特定の行為を債務者に代わって行うことで条件を成就することにより支払を求めることができるかという問題である。最高裁は、生命保険契約の解約権を行使することは差し押さえた解約返戻金請求権を現実化させるために必要不可欠な行為であり、差押命令を得た債権者が解約権を行使することができないとすれば、解約返戻金請求権の差押えを認めた実質的意味が失われる結果となるとして、解約返戻金請求権を差し押さえた債権者に、これを取り立てるため、債務者の有する解約権を行使することができるとした（最一小判平成11〔1999〕年9月9日・民集53巻7号1173頁）。

　取立てを受けた第三債務者は、差押えを受けた債権について、①債権者に対する**弁済**、または、②**供託**のいずれかを選択することができる。後者を**権利供託**という（民執156条1項）。これに対して、差押えをした債権者とは別の債権者がさらに手続に加わってくる場合がある。このように債権者が 競合_{きょうごう}している場合、第三債務者には供託が義務づけられる。これを**義務供託**という（同条2項）。第三債務者が供託した場合は、執行裁判所に届け出なければならない（同条4項）。供託によって、第三債務者は債権者と債務者の間の争いに巻き込まれるのを避けることができる。

　取立てを受けた第三債務者が差押債権者に支払をした場合、執行債権と費用について、支払を受けた額の限度で弁済されたものとみなされる（民執155条3項）。執行債権と執行費用の全額に当たる支払がなされた場合は、債権執行の手続は終了する。

　(2)　**取立訴訟**　債権者は、第三債務者が任意の支払も供託もしない場合に、この取立権に基づいて、自己の名で、第三債務者を被告として**取立訴訟**を提起することができる（民執157条）。取立訴訟は、債権者による第三債務者に対する強制的な取立てに当たる。取立訴訟において、債権者が請求認容判決を得た場合には、この判決書を債務名義として、第三債務者のいずれかの財産に対する強制執行が可能となる。この場合の取立訴訟とは、法的にはどのような訴訟形態だと位置づけられるのだろうか。説明方法としては、①取立訴訟を提起した原告たる債権者は、債務者を被担当者とする訴訟担当であると説明する立場（訴訟担当説）と、②債権者は自身の固有の実体的権利に基づいて訴訟を提起していると説明する立場（固有的確説）の間で議論がある。

(3) **取立権の競合** 取立訴訟において、取立権を有する債権者が複数存在する場合には、取立権が競合することが起こり得る。この場合、第三債務者の立場からすれば、何度も取立訴訟に応じる負担は避けたい。そのため、取立訴訟の被告である第三債務者は、同じ債権を差し押さえた他の債権者にも訴訟に参加するよう命じる**参加命令**の申立てをすることができる（民執157条1項・2項）。すなわち、一人の債権者（下記のX_1）から取立訴訟の被告として訴えられた第三債務者（下記のD）は、訴えを提起した債権者以外の債権者（下記のX_2）に対して、共同訴訟人として、取立訴訟に参加するよう命じる参加命令の発令を裁判所に申し立てることができるのである。裁判所から参加命令を受けた他の債権者（X_2）は、共同訴訟参加の申立てをして、取立訴訟に当事者として加わることになる。このことによって、第三債務者からすれば、取立権を有する複数の債権者からの訴訟にたびたび応じることを回避し、1度の訴訟によって決着をつけることができる。なお、取立訴訟の判決の効力は、参加命令により参加を命じられたにもかかわらず参加しなかった他の債権者にも及ぶ（同条3項）。

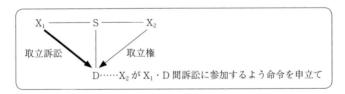

(4) **取立訴訟の審理と判決** 取立訴訟の受訴裁判所は、訴状の送達時に差押えが競合する他の債権者が存在しない場合には、「原告に対して金〇〇円を支払え」として、被告たる第三債務者に対して債権者に給付を命じる内容の請求認容判決をすることになる。これに対して、差押えが競合する他の債権者が存在する場合には、被告たる第三債務者に供託を命じる判決がなされることになる（民執157条4項）。このように供託を命じる判決のことを供託判決と呼ぶ。

なお、取立訴訟は、執行債権の存否を審理の対象としない。執行債権の存否は、債務名義に表示された実体上の請求権であり、この存否やこの行使の違法性についての実質的審査は、執行手続では行わない。債務名義の内容である執行債権の存否そのものは判決手続において審理する一方、執行手続においては、債務名義さえあれば、そこに表示された実体上の権利の存否を調査することな

164

しに簡易迅速に執行を行うことによって、判決手続と執行手続の峻別がなされ
ているためである。

　それでは、取立訴訟の審理において、執行債権が不存在であることが明らか
になった場合には、どのように処理すべきことになるだろうか。この点に関す
る判例が以下の事案である。

【判例⑱】取立訴訟
　——取立訴訟において執行債権の存否は判断できるか？
最一小判昭和45〔1970〕年6月11日・民集24巻6号509頁

　〈**事案**〉　XはY社役員である
Aを保証人として、B社との間で
20万円の金銭消費貸借契約を締
結し、この貸付について公正証書
を作成した。Aは、Y社の取締役
を勤めており、毎月10万円の役

```
X  →  Y
　取立訴訟
　　　第1審　　請求認容
　　　控訴審　　1審判決取消し・請求棄却
　　　最高裁　　破棄差戻し
```

員報酬支払請求権を有していた。Xは、Bへの金銭消費貸借契約の公正証書に基づ
き強制執行を行い、AのYに対する役員報酬支払請求権の4分の1についての取
立権に基づいて、Yに対して取立訴訟を提起した。このなかで、Yは、Bが従前に
支払ってきた利息および遅延損害金を利息制限法所定の利率に引き直した場合、主
債務である借入金は完済されたことになり、Aの保証債務もこれにより消滅してい
るとの抗弁を主張した。Xは、当該抗弁事実を認めた。

　このことを前提として、本事案の控訴審は、執行手続と債務名義の内容である実
体権の存否とは分離されている強制執行手続の構造について述べた上で、取立訴訟
においては、第三債務者は被差押（ひさしおさえ）債権の存否について争うことはできても、執行
債権の存在、態様については争うことができないものと解さざるを得ないとしつつ
も、実体的に存在しないことが明白な債権を表示する債務名義をもって執行手続の
続行を求め、かつ、本件取立訴訟において取立権を行使することは、執行手続上取
立権を認めた趣旨に反し、信義則上許されないとして、第1審判決を取り消し、X
の請求を棄却する判決をした。これに対してXが上告した。

　〈**判旨**〉　破棄差戻し。「民事訴訟法上の強制執行にあっては、執行機関は、強制執

行をするだけの機関であって、債務名義さえあれば、その債務名義に表示された実体上の請求権の存否またはその行使自体の違法性の有無（請求権の行使が権利の濫用または信義則違反にあたるか否か等。以下同様とする。）を調査することなく、執行を実施すべきものとされている。したがって、債務者は、実体上の請求権と一致しない債務名義に基づいて執行を受ける可能性があるから、実体上の請求権の存否またはその行使の違法性の有無について実質的審査を受ける機会を与えられる必要がある。しかし、右の実質的審査を簡易迅速を趣旨とする執行手続内で行なうことは不適当なので、この実質的審査は、執行手続から切り離して、請求異議の訴えという通常の判決手続によることとなっている。すなわち、執行手続についての争訟手続と、債務名義の内容である実体上の請求権の存否またはその行使自体の違法性の有無についての争訟手続とは、峻別されているのである。それゆえ、執行手続である取立訴訟においては、債務名義の内容である執行債権の存否またはその行使の違法性の有無を争うことはできないものと解すべきである。しかるに、原判決は、取立訴訟においても、債務名義の内容である執行債権が実体上消滅していることが客観的に明白な場合には、取立権の行使は許されないと判示しているのであって、その判示が右に説示したところと異なることは、明らかである。」

3　換価方法：その2──転付命令

(1)　転付命令の特徴と発令の要件　債権執行における換価の2つ目の方法は転付命令である。差押えを受けた債権が金銭債権である場合に、債権者の申立てによって、執行債権の支払に代えて差押えを受けた債権を**券面額**で差押債権者に転付する旨の命令を執行裁判所が発する（民執159条）。転付命令によれば、券面額の範囲で執行債権が消滅するため、執行債権と差押えを受けた債権との間で代物弁済がなされたのと同じであるとの説明や、債権者が差押えを受けた債権を券面額で買い取るものという説明がされることもある。債権執行におけるもう1つの換価の方法である取立てとは異なり、転付命令では、債権自体が債権者に帰属することになる。これによって、差押えを受けた債権の券面額の分だけ、執行債権には弁済を受けたとの効果（弁済効）が生じる（同条5項・160条）。この**弁済効**は、仮に第三債務者が無資力であるために、債権者が実際には第三債務者からの回収ができなかった場合であっても生じる。このように、転付命令には、債権者に債権自体が帰属することによって、第三債務者から回

収できない場合の危険を負担しなければならないというデメリットがある。しかし、一方で、他の債権者から独占して弁済を受けることができるというメリットもある。わが国の民事執行では、複数の債権者がいる場合に、債務者の有する金銭が全員の総債権額に足りない場合には互いに優先権を持たない複数の債権者の間で平等に金銭を分配する平等主義（→108頁）が原則であるが、転付命令はこの平等主義の例外として、債権者に独占的満足を認める制度である。このようなメリットを生む前提として、競合する債権者が手続に参加していないことが転付命令の要件である。したがって、転付命令が第三債務者に送達されるときまでに他の債権者が手続に参加した場合には、転付命令は許されない。

（2）　**被転付適格**　転付命令の発令には、差押命令の存在が前提となるが、一般的には差押えの申立てと同時に、転付命令の申立てもなされることが多い。転付命令が発令されるためには、差押えを受ける債権が、①法律上譲渡可能なものであること、および、②差押えを受ける債権が券面額を有すること（これを**即時決済可能性**があるという）が必要である。このような要件が備わっている債権は、被転付適格がある。

①の要件については、一身専属の権利などが譲渡できない権利の例である。では、債務者と第三債務者の間で譲渡禁止特約がある債権に対する転付命令は可能だろうか。この点について、判例（最二小判昭和45〔1970〕年4月10日・民集24巻4号240頁）は、このような特約がある債権も「差押債権者の善意・悪意を問わず」転付命令によって移転できる旨を判示している。

②の要件について、券面額とは一定の金額で表示される債権の名目額のことである。転付命令は、この券面額のある金銭債権のみを対象として発令することができる。金銭債権であっても、当該債権が券面額を有しているか、すなわち被転付適格がある債権か否かが問題となるものがある。その1つに、将来発生する債権や停止条件付債権がある。たとえば、保険事故発生前の保険金請求権や賃貸家屋の明渡前における敷金返還請求権などがこれに当たる。これらの債権は、条件が未成就の時点ではその額が確定していないことから券面額を有しない債権と解されるため、これらの債権に対して転付命令は発令できない。

このほか、質権に代表される他人の優先権の目的となっている債権についても、転付命令の対象となり得るか否かが問題となる。

【判例⑲】転付命令
——質権の目的たる債権は転付命令の対象となり得るか？
最二小決平成 12〔2000〕年 4 月 7 日・民集 54 巻 4 号 1355 頁

〈**事案**〉　X は Y に対する金銭の支払を命じる確定
判決を債務名義として、Y の有する債権の差押命令
を得た上で、当該債権を X に転付するよう命じる
転付命令の申立てをした。当該債権には、A 銀行が
質権を有していた。原々審および原審は、簡明な法
律関係の決済という転付命令の趣旨に反するとして
転付命令の被転付適格を否定する決定をした。これに対して、X が抗告許可の申立
てをした。

```
X → Y
転付命令の申立て
　第 1 審　申立却下
　控訴審　抗告棄却
　最高裁　破棄自判
```

〈**決定要旨**〉　原決定破棄、原々決定取消し「質権が設定されている金銭債権であっ
ても、債権として現に存在していることはいうまでもなく、また、弁済に充てられ
る金額を確定することもできるのであるから、右債権は、法（民事執行法）159 条
にいう券面額を有するものというべきである。したがって、質権が設定されている
金銭債権であっても、転付命令の対象となる適格がある。もっとも、転付命令が発
せられ、執行債権等が券面額で弁済されたものとみなされた（法 160 条）後に、質
権が実行された結果、執行債権者が転付された金銭債権の支払を受けられないとい
う事態が生ずることがある。その場合には、転付命令により執行債権者が取得した
債権によって質権の被担保債権が弁済されたことになるから、執行債権者は、支払
を受けられなかった金額について執行債務者に対する不当利得返還請求などをする
ことができるものと解すべきである。」

　上記のように、判例は質権が設定された債権であっても、その質権の実行に
よって債権者が転付を受けた債権について結果的に満足を受けることができな
かった場合には、債権者が債務者に不当利得返還請求等ができるとして、その
ような債権の被転付適格を認めている。これに対して、学説は、優先権が行使
されることにより価値が減少する可能性があることを理由に券面額を有すると
はいえないなどとして、このような債権の被転付適格を否定する見解が多数で
ある。

(3) **転付の効果**　差押命令や転付命令が確定したとき、転付の実体的効果として、**権利移転効**と**弁済効**という効果が生じる。権利移転効とは、権利の同一性が維持されたまま、その帰属が債務者から債権者へと移転するという効果である。弁済効とは、差押命令や転付命令が確定したとき、債権者の執行債権と執行費用は転付された債権の券面額の範囲で弁済されたものとみなされるというものである。このことによる債権者のメリットとデメリットは上記3(1)の通りである。

4　換価方法：その3──譲渡命令・売却命令・管理命令

譲渡命令・売却命令・管理命令は、差押えを受けた債権の取立てが債権者にとって困難である場合に、債権者の申立てによって執行裁判所が命じることができる特別な換価の方法である（民執161条1項）。**譲渡命令**は、差押えを受けた債権を執行裁判所が定めた価額で支払に代えて債権者に譲渡するものである。転付命令は券面額での債権者へ転付する換価の方法であったが、譲渡命令はこの応用に当たる換価方法であり、金銭債権以外の財産権に対して用いられることが多いとされる。**売却命令**は、執行官が債権を他人に売却させることによる換価方法である。**管理命令**とは、管理人を選任した上で、債権を管理しつつ、その収益を換価の原資とする方法である。

転付命令や譲渡命令がなされると、その効力が生じることによってその額について執行債権が満足されたことになるため、換価と同時に満足に至る。

Ⅳ　満足：配当要求と配当

複数の債権者が存在する場合で、ある債権者がすでに債務者の債権に対して差押命令の申立てをした手続において、他の債権者は、一定の資格があれば、同じ債権に対して自分も差押えの申立てをするか、あるいは先行している手続において配当要求をするかを選択することができる。**配当要求**ができる資格を有するのは、①**執行正本を有する債権者**（この債権者のことを有名義債権者という）、②**文書によって先取特権を有していることを証明した債権者**である。配当要求は、債権の原因とその額を記載した配当要求書を執行裁判所に提出することに

よってすることができる。また、配当要求は配当加入終期として法により定められている時期までにしなければならない。この時までに差押え、仮差押えの執行、または配当要求をした債権者のみが配当等を受けることができるのである（民執 165 条）。

執行裁判所は、配当要求が適法と認めるときは、配当要求があった旨の通告書を第三債務者に送達しなければならず、そのために債権者と債務者にもその旨が通知される。仮に配当要求が不適法な場合には、決定で配当要求を却下する。配当要求をした債権者は、却下決定に対して執行抗告によって不服を申し立てることができる（民執 154 条 3 項）。

ただし、現実には債権執行におけるほとんどの場合には、配当の手続に至ることはない。なぜなら、金銭債権に対する執行では、債権者が差押えを受けた債権の取立てを完了するか、転付命令が確定した場合には、取立てがなされた時または転付命令が第三債務者に送達された時に、弁済効が生じて、配当等の手続を行うことなく債権執行の手続が終了するからである。

V　少額訴訟債権執行

1　意義

平成 8 年（1996 年）の民事訴訟法改正では、少額の債権の簡易・迅速・低廉な実現を図るために、**少額訴訟手続の制度**が設けられた（民訴 368 条〜 381 条）。これにより、少額（現行民事訴訟法 368 条 1 項によれば、60 万円以下）の金銭債権につき、原則として一期日審理・即日判決・一審限りの簡略な手続により債務名義を取得する途が開かれた。しかし、このような債務名義の強制執行のための手続負担が重くては、少額訴訟制度の実効性が減殺されてしまう。そこで、平成 16 年（2004 年）の民事執行法改正では、少額訴訟の利便性向上を目的として、**少額訴訟債権執行の手続**が創設された（民執 167 条の 2 〜 14）。これにより、少額訴訟に係る債務名義を有する債権者のために、通常の債権執行のほかに、そのような債権者だけが利用可能な簡易な債権執行の制度が設けられた。

2　債務名義

　少額訴訟債権執行とは、「少額訴訟に係る債務名義による金銭債権に対する強制執行」のことをいう（民執 167 条の 2 第 1 項）。**少額訴訟に係る債務名義**とは、①少額訴訟における確定判決、②仮執行の宣言を付した少額訴訟の判決、③少額訴訟における訴訟費用または和解の費用の負担の額を定める裁判所書記官の処分、④少額訴訟における和解または認諾の調書、および、⑤少額訴訟における和解に代わる決定のことをいう（同項 1 ～ 5 号。なお、①と②のための単純執行に際しては、執行文を必要としない〔民執 25 条〕）。また、これらの債務名義の対象となる金銭債権としては、預貯金債権・給料債権・賃料債権・敷金返還請求権等、執行申立ての際に比較的容易に特定できる債権が挙げられる。

3　手続と執行機関

　(1)　**手続**　少額訴訟債権執行は、基本的に債権執行の手続に準じて行われる（民執 167 条の 14）。ただし、**裁判所書記官**が**執行裁判所**と並ぶ執行機関とされており、特に、差押処分と弁済金交付が前者の権限とされる（民執 167 条の 5・167 条の 9・167 条の 11 第 3 項等）。また、複雑な法的判断を要することもある転付命令等や配当等について、執行裁判所は事件を地方裁判所の一般債権執行手続に移行させることを求められる（民執 167 条の 10・167 条の 11）。執行裁判所が裁量移行を行うことも認められている（同 167 条の 12）。加えて、債権執行手続中の司法書士による代理も認められている（司法書士 3 条 6 項ホ）。

　(2)　**裁判所書記官**　少額訴訟債権執行の手続は、債権者の書面による申立てに基づき（民執規 1 条）、少額訴訟に係る債務名義を作成した簡易裁判所の裁判所書記官が差押処分を発することにより開始される（民執 167 条の 2 第 2 項）。そして、少額訴訟債権執行において裁判所書記官が行う差押処分その他の執行処分は、特別の定めがない限り、相当と認める方法で告知することによりその効力を生じる（民執 167 条の 4 第 1 項）。この執行処分については、執行裁判所に執行異議を申し立てることができ（同条 2 項）、この申立てを受けた執行裁判所は、職権により、執行異議についての裁判が効力を生じるまで、少額訴訟債権執行手続の停止等を命じることができる（同条 3 項・10 条 6 項）。なお、裁判所書記官による差押処分に対する執行異議の申立ては、その処分の告知を受

けた日から 1 週間の不変期間内に行わなければならず（民執 167 条の 5 第 3 項）、その執行異議の申立てについての裁判に対しては、執行抗告をすることができる（同条 4 項）。配当要求を却下する旨の裁判所書記官の処分に対する執行異議の申立てについても、同様の扱いがされる（民執 167 条の 9）。

　また、弁済金交付は裁判所書記官が行う。第三債務者が供託をした場合において（民執 167 条の 14・156 条）、「債権者が一人であるとき、又は債権者が二人以上であって供託金で各債権者の債権及び執行費用の全部を弁済することができるときは、裁判所書記官は、供託金の交付計算書を作成して、債権者に弁済金を交付し、剰余金を債務者に交付する」（民執 167 条の 11 第 3 項）。

　(3)　**執行裁判所**　少額訴訟債権執行の手続において裁判所書記官が行う執行処分に関しては、地方裁判所（民執 3 条）ではなく、その裁判所書記官が所属する簡易裁判所が執行裁判所となる（民執 167 条の 3）。この簡易裁判所は、裁判所書記官による執行処分への執行異議申立についての裁判（民執 167 条の 4 第 2 項）、差押禁止債権の範囲変更の申立てについての裁判（民執 167 条の 8）、そして、少額執行手続の地方裁判所での一般通常執行手続への移行についての裁判（民執 167 条の 10 ないし 12）等を行う。ただし、少額訴訟債権執行の不許を求める第三者異議の訴えについては、執行裁判所が簡易裁判所である場合であっても（民執 38 条 3 項）、その簡易裁判所の所在地を管轄する地方裁判所が管轄裁判所となる（民執 167 条の 7）。

　(4)　**司法書士による代理**　司法書士は、原則として強制執行に関する事項について代理することはできない。しかし、少額訴訟債権執行の手続であって請求価額が 140 万円以下のものについては代理業務を行うことができる（司法書士 3 条 6 項ホ・裁判 33 条 1 項 1 号）。少額訴訟の訴額上限が 60 万円であるにもかかわらず請求価額が 140 万円以下と設定されたのは、60 万円を超える額で少額訴訟の和解が成立することがあるからである。

第11講

非金銭執行

〈本講のポイント〉

これまで、強制執行の中で、不動産、動産、債権等を強制的に換価（換金等）して債務の弁済に充てる金銭執行について述べてきたが、本講では、金銭の給付以外の債務者の行為を強制的に実現させる手続である非金銭執行について概説する。これには多様な手続が含まれるが、まず、現代社会における非金銭執行の意義等を概観し（→Ⅰ）、物の引渡義務・明渡義務の強制執行（→Ⅱ）、行為義務の強制執行（→Ⅲ）、意思表示義務の強制執行（→Ⅳ）、そして、近時新たに設けられた、子の引渡義務の強制執行（→Ⅴ）について説明する。非金銭執行は、金銭的救済の実現によってではなく、債務者の行為の結果自体を現実的に実現させる点、すなわち「金銭的救済」ではなく「現実的救済」を目的とした執行手続である。

Ⅰ　意義と手続の概観

1　意義と機能

強制執行の手続には様々なものがあるが、ここで述べる**非金銭執行**は、執行債権が金銭の支払以外を目的とした請求権の強制執行をいう。

先に述べたように、金銭執行は、債務者の財産を差し押さえ、それを換価し、そこから得られた金銭から債権者に満足をもたらす基本的な手続構造をもっている。歴史的には、近代資本主義経済のもとにおける金銭の融通性・利便性に着目して発展したものであり、不動産・動産・債権等、執行対象財産ごとに手続的に純化されたものと考えられる（民709条・723条・414条1項・417条、民執第2章第2節参照→第7講〜第10講）。また、そのような金銭化の手続は、自

由主義経済では、市場等を通じて比較的簡易かつ機械的・形式的に実現でき、債務者の身体を拘束するなどして金銭を支払わせるといった前近代的な執行方法と比べて、より洗練されたものであると考えられたことによる。

これに対して、非金銭執行では、金銭執行のような執行手続を用いることはできない。もとより金銭による満足を目的としていないからであり、多様な行為の現実的な実現が求められる。求められる給付内容の多様性を反映して、様々な執行方法を駆使して手続が進められる。また、物権的請求権をも含む多様な請求権の実現を目的としているため、民事執行法第2章第3節のタイトルも「金銭の支払を目的としない請求権についての強制執行」として、非金銭的な「請求権」全般を実現することを明記している。

非金銭執行の領域は、従来あまり注目を受けることがなく、また、条文数も事件数等も金銭執行の方が圧倒的に多かった。しかし、近時脚光を浴びる領域ともなっている。

2　手続の概観

非金銭執行手続は、実現すべき請求権の種類・内容によって異なる。

第1に、**金銭以外の物（不動産等・動産）の引渡し・明渡しの強制執行**（民執168条1項・169条1項）は、原則として直接強制（民414条1項）の方法による。つまり、執行官が、目的物に対する債務者の占有を解いて債権者にその占有を直接取得させる方法で行われる。ただし、平成15年（2003年）の法改正により、物の引渡・明渡義務や代替的作為義務についても、間接強制（民414条1項、民執172条）による執行も可能となった（民執173条）（→Ⅱ）。

第2に、**物の給付義務以外における債務者の行為義務（作為義務）**の中で、**意思表示義務の強制執行**（民執177条1項）は、意思表示の擬制という形式で、直接的な請求権の実現が可能である。この種の義務は、債務の性質上債務者による履行に意味があるのではなく、その履行結果にのみ意味がある特殊な義務ゆえに、その結果の擬制で十分だからである（→Ⅳ）。

第3に、**これら以外の行為義務の強制執行**については、その義務が代替的か否かで、その執行方法が異なる。一方で、債務の内容が、債務者以外の者が代って行うことができる**代替的作為債務**については、債権者の関心は、目的とさ

れた債務内容が結果的に実現されるかどうかにあるので、**代替執行**(民執171条1項、民414条1項)が採用されている(→Ⅲ2)。ここでは、債務者以外の者(第三者等)による債務内容の実現とその実現に要した費用の債務者からの取立てという形式で、本来の債務内容の実現が図られている。究極的には、費用償還がなされるので金銭執行に似ている面はあるものの、制度本来の目的は、債務内容の現実的な実現にある。

他方で、**非代替的作為義務**や**不作為義務**については、間接強制(民執172条)が採用されている(→Ⅲ3)。これは、債務者に対して強制金の支払を予告して債務者の心理を強制することを通じて、その支払を避けたい債務者による任意の履行を間接的に強制する手続であるが、あくまで本来の義務内容の実現が目指されている。義務履行の自発的な実現を促す間接強制による強制金の賦課とその不履行の場合における強制金の取立てといった執行手続もあるが、間接強制の究極の目的は、現実的な義務履行の強制である。

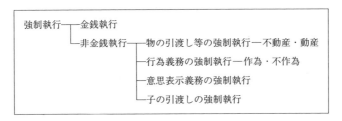

Ⅱ　物の引渡義務・明渡義務の強制執行

1　不動産等の引渡義務・明渡義務の強制執行

(1)　意義　これは、不動産等の引渡し・明渡しを目的とする請求権の強制執行の方法である。不動産等(不動産または人の居住する船舶等をいう。以下同じ)については、引渡・明渡義務の強制執行が予定されており、動産については引渡しの強制執行が予定されている。ここでいう**引渡し**と**明渡し**の違いは、前者が、目的物をそのまま実際に移転することを意味するのに対し、後者は、元の状態に戻して移転すること、つまり、その中に債務者等が物品を置いていたり居住していたりする場合に、それらを引き払ったり立ち退かせたりして移転す

ることをいう。

(2) **手続** まず、不動産等の引渡し・明渡しの強制執行は、**執行官**が目的物に対する債務者の占有を解いて、その占有を債権者に取得させることにより実施される（民執168条1項）。債権者の占有取得が目的とされているので、債権者またはその代理人が、執行の行われる場所に立ち会わない限り、その執行を実施することはできない（同条3項）。執行官は、不動産等の占有状況を調査するために、たとえば、電気・ガス・水道等公益事業を営む法人に対して必要な事項の報告を求めること（同条9項・57条5項）や、不動産等に立ち入って、開扉のために必要な処分（例、債務者が不在等の場合に鍵を専門業者に開けさせることなど）を行うことができる（民執168条4項。なお、民執7条〔立会人〕も参照。さらに、民執168条2項〔執行官の質問権等〕も参照）。

この執行の過程では、債務者だけではなく、その家族その他の同居人等そこに居住している者で独立した占有権原を有していないと考えられるものを、強制的に退去させることができる。なお、債務者が病気と称して床に伏している場合には、それが真に重病であり立退きの強制が病状を著しく悪化させるおそれがあるときには、執行不能となる。

この執行の際には、不動産内に**目的外の動産**が存在することもあるが、執行官は、引渡し・明渡しの執行をする際に、その目的外の動産がある場合には、原則として、それを取り除いて債務者、その代理人、または、同居の親族・使用人等に引き渡すことになる（民執168条5項前段）。ただ、それらの者が現場にいない場合や、受取りを拒否する場合等、その引渡しが現実に行えないときには、執行官は、それら目的外動産を売却することができる（同項後段）。

(3) **明渡催告の制度** 不動産等の明渡しの強制執行においては、古くから執行実務上、債務者に対する苛酷執行を防止するために、第1回の執行実施は債務者に対する明渡しの催告に止めておき、その債務者の事情に配慮した上で、執行の実施日を決める運用が行われていた。たとえば、執行官が強制執行に着手すると、債務者が現場で抵抗するなどの執行妨害のおそれも存在したので、そのような柔軟な対応が行われていた。

このような実務を踏まえて、平成15年（2003年）の改正法は、明渡催告の制度を規定した（民執168条の2）。つまり、債務者が不動産を占有している場

合において、執行官は、その執行の申立てがあったときは、引渡期限を定めて明渡しの催告ができることになった（民執168条の2第1項）。この催告は、やむを得ない事情がある場合を除いては、明渡執行の申立てから2週間以内に実施しなければならない（民執規154条の3第1項）。引渡期限は、催告日から原則として1月以内であるが、執行裁判所の許可により、より長い期限を定めることもでき（民執168条の2第2項・4項）。

　明渡しの催告を行った場合に、債務者がそれを機に占有移転等の執行妨害行為をすることを阻止するために、占有の移転は禁止される（民執168条の2第5項）。その際、執行官は、引渡しの期限および占有移転の禁止を公示しなければならない（同条3項）。この公示は、当事者恒定効を有するので、債権者は、明渡催告後の占有者に対して承継執行文を得ることなく強制執行をすることができる（同条6項）。なお、この場合に、善意の非承継占有者（明渡しの催告を知らない者であって債務者の占有の承継人ではないもの）は、執行異議または請求異議の訴えを提起できるが（同条7項・9項）、催告後の占有者は悪意が推定されるので（同条8項）、それらの手段が認められることは稀であろう（この公示書等を損壊した者は、1年以下の懲役または100万円以下の罰金に処せられる。民執212条2号）。

2　動産の引渡義務の強制執行

(1)　債務者が占有する動産の引渡執行　動産（有価証券を含む）の引渡しの強制執行は、執行官が債務者からこれを取り上げ債権者に引き渡す方法による（民執169条1項）。この手続においては、債権者またはその代理人が強制執行の現場に来ない場合でも、執行を実施できるが、そのときには執行官がその動産を保管しなければならない（保管が困難である場合の手続等については、民執規155条3項・154条の2を参照）。執行官の任意弁済受領権限および立入捜索権限等は、動産執行の場合に準じ、また、執行対象動産内に目的外動産がある場合には、不動産の引渡し・明渡しの執行の場合に準じる旨の規定が置かれている（民執169条2項）。

(2)　第三者の占有する動産の引渡執行　一般に第三者すなわち債務名義の名宛人でない者が、強制執行の目的物を占有している場合がある。この場合には、

原則として、その第三者に対して引渡しの強制執行を行うことはできない。ただし、その第三者が債務者に対してその物を引き渡す義務を負っている場合には、債権者の申立てにより、執行裁判所が、債務者の**第三者に対する引渡請求権**を差し押さえ、その請求権を行使することを債権者に許す旨の命令を発する方法によって、第三者占有物に対する引渡執行を行うことができる（民執170条1項）。ただし、第三者が任意に引渡しを行わない場合には、債権者は引渡訴訟の提起等によって、その引渡請求権を実現せざるを得ないことになる。これは、一般に執行過程に第三者が関わる点等において債権執行に類似した性格を有しているので、たとえば、執行裁判所、第三者の陳述催告、債権者の取立権等について、債権執行に関する規定が準用されている（同条2項、民執規156条）。

Ⅲ　行為義務（作為・不作為義務）の強制執行

1　行為（作為・不作為）執行の種類とその執行方法

　物の引渡し等の義務や意思表示義務等も、さらには、金銭執行で実現されるべき金銭の支払義務でさえも、給付義務の一態様であり、それらは行為義務（作為義務）の一種である。ただし、以下では、これまで述べてきた給付義務以外の行為義務、すなわち作為・不作為義務の強制執行を概観したい。

　ここで述べる作為・不作為義務の強制執行（作為・不作為執行）には、執行方法の確立した個別的な給付義務以外のすべての行為義務の執行（行為執行）が含まれる。それゆえ、作為・不作為執行の強制執行は、先に述べた金銭執行に対して、強制執行の「落ち穂拾い」的・「隙間産業」的な意味を有するのではなく、現代社会における新たな執行要請に応えるべき**行為執行に関する一般条項的な意義**を有すると考えられる。

　民法414条1項は、債務者が任意に債務を履行しないときは、債務の性質がそれを許さない場合を除いて、債権者は、民事執行法等の規定に従い、直接強制、代替執行、間接強制その他の方法による履行の強制を裁判所に請求することができるとする。

　かつては、金銭執行は直接強制によるとして（民旧414条1項）、まず、①代

替的作為義務については代替執行によること（同条2項本文）、次に、②非代替的作為義務については、上述の意思表示義務の強制執行（同条2項但書）を除き、間接強制によること、さらに、③不作為債務については、まず、その義務に違反した物の除去に関しては、代替執行（民旧414条3項）、次に、将来の違反の禁止に関しては、間接強制によるほか、将来のため適当な処分（民旧同条3項）が認められると解されていた。

ところが、近時、社会の複雑化や契約内容等の多様化の結果、債務者が、金銭、物および意思表示の給付義務以外の義務を負う場合が増加しており、その種の多様な義務の強制執行の重要性もまた増大している。特に、従来から間接強制は、債務者の自由意思に直接的に作用することになるので、その人格尊重の理念から謙抑的な利用が望ましいとして、直接強制・代替執行が不可能な場合に補充的にのみ利用できるとされていた。しかし近時、より積極的な活用が議論されるようになってきた。

つまり、**間接強制の補充性の克服**や**間接強制の併用**についての議論である。平成15年（2003年）および平成16年（2004年）の改正法では、この議論を受けて、間接強制の適用範囲が大幅に拡大されることになった。そして、近時の民法債権法改正において、新たな民法414条1項の規律が上記のように設けられ規定が整備された。

なお、作為・不作為執行については、金銭執行におけるような判決機関と執行機関の分離の原則（→11頁）の見直しが不可欠である（→186頁）。

2　代替執行

(1)　**意義**　第三者（債務者以外の者）によって行うことが可能な作為を目的とする請求権の強制執行は、原則として**代替執行**の方法で行う（民執171条1項）。ただ例外として、後述のように間接強制によることもできることになった。

その作為の代替可能性は、当該作為を債務者本人が行うかそれとも第三者が行うかによって、債権者が受ける結果の点で、法的・経済的に差異がない場合に認められる。現実の事例では、借地契約の解除等を理由として、地上建物の取壊しを求める建物収去の強制執行等でよく利用されている。この場合において、債権者にとって重要なのは、地上の建物がなくなり更地になるという結果

自体であり、そのために、建物の取壊しという義務を債務者自身が行ってもまた第三者が行っても差異はないのである。このような事例のほか、代替執行に親しむケースとしては、後述する名誉毀損事件における新聞等への謝罪広告の掲載、物の修理・運送等のように非個性的な行為の実施等がある。

(2) **手続** 代替執行は、**執行裁判所**に対する**授権決定**の申立てにより開始される。代替執行の執行裁判所は、債務名義の区分に応じて決まるが、執行文付与の訴えの管轄裁判所と同じである（民執171条2項・33条2項）。一般に、金銭執行の場合とは異なり、執行債権の実体的な内容と執行処分とが密接な関連性を有するので、債務名義の形成に関与した裁判所等に執行も担当させる方が適当だからである。したがって、たとえば、債務名義が判決である場合には第1審裁判所、執行証書である場合には債務者の普通裁判籍所在地を管轄する裁判所等が、それぞれ執行裁判所となる。執行裁判所が授権決定をする場合には、手続保障のために、債務者を審尋しなければならない（同条3項）。

執行裁判所は、債権者の申立てを認める場合には、当該作為（代替的行為）を債務者の費用で債務者以外の者に実施させることを債権者に授権する旨の決定（授権決定）を行う。代替行為は特定しなければならないが、その実施者の指定は要しない。たとえば、建物収去執行等では、実務上は執行官が指定されることが多い。授権決定に執行文の付与を受ける必要はない。授権決定およびその申立てを却下する決定に対しては、執行抗告をすることができる（民執171条5項）。

債権者は、授権決定に基づいて代替執行を行う。授権決定に実施者の指定がない場合には、債権者自身が代替行為を行うことも可能であり、また、債権者の選任する第三者に実施させることもできる。実務上は、執行官が作為実施者に指定され、その補助者（建物収去執行の例としては、解体業者等）を用いて作為を実施している。

この場合の債権者や第三者の代替行為は、私人の行為であっても国家の強制執行権を実施する行為であり、判例（最一小判昭和41〔1966〕年9月22日・民集20巻7号1367頁）のように、「債務者の意思を排除して国家の強制執行権を実現する行為であるから、国の公権力の行使」である。執行官（または、その履行補助者）の違法行為には、国家賠償法1条が適用される。また、代替行為

の実施の際に債務者等の抵抗を受ける場合には、執行官に対し援助を求めることができる（民執171条6項・6条2項）。さらに、債務者等は、違法な代替行為については執行異議の申立て（民執11条）を行うことができる。代替行為実施の費用は債務者の負担となる。執行裁判所は、債権者の申立てにより、債務者に対し、必要な費用をあらかじめ債権者に支払うべき旨を命じる決定（**前払決定**）を行うこともできる（民執171条4項）。前払決定がない場合には通常の執行費用のときと同様に、執行裁判所の裁判所書記官が費用額を定めることになる（民執42条4項以下）。債務者が任意に費用額を支払わないときは、債権者は、前払決定（民執22条3号）または費用額確定処分（同条4号の2）を債務名義として、金銭執行を行うことができる。

(3) **名誉回復の措置を実現するための強制履行**　他人の名誉を毀損した不法行為者に対しては、被害者の名誉を回復するために、裁判所が**適当な処分**を命じることが認められている（民723条）。従来から、そのような名誉回復のための適当な処分として、たとえば新聞紙・雑誌等に謝罪広告を掲載すべき旨を、加害者である債務者に対して命じることが認められてきた。これは、一般に、新聞社・雑誌社等と契約を行い、一定内容の広告を掲載させるという代替的な作為を求めるものであり、原則として代替執行に服するものとして扱われてきた。これに対しては、これが仮に債務者の真の謝罪を命じるものであるとすれば、内心の自由を保障した憲法19条や表現の自由を保障した憲法21条に違反するのではないかとする批判も加えられていた。判例は、謝罪広告が民法723条に規定された適当な処分であると判示した（最大判昭和31〔1956〕年7月4日・民集10巻7号785頁）。

これに対して、学説上は、「陳謝の意を表します」というような文言を代替的作為義務の対象と把握することには憲法上疑問があるので、当該事実が名誉毀損に該当する旨の単なる広告で十分であるとの見解もある。憲法上疑義のある「謝罪広告」ではなく、名誉毀損の事実を摘示した**取消広告**が、名誉を回復するのに適当な処分（民723条）であろう。

3　間接強制

(1) **意義**　まず、第三者（債務者以外の者）が債務を代替して履行すること

ができない作為義務（非代替的作為義務）の強制執行は、**間接強制**の方法によって行われる。たとえば、芸能人の劇場出演義務等の強制執行の場合などが、その例である。次に、債務者が一定の作為をしない義務（不作為義務）を負っている場合の強制執行についても、不作為義務の強制執行については、間接強制の方法によることになる。たとえば、騒音を出さない義務等の強制執行の場合等が、これに当たる。

　かつては、間接強制が許されるのは、直接強制や代替執行が不可能な債務に限定されていた。それゆえ、間接強制は、他の執行方法によることができない場合の最後の手段として機能すべきとする**間接強制の補充性**という考え方が支配的であった。この理由としては、間接強制は、直接強制や代替執行と比較して、債務者の人格に対する侵害が大きく、その実効性も限られていることがあげられていた。

　しかしそれは、抽象的なレベルで債務者の人格に働きかけるにすぎず、直接強制と比較して債務者の生活圏に対する侵襲の度合いは間接的かつ形式的にすぎない。また、間接強制は、結局のところ、強制金の支払を威嚇して任意の履行を実現することを目的とする点で、直接強制とも共通性がある。しかも、たとえば、金銭執行や明渡執行等の場合でも、事例によっては、間接強制が実効的であることも考えられる。実質的には、たとえば、動産執行が現実には間接強制的な機能を有することなども指摘されており、また、その他の執行でも、事実上間接強制的な機能から、任意弁済が実現されているという側面もなくはない。さらに、後述のように、抽象的差止判決の強制執行の局面では、第一次的には、間接強制の有用性が、強力に主張されていたのである（ただし、間接強制だけでは全く不十分なことも、その後の様々な事例で明白となった）。

　そこで、間接強制の補充性に対する様々な批判を受けて、平成 15 年（2003 年）の改正法では、新たに、不動産の引渡し・明渡しの強制執行（民執 168 条 1 項）、動産の引渡しの強制執行（民執 169 条 1 項）、および、目的物を第三者が占有している場合の引渡しの強制執行（民執 170 条 1 項）の場合、さらには、代替執行（民執 171 条 1 項）について債権者の申立てがある場合には、間接強制（民執 172 条 1 項）の方法により行うことができることとされた（民執 173 条 1 項前段）。これは、債権者が、執行方法の選択権を有することを意味し、同時に、一請求

権には1個の執行方法を用いることができるにすぎないといった考え方（「一請求権一執行方法の法理（原則）」等と称されていた概念法学的な見解→15頁）を否定する契機となった（**間接強制の補充性の克服**）。

これにより、強制執行の実効性確保の途が、より事案即応的に増進されることとなり、債権者が、複数の執行方法を同時に申し立てることも可能となった点も重要である。たとえば、**不動産の明渡し**の強制執行を執行官に申し立て、それとともに明渡しが完了するまでの間、任意履行の促しのために間接強制を申し立てるなどといったことも可能となった。

さらに、平成16年（2004年）改正によって、**扶養義務**等に関わる金銭債権の強制執行（民執167条の15・167条の16）の局面にも間接強制が導入され、その機能面での期待が、ますます拡大しているのが現状である。

ちなみに、学説の中には、このような間接強制の機能を過大視するものもある。しかし、不履行に対して強制金の引上げで対応するという発想は、ディープ・ポケットをもつと考えられる国や自治体の不履行を前に脆くも崩れ去る。

(2) **手続**　間接強制による執行の申立ては、**強制金決定**の申立てにより行われる。不作為義務の強制執行の場合には、執行裁判所が「相当と認める一定の期間内に」違反行為を停止しないときは、直ちに強制金決定の申立てを行うことができる（民執172条1項）。

この場合において、債務者の義務違反がすでに行われていることが必要か、それとも違反行為の危険が存する場合においても、予防的に強制金決定の申立てをすることができるかどうかについては議論がある。判例は、違反行為がされる危険性が存すると合理的に認められる場合には、強制金決定の申立てはできるものとする（最二小決平成17〔2005〕年12月9日・判タ1200号120頁。ただし、実際に強制執行をすることができるのは違反行為がされた場合に限られる。なお、民執167条の16も参照）。一回的な義務等を強制するには妥当な考え方である。

執行裁判所が強制金の決定を行う場合には、手続保障の要請から、間接強制の申立ての相手方を審尋しなければならない（民執172条3項）。強制金の決定において、裁判所が、債務者に対し、債務の履行を確保するために相当と認める一定額の金銭の支払を命じる形式（履行のための心理強制の方法）がとられる（同条1項）。強制金の支払については、債務の履行遅延の期間に応じてその支

払（例、1日の遅延ごとに10万円の支払等）を命じるか、または、相当と認める一定の期間内に債務者がその債務を履行しない場合には、直ちに一定金額の支払を命じるといった方法による。課された強制金は、国庫に納付されるのではなく債権者のものとなり、債務者の損害賠償債務の弁済に充当される。この強制金は、間接強制決定が履行を確保すべき債務が存在しないのに発せられたことが明らかとなれば、法律上の原因を欠いた不当利得に当たるとする（最二小判平成21〔2009〕年4月24日・民集63巻4号765頁）。

　損害額が強制金額を超える場合には、別途にその差額の損害賠償請求を行うことは妨げられない（民執172条4項）。ただし、強制に不可欠と考えられる範囲内では、強制金の金額が損害額を超えることも許され、その超過部分は不当利得にならない。強制金決定後に事情の変更があった場合には、その変更も行うことができるが（同条2項）、その変更決定に際しては、相手方が審尋されねばならない（同条3項）。強制決定が行われたものの、債務が履行されない場合には、強制金額の引上げも可能である（例、諫早湾干拓関係事件における、福岡高決平成27〔2015〕年6月10日・判時2265号42頁参照）。強制金決定や強制金申立却下決定に対しては、不利益を受けた執行当事者は執行抗告を行うことができる（同条5項）。執行裁判所による強制金決定は、債務名義（民執22条3号）となり、債務者が作為義務を履行しない場合や不作為義務に違反した場合には、これに基づく金銭執行が可能となる。これに対して、債務者が義務を履行した場合には、強制金決定が失効する。ただし、すでに発生している強制金については、金銭執行を行うことができる。

【判例⑳】諫早湾干拓関係事件における間接強制の機能？
　——相反する間接強制決定はどのように調整されるか？

　最二小決平成27〔2015〕年1月22日・集民249号43頁（①事件）・集民249号67頁（②事件）・判時2252号33頁（①事件・②事件）

〈事案〉　九州の有明海で行われた国営諫早干拓事業に関係する民事事件の発生前には忘れがたいシーンがある。それは、諫早湾の潮受け堤防の水門が一斉に閉じられた瞬間である。その水門の鋼板が水しぶきを上げて連続的に海に落とされていくあ

りさまを見て、多くの人は「ギロチン」を想起した。

　その後、漁業被害の発生などに起因して、漁業者らが、国に対して、潮受堤防の排水門の開放を求める訴えを提起し（①事件）、勝訴判決が確定した（本件確定判決）。これに対して、干拓農地に入植した農民らは、国を相手に排水門開放の差止めを求める訴えなどを提起し（②事件）、差止仮処分につき仮処分決定を得た。そこで、国は、①事件では排水門の開放義務を、②事件ではその不開放義務を負うこととなった。①・②事件で、漁民ら農民らが強制執行として間接強制決定の申立て（民執172条1項）をし、ともに認められたことから、国は、最高裁まで争った。①事件でも②事件でも、高裁は間接強制決定を認めていた。

〈**決定要旨**〉　①事件は抗告棄却。②事件も抗告棄却。最高裁は、①・②事件における決定で次のように述べ、ともに間接強制決定を維持した。

| ①事件　漁民ら　→　国　間接強制決定の申立て |
| ②事件　農民ら　→　国　間接強制決定の申立て |
| 全地裁・高裁で、間接強制決定の認容 |
| 最高裁　①・②抗告棄却 |

　①事件については、「国が別件仮処分決定により本件各排水門を開放してはならない旨の義務を負ったという事情があっても、執行裁判所は本件確定判決に基づき国に対し間接強制決定をすることができる」と判示した。

　②事件についても、「国が別件確定判決により本件各排水門を開放すべき義務を負っているという事情があっても、執行裁判所は本件仮処分決定に基づき国に対し間接強制決定をすることができる」と判示した。

〈**その後の経緯**〉　国は、①事件で漁民に国庫から強制金を払い続けていた。国が仮に開門すれば、農民に強制金を払うことになる。国は、①事件で、基金創設の提案を行い和解による決着を強く求めたが、和解は成立しなかった。その後、開門義務の不履行を続ける国が、①事件に関して事情変更による間接強制の取消しを求めた請求異議の訴えで、判例（最二小判令和元〔2019〕年9月13日・集民262号89頁・判タ1466号58頁）は、前訴の口頭弁論終結後の事情の変動により、本件各確定判決に基づく強制執行が権利の濫用となるかなど、本件各確定判決についての他の異議の事由の有無について更に審理を尽くさせるため、上記部分につき本件を原審に差し戻す旨判示された。その後、差戻審である福岡高裁は、強制執行の不許と停止を認める判決をしたことから、漁民らが上告等を行ったが、それを退ける決定がなされた（2024年4月25日NHKニュース）。これにより、開門をしない方向（現状

維持）で、一連の事件は決着を見た。

4　抽象的差止判決に基づく強制執行

　公害・環境訴訟事件等における差止請求の場合において、原告が、侵害排除行為を具体的に特定せず、抽象的に侵害行為の防止を求めることがある。たとえば、ある工場や道路からの大気汚染物質の流入や振動の発生等を防止するために、道路通行の規制や防除工事または振動防止設備等についてその具体的な仕様や措置内容を特定せず、一定量以上の汚染物質の流入を禁止する旨の判決を求めるような場合である。これは、一般に、**抽象的差止請求**と呼ばれる。このような事件において、被害者には、侵害発生のメカニズムが十分に分らず、有効な防止措置を特定する専門的知見に欠けている場合が多いので、むしろ被告側に、被害防止措置についての選択権を与えて、侵害防止措置を創案する第一次的な義務を負わせるのが妥当であると考えられる。

　そこで、まず、抽象的差止請求が適法（**訴訟物の特定性**を満たしている。最一小判平成 5〔1993〕年 2 月 25 日・判時 1456 号 53 頁参照）であるとし、第 1 次的には間接強制により債務者に防止措置の選択権を付与し（たとえば、名古屋高判昭和 60〔1985〕年 4 月 12 日・下民集 34 巻 1 ～ 4 号 461 頁等を参照）、十分な措置がとられない場合には、第 2 次的に債権者が代替執行等によって適切な措置をとるかたちで執行を行うべきである。その種の判決等の債務名義の実効性を担保するために、執行方法の強化と「その他の方法」（民 414 条 1 項本文）を梃子とした新たな執行方法の創案（例、定期的な履行状況の報告命令、監視機関の設置命令等）も不可欠となるであろう。

Ⅳ　意思表示義務の強制執行

1　意義と特質

　意思表示の義務は、債務者に代って第三者がすることのできない義務であるが、債権者の意図は、意思表示の結果、つまり一定の法律効果を取得することにある。そこで、そのような意思表示義務の特質を踏まえて、民事執行法 177

条に、特別の手続が用意されている。この強制執行の実例としては、たとえば、官公署に対する許認可申請等があるが、実際には、大部分が**登記申請義務**に関連するものである。たとえば、債務者が債権者に対して登記申請義務（登記申請の意思表示義務）を負っている場合に、債権者による単独申請によってそのような登記が可能となるという効果そのものを強制的に獲得させる手続が必要となる。

この場合に、債務者に対して意思表示義務を履行させるべく間接強制を用いるといった迂遠な執行手続を用いることなく、意思表示を命じる内容の確定給付判決すなわち債務名義の効果が発生した時点で、債務者の意思表示が擬制されるのである。

2　要件

まず、執行債権は、意思表示請求権である場合に限られる（民執177条1項）。ここでいう意思表示には、法的擬制によって給付結果を実現することができるすべての観念的な行為を包含する。たとえば、一定の法律効果を伴う意思表示（例、登記申請等）を含むほか、準法律行為である観念の通知（例、債権譲渡の通知等）等も含む。

次に、意思表示の内容は、債務名義上に明確に特定されていなければならない。たとえば登記義務等については、登記すべき不動産等の表示だけでなく、登記原因や日付、登記の目的等が、債務名義上に、明確かつ特定的に表示されていなければならない。

3　効果

意思表示の擬制の効果としては、債務者が債務名義に表示された意思表示を行ったとみなされることである（民執177条1項）。擬制の対象は、意思表示に限られる。そこで、債権者の求める法律効果の発生について他の要件を必要とする場合（例、要物契約における物の引渡しが必要な場合等）には、その要件を具備する必要がある。

意思表示の到達の要件も問題となる。まず、①意思表示の相手方が債権者である場合には、判決の送達や和解等の成立の時点で、その到達も認められるの

で、擬制の発効によって、法律効果も発生する。次に、②意思表示の相手方が第三者（特に官公庁等）である場合には、判決の謄本等を債権者が当該第三者に送付し、その到達の時点で意思表示の到達が認められ、法律効果が発生する。両者の場合に、意思表示義務の執行は、判決確定等の時点で即時に終了する。たとえば、不動産登記の抹消登記手続請求訴訟においては、請求認容判決の確定によって被告が抹消登記申請をしたとみなされ、執行は即時に終了することになる（最二小判昭和41〔1966〕年3月18日・民集20巻3号464頁参照）。

　このように、意思表示の擬制の効果が生じる時点は、原則として、判決等の確定または和解・認諾調書等の成立時である（民執177条1項本文）。外国判決や仲裁判断の場合には、その執行判決や執行決定の確定時である。これらの場合に、原則として執行文の付与は必要とされない。ただし、以下のような例外がある。

　まず、**①意思表示請求権が確定期限の到来にかかる場合**においては、その期限の到来時に、意思表示の擬制の効果が発生することになる（民執30条1項）。

　次に、**②債務者の意思表示が債権者の証明すべき事実の到来にかかる場合**には、条件成就執行文が付与された時に意思表示があったものとみなされる（民執177条1項但書）。たとえば、農地の売買契約において知事の許可を条件として移転登記を命じる内容の債務名義の場合には、債権者が、その許可の存在を証明して条件成就執行文を取得した時点で、債務者による移転登記申請の意思表示がなされたことが擬制される。

　さらに、**③債務者の意思表示が反対給付との引換えにかかる場合**には、債権者が反対給付またはその提供のあったことを証する文書を提出した時点で、意思表示があったものとみなされる（民執177条2項。執行文付与申立書の記載事項については、民執規165条を参照）。たとえば、一定額の金銭の支払と引換えに移転登記を命じる旨の債務名義においては、債権者がその金銭を供託等してその証明書に基づいて執行文を取得した時に、債務者の移転登記申請の意思表示が擬制される。引換給付の場合の反対給付は、通例、執行開始要件とされているが（民執31条1項参照）、ただ、意思表示の場合は現実的な執行行為が存在せず、かつ、債権者に先履行をさせても執行文付与とともに執行が終了するゆえに問題がないと判断されたので、執行文付与の要件とされたのである。

最後に、**④債務者の意思表示が債務の履行その他の債務者の証明すべき事実のないことに係る場合**には、債務者に対し、一定の期間を定めてその事実を証明する文書の提出を催告し、債務者が、その期間内にその文書を提出しないときに、執行文が付与され、その時点で意思表示があったものとみなされる（民執177条3項。民執規165条も参照）。たとえば、債務者が一定の期日までに金員を支払わない場合に移転登記を命じる旨の債務名義の場合等が、これに当たる。この場合に、一方で、当該事実（例、不払いの事実）を債権者に証明させるのは酷であり、証明責任の分配からも適当でないが、他方で、まったく証明なしに執行文を付与して後は債務者による執行文付与に対する異議で争わせることは、懈怠していない債務者にとって酷である。そこで、このような場合には、所定の期間内に当該事実（例、支払の事実）を証明する文書（例、領収書等）を提出する機会を債権者に付与し、債権者に防御の機会を与えることによって、証明責任の分配の原則に適合した解決が図られたのである。

V　子の引渡義務の強制執行

1　背景

　元来、民事執行法は財産関係事件を念頭に立法されていたため、子の引渡しを求める強制執行に関する明文規定を持たなかった。他方で、家事事件手続法には**履行勧告**（家事289～289条の5）と**履行命令**（同290条）という制度が設けられているが、前者は、家庭裁判所が債務者に家事事件に関する義務の履行を勧めるにとどまるため実効性に乏しく、後者は、対象を金銭の支払その他の財産上の給付を目的とする義務に限定しているため、子の引渡し義務には適用されない。以上のような子の引渡し強制執行に関する規定の欠缺は、家事審判や審判前の保全処分の命じる子の引渡しを債務者が行わない場合に執行不能とならざるを得ないなど、様々な不都合を生じさせる可能性があった。

　そこで、裁判例や実務では、一種の苦肉の策として、**動産引渡しの執行**の規定を類推適用することで、子の引渡しの強制執行の多様な事案に対応してきた、子の引渡しの強制執行の規定の欠缺について、立法的な解決が待たれていた。

2　令和元（2019）年の民事執行法改正

平成 25 年（2013 年）に日本は「国際的な子の奪取の民事上の側面に関する条約」（**ハーグ条約**）の締約国となった。同年、この条約の実施に必要な国内手続等を定めるために、「国際的な子の奪取の民事上の側面に関する条約の実施に関する法律」（**ハーグ条約実施法**）が制定された。この法律は、子の引渡しの強制執行の手続を日本で初めて規定した法律として画期的であったが、間接強制前置主義および子と債務者の執行時同時存在を要件としており、その実効性には疑問もあった。債務者は、強制執行の現場に同席しないことで執行を妨げることが可能であったし、また、同席したとしても、強硬に抵抗することで執行を妨害することもできたからである。実施法によりハーグ条約と国内法との手続的な整合性が確保されていたとも言い難かった。

これらの事情に鑑み、令和元年（2019 年）に民事執行法の改正が行われ、第 198 回国会で「民事執行法及び国際的な子の奪取の民事上の側面に関する条約の実施に関する法律の一部を改正する法律案」が可決・成立した。これにより、ハーグ条約実施法の手続規律が改正され、間接強制前置の原則は修正され、子と債務者同時存在の原則は廃止された。さらに、国内における子の引渡しの強制執行については、新たな規定が民事執行法 174 条ないし 176 条に創設された。とりわけ、民事執行法 176 条が「執行裁判所及び執行官は、……子の引渡しの強制執行の手続において子の引渡しを実現するに当たっては、子の年齢及び発達の程度その他の事情を踏まえ、できる限り、当該強制執行が子の心身に有害な影響を及ぼさないように配慮しなければならない」と定めていることからも明らかなように、新規定は、子の引渡しの強制執行の実効性を確保しつつ、引渡しの対象となる**子の福祉と利益**に可能な限り配慮している。財産関係事件に係る債権の強制執行が一般的に債権者・債務者保護を念頭に置いているのとは対照的である。

3　手続

新規定の特徴としては、子の引渡しの強制執行について、**執行裁判所**に「執行裁判所が決定により執行官に子の引渡しを実施させる方法」すなわち**直接強制**（民執 174 条 1 項 1 号）と**間接強制**（同項 2 号・172 条）を併用することを認

めていることが挙げられる。もっとも、執行裁判所は両執行方法の併用を必ず求めるというわけではなく、事情ないし執行目的に応じて、これらの執行方法を使い分けることが認められている。間接強制を前置して両執行方法を段階的に活用することも可能である。

(1) **直接強制**　直接的な子の引渡しの強制執行は、執行裁判所による決定手続により行われる（民執174条1項1号）。管轄裁判所は代替執行のときと同様であるから（同条5項）、原則として、債務名義を作成した第1審裁判所が執行裁判所となる（民執171条2項・33条2項1号・6号）。決定手続の際、執行裁判所は債務者を審尋することを求められるが、「子に急迫した危険があるときその他の審尋をすることにより強制執行の目的を達することができない事情があるとき」は、審尋は不要となる（民執174条3項）。

また、債権者は、次のいずれかに該当する場合でなければ、執行裁判所に直接的な子の引渡しの強制執行を申し立てることができない（民執174条2項）。すなわち、①間接強制の決定が確定した日から2週間が経過した場合（ただし、この決定で定められた債務の履行期間の経過が2週間よりも後である場合は、その期間を経過したとき）、②間接強制を実施しても債務者が子の監護を解く見込みがないと認められる場合、そして、③子の急迫の危険を防止するために直ちに強制執行を行う必要がある場合である。

子の引渡決定において、執行裁判所は、執行官に対し、債務者による子の監護を解くために必要な行為をすることを命じなければならない（民執174条4項）。執行官は、「債務者による子の監護を解くために必要な行為」として、子を引き渡すよう債務者を説得するほか、債務者の住居その他債務者の占有する場所において以下の行為を行う権限を有する（民執175条1項）。①債務者の住居その他債務者の占有する場所に立ち入り、必要な場合は閉鎖した戸を開放するために必要な処分をして、子を捜索すること。②債権者もしくはその代理人と子を面会させること、または債権者もしくはその代理人と債務者を面会させること。③債務者の住居その他債務者の占有する場所に債権者またはその代理人を立ち入らせることである。

ただし、「債務者による子の監護を解くために必要な行為」は、債務者の占有する場所において必ず行われなければならないというわけではない。「子の

心身に及ぼす影響、当該場所及びその周囲の状況その他の事情を考慮して相当と認めるとき」、執行官は、当該場所以外の場所においても、民事執行法175条1項所定の行為を行うことができる（民執175条2項）。その際、執行官は当該場所の占有者の許可を得ることを求められるが、債権者の申立てによる執行裁判所の許可をもってこれに代えることも認められている（同条3項）。この許可をする際、執行裁判所は、「債務者と当該場所の占有者との関係、当該占有者の私生活又は業務に与える影響その他の事情を考慮」する必要がある（同条3項）。なお、原則として債権者またはその代理人が子の引渡しの実施場所に出頭することを求められる（同条5項・6項）。そして、執行官は、必要に応じて、出頭した債権者またはその代理人に指示を出すことができる（同条9項）。債務者が実施場所に出頭することは要件ではない。また、子の福祉の観点から、執行官が子に対して威力を用いることは禁じられる（同条8項）。子に悪影響を与えることが想定される場合は、子以外の者に対する威力の行使も禁じられる。したがって、執行官が威力を用いずに子に対する監護を解くことができなかった場合は執行不能となり、事件は終了する（民執規163条2号）。執行官が引渡実施場所で子に出会えなかった場合も同様の扱いがされる（同条1号）。

(2)　**間接強制**　上記の直接強制の要件から明らかなように、子に直ちに強制執行を必要とする事情がある場合を除き、新規則は、子の引渡しの強制執行について、間接強制前置主義を採用する（間接強制の手続については、→181頁）。

【判例㉑】家事審判を債務名義とする間接強制の申立て
　——間接強制の申立てが権利の濫用となる場合とは？
　最三小決平成31〔2019〕年4月26日・集民261号247頁・判時2425号10頁

〈事案〉　この事件では、子の引渡しを命じる家事審判を債務名義とする間接強制の申立てが権利の濫用に当たるとされた。事案としては、別居中の母Xが、子A、B、CをXに引き渡すよう父Yに命じる審判を債務名義として、執行裁判所に対し、Aの引渡しを目的とする間接強制の申立てを行った（BとCはすでに母に引き渡されていた）。しかし、この申立てがされる前に、上記審判を債務名義とする引渡

執行が試みられたが、A（当時9歳3ヶ月）は引き渡されることを強く拒絶して呼吸困難に陥りそうになったため、執行による心身への悪影響を懸念して執行不能とされた。母Xはさらに、父Yおよびその両親を拘束者、Aを被拘束者とする人身保護請求を大阪地方裁判所に行ったが、裁判所は、Aが父等の影響を受けたのではなく自由意思により父等のもとにとどまっているとして、この請求を棄却した。このような事情を考慮して、最高裁は、次のように判示した。

〈決定要旨〉　破棄自判（間接強制の申立て却下）。「本件審判を債務名義とする間接強制決定により、抗告人Yに対して金銭の支払を命じて心理的に圧迫することによって長男Aの引渡しを強制することは、過酷な執行として許されないと解される。そうすると、このような決定を求める本件申立ては、権利の濫用に当たるというほかない。」

```
X  →  Y
  間接強制の申立て
原審で間接強制決定
最高裁　破棄自判
```

　なお、子の引渡しを命じる家事審判に基づく間接強制の申立てが権利の濫用に当たらないとされた最近の判例として、最三小決令和4〔2022〕年11月30日・集民269号71頁がある。これは、婚姻中の父母のうち、父に対して子を母に引き渡すよう命じる審判の確定から約2か月の間に、2回にわたり子が母に引き渡されることを拒絶する言動をしたにとどまるなどの事実関係のもとでは、子の心身に有害な影響を及ぼすことのないように配慮しつつ子の引渡しを実現するため合理的に必要と考えられる父の行為を具体的に想定することは困難であるなどとして、上記審判を債務名義とする間接強制の方法による子の引渡しの強制執行の申立てが権利の濫用に当たるとした原審の判断には、法令の解釈適用を誤った違法がある旨を決定した。

第12講

担保権の実行等

〈本講のポイント〉

　これまで主として金銭債権（一般債権）または一定の行為を求める債権・請求権（特定物債権・物権的請求権等）の強制的な実現、すなわち、強制執行について概観してきたが（→第7講～第11講）、本講では、担保権を換金して債権の満足を得るための手続について説明する。この手続は、民法等の実体法上の優先権を手続的に実現するものであり、基本的には「差押え→換価→満足」という金銭執行と同様の手続（→第7講～第10講）によって実施されることから、金銭執行に関する強制執行の規定の多くが準用されている。したがって、本講の理解のためには、強制執行の理解が前提となる。ただし、担保権の実行に関する特有の規定や規律も存在する。

　現実の社会では、事件数の点で、強制執行よりも、担保権の実行、特に抵当権の実行の事件数が多く、資本主義社会の金融取引において担保権の実行制度は重用な役割を果たしている。

　なお、本講の表題が、担保権の実行等であるのは、担保権の実行のほか、換価（金銭化）のために競売手続が利用される形式競売についても言及していることによる。

I　担保権の実行の意義・手続・基礎

　担保権の実行とは、債権者が、契約時の債務者との合意や法の規定に基づき、担保物とされる物を国家機関により処分・換価してもらうことにより債権の実現を図る手続である。担保権の実行は、物の所有者の意思と関係なく当該目的物を国家機関が換価し、その代金をもって債権者が満足を受けるという点で、強制執行と類似している。そのため、民事執行法では、担保権の実行について

は強制執行の規定を多く**準用**しており、強制執行と基本構造を共有する手続として構成されている。

なお、強制競売（→108頁）の規定を準用するにあたって、強制競売の規定において「債務者」とされている部分を、担保権の実行ではどのように読み替えるかという点には注意が必要である。担保権については、債務者と担保目的物の所有者が異なる物上保証や第三取得者の事案があるためである。基本的には、強制競売の「債務者」は、担保権の実行では「**債務者および目的不動産の所有者**」と読み替えることになる。

民事執行法は、担保権の実行手続として、担保不動産競売・担保不動産収益執行（民執180条〜184条・187条・188条）、船舶競売（民執189条）、動産競売（民執190条〜192条）、債権およびその他の財産権についての担保権の実行手続（民執193条）、形式競売（民執195条）を規定している。

担保権の実行と強制執行では、権利実行の理論的根拠が異なる。民事執行法は、担保権の実行手続の開始について、強制執行で必要とされる債務名義を不要とし、かわりに法が列挙した担保権の存在に関する証拠の提出を求めている。強制執行の実行の根拠が債務名義の執行力であるのに対し、担保権の実行は担保権に内在する**実体的換価権**を根拠とすることから、担保権の実行には債務名義は不要である。

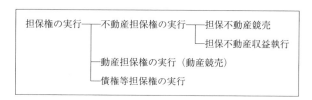

Ⅱ　不動産担保権の実行

1　概要

不動産を対象とする民事執行において実際に問題となるのは、その多くが担保権の実行である。民事執行法180条は、不動産を目的とする担保権（**不動産担保権**）の実行方法として、**担保不動産競売**と**担保不動産収益執行**の2種類の

方法を定めており、債権者は、担保不動産競売と担保不動産収益執行のいずれか、または双方を申し立てることができる。担保不動産競売は、競売による不動産担保権の実行をいい、担保不動産収益執行は、不動産から生じる収益を被担保債権の弁済に充てる方法による不動産担保権の実行をいう。担保不動産競売の大半は抵当権に基づくものであり、民法上の質権や先取特権によるものは少数である。なお、実務上は、担保不動産競売よりも**任意売却**が用いられることが多いとされる。任意売却は、担保権を設定した権利者に裁判所を通すことなく目的物を売却・処分させ、それによって得られる換価金から担保権者らが債権を回収する手法である。担保不動産競売に比べると、任意売却のほうが売却価格は高くなり、手続は短い期間で完了し、債権の回収率も高くなる傾向があるとされるが、売り急ぎはその逆の結果を招くこともある。

担保不動産競売と担保不動産収益執行は、不動産執行の場合の強制競売（→108頁）と強制管理（→134頁）に相当する。手続も、強制競売の規定が担保不動産競売について、強制管理の規定が担保不動産収益執行について、それぞれ準用される（民執188条）。

担保不動産収益執行は、不動産から生じる収益をもって被担保債権の弁済に充てる方法である。担保不動産収益執行の実質的な適用対象となるのは、主に**抵当権**である。抵当権の効力の及ぶ範囲について、民法371条は、抵当権はその担保する債権について不履行があったときは、その後に生じた抵当不動産の果実に及ぶとしている。担保不動産収益執行は、大規模な商業施設・テナントビル・共同住宅・駐車場などのように、売却するのに時間がかかることが予測され、かつ、賃料等の収益が継続的に得られることが見込まれるような物件が抵当不動産の場合を想定して創設された制度である。

2 不動産担保権の実行の方法

不動産担保権の実行は、債権者が、①担保権の存在を証する確定判決もしくは家事事件手続法75条の審判またはこれらと同一の効力を有するものの謄本、②担保権の存在を証する公証人が作成した公正証書の謄本、③担保権の登記に関する登記事項証明書、または、④一般の先取特権の存在を証する文書を裁判所に提出することにより開始される（民執181条1項）。抵当証券の所持人が不

動産担保権の実行の申立てをする場合、抵当証券の提出が求められる。このうち、実際に不動産を目的とする担保権の実行の申立てに用いられる大半は、③の担保権の登記に関する**登記事項証明書**である。④については、債権者が被用者の場合、給料債権を担保する一般の先取特権について①〜③のような公的文書を得ることが困難であることに鑑み、私文書によっても例外的に手続の開始を認めたものである。「一般の先取特権を証明する文書」の具体例としては、使用者が備え置く賃金台帳、銀行の給与振込未了証明書等がある。

　執行裁判所は、手続開始の要件が具備されていると判断すれば、担保不動産競売開始決定をし、要件が満たされていなければ申立てを却下する。不動産担保権の実行の開始決定がされた場合、不動産担保権の実行の申立てにおいて提出された文書の目録および関係文書の写しが相手方に送付される。これは、相手方に不服申立ての手がかりを付与する趣旨である。また、競売開始決定をする場合、執行裁判所は当該不動産を債権者のために差し押さえる旨も宣言する（民執188条・45条1項）。

3　担保権の申立前の承継

　担保不動産競売が開始される前に、当該担保権につき承継（一般承継および特定承継）が生じることがある。実務上、抵当権の承継のケースが多く、この場合には、抵当権の付記登記を経た後に競売申立てをするのが一般的である。担保権について承継があった後に不動産担保権の実行の申立てをする場合には、相続その他の一般承継にあってはその承継を証明する文書を提出する必要がある。提出すべき文書は、相続であれば、不動産登記事項証明書や相続人の戸籍謄本等である。会社の合併であれば、商業登記事項証明書等を提出することになる。特定承継の場合、当該承継を証する裁判の謄本、和解・調停調書の謄本、公正証書の謄本等の提出が必要となる。

4　執行異議・執行抗告

　債務者または不動産の所有者（権利者）は、不動産担保権の実行の開始決定について、担保権の不存在または消滅を理由として、執行異議または執行抗告の申立てをすることができる（民執182条→79頁・84頁）。具体的には、執行

異議や執行抗告で、抵当権設定契約の無効を理由とする抵当権の不存在や、被担保債権の弁済による抵当権の消滅等を主張して、開始決定を争うことが考えられる。執行異議の申立ては担保不動産競売の場合に可能であり、執行抗告は担保不動産収益執行の場合に可能である。両者は任意に選択できるものではない。

本来、執行異議や執行抗告は手続が手続法に違反している場合の不服申立方法であるが、民事執行法182条は、担保権の不存在または消滅という実体的事由を理由として執行異議または執行抗告の申立てをすることができるとしている。このことから、執行異議を**実体異議**、執行抗告を**実体抗告**と呼ぶことがある。担保権の存在は、担保権の実行手続の実体要件かつ手続要件である。実体権たる担保権の不存在は実体要件および手続要件の欠缺を意味し、担保権が存在しない執行は違法となる。なお、担保権の存在は実体要件でもあることから、債務者が担保権不存在確認請求訴訟や担保権設定登記抹消登記手続請求訴訟を提起して、これを争うことは妨げられない。執行異議・執行抗告に対する決定には既判力はないため、執行異議・執行抗告の結果を受けてからこれらの訴訟を提起することもできる。

執行裁判所は、執行異議の申立てがされると、職権で執行異議についての裁判が効力を生じるまで、担保権の実行手続の停止を命じることができる（民執11条2項・10条6項前段）。申立てに理由があると認められれば、手続開始決定は取り消される。

担保権の不存在・消滅が担保不動産競売開始後に生じた場合についても、手続開始に対する執行異議を申し立てることができる。競売開始決定に対する執行異議は、異議の利益がある間、すなわち買受人が代金を納付して所有権を取得するまでは申し立てることができる。なお、開始決定に対してではなく、売却許可決定に対する執行抗告（民執188条・74条）で担保権の不存在または消滅を主張することができるかという問題について、判例は否定的に解している。

5　不動産担保権の実行手続の停止

不動産担保権の実行の手続は、①担保権のないことを証する確定判決の謄本、②担保権登記を抹消すべき旨を命じる確定判決の謄本、③被担保債権の弁済・

弁済猶予等を記載した裁判上の和解調書等の公文書の謄本、④担保権の登記の抹消に関する登記事項証明書、⑤不動産担保権の実行の手続の停止および執行処分の取消しを命じる旨を記載した裁判の謄本、⑥不動産担保権の実行の手続の一時の停止を命じる旨を記載した裁判の謄本、または⑦担保権の実行を一時禁止する裁判の謄本の提出があったとき、**停止**される（民執183条）。これらの文書が提出されたとき、執行裁判所は、既にした執行処分を取り消さなければならない。

①・⑤は、強制競売の場合とほぼ同趣旨のものである。担保権の実行について特徴的なものとして、②〜④がある。これらは、競売が登記などにも基づいて簡易に開始されることに対応して、簡易な反対の文書の提出による執行取消しを認めて、債務者・所有者の利益保護を図ったものである（担保権を証する文書を、準債務名義と考える見解は、これらを反対名義と呼ぶ）。⑥・⑦は執行停止文書であり、実体異議や担保権不存在確認訴訟に伴う仮の処分等がこれに該当する。

6　代金の納付による不動産取得の効果

買受人は代金の納付により不動産の所有権を取得するが（民執79条）、民事執行法184条は、担保不動産競売における代金の納付による買受人の不動産の取得は、担保権の不存在または消滅により妨げられないと規定している。これは、手続の不安定さを解消し、競売に対する信用性を高めることを意図したものである（**競売の公信的効果**）。民事執行法184条が想定するケースとしては、抵当権登記が存在するにもかかわらず、それが最初から虚偽の登記であった場合や、すでに被担保債権の弁済等により抵当権が消滅していた場合が考えられる。

民事執行法184条を適用するためには、競売不動産の所有者がたまたま不動産競売手続が開始されたことを知りその停止申立て等の措置を講じることができたというだけでは足りず、所有者が不動産競売手続上当事者として扱われたことを要する。

この旨を判示したのが、次の判例である。

第 12 講　担保権の実行等　201

【判例㉒】民事執行法 184 条の公信的効果
──競売不動産の所有者の手続保障はどのように確保されるか？

最三小判平成 5〔1993〕年 12 月 17 日・民集 47 巻 10 号 5508 頁

〈**事案**〉　X_1 所有の土地と X_2 所有の地上建物につき、売買を原因として A を所有者とする所有権移転登記がなされた。A は B のために本件土地建物に抵当権を設定し、これを Y_1 に売却した。その後、登記簿上の名義人である Y_1 を所有者として、右抵

```
X₁・X₂  →  Y₂
抹消登記手続請求（のみ図示）
    第 1 審　請求棄却
    控訴審　控訴棄却
    最高裁　破棄差戻し
```

当権の実行による競売手続が進められ、Y_2 がこれを買い受けて代金を納付し、所有権移転登記を得た。X_1・X_2 は、競売手続上当事者として扱われていなかったが、競売手続が進行していることは認識していた。Y_2 が X_2 に対して所有権に基づく建物明渡訴訟を提起した一方、X_1・X_2 も、Y_2 に対して本件土地建物につき A および Y_1 が抹消登記手続をすることについての承諾を求める訴えを提起した（原々審）。原々審は Y_2 の X_2 に対する明渡請求を認容し、X_1・X_2 の Y_2 に対する請求を棄却した。右判決に対し、X_1・X_2 が控訴した。原審は、競売手続上は当事者として扱われなかった場合であっても、真実の所有者が何らかの事情により競売手続の開始・進行の事実を知り、もしくは知り得る状況にあって、競売手続の停止申立て等の規定（民執 181 〜 183 条）に基づく措置を講じ得る十分な機会があったということができる場合には、所有者等が手続上当事者等として処遇された場合に準じて、民事執行法 184 条の適用を認めるのが相当であるとして、控訴を棄却した。これを受けて、X_1・X_2 が上告した。

〈**判旨**〉　破棄差戻し。「担保権に基づく不動産の競売は担保権の実現の手続であるから、その基本となる担保権がもともと存在せず、又は事後的に消滅していた場合には、売却による所有権移転の効果は生ぜず、所有者が目的不動産の所有権を失うことはないとするのが、実体法の見地からみた場合の論理的帰結である。しかし、それでは、不動産競売における買受人の地位が不安定となり、公の競売手続に対する信用を損なう結果ともなるので、民事執行法 184 条は、この難点を克服するため、手続上、所有者が同法 181 条ないし 183 条によって当該不動産競売手続に関与し、自己の権利を主張する機会が保障されているにもかかわらず、その権利行使をしなかった場合には、実体上の担保権の不存在又は消滅によって買受人の不動産の取得

が妨げられることはないとして、問題の立法的解決を図ったものにほかならない。したがって、実体法の見地からは本来認めることのできない当該不動産所有者の所有権の喪失を肯定するには、その者が当該不動産競売手続上当事者として扱われ、同法 181 条ないし 183 条の手続にのっとって自己の権利を確保する機会を与えられていたことが不可欠の前提をなすものといわなければならない。民事執行法 184 条を適用するためには、競売不動産の所有者が不動産競売手続上当事者として扱われたことを要し、所有者がたまたま不動産競売手続が開始されたことを知り、その停止申立て等の措置を講ずることができたというだけでは足りないものと解すべきである。」

7 担保不動産競売の開始決定前の保全処分

抵当権実行の場合、債権者は、開始決定後に**売却のための保全処分**（民執 55 条）を申し立てることができる。しかし、担保不動産競売の開始申立てが近いことを知った債務者が、担保不動産競売の申立ての前に競売の妨害を画策することも考えられる。この場合に対応するため、民事執行法は担保不動産競売の開始決定前の保全処分についての規定を置いている（民執 187 条）。執行裁判所は、担保不動産競売の開始決定前であっても、債務者または不動産の所有者もしくは占有者が価格減少行為をする場合において、特に必要があるときは、当該不動産につき担保不動産競売の申立てをしようとする者の申立てにより、買受人が代金を納付するまでの間、保全処分または公示保全処分を命じることができる。「特に必要があるとき」とは、売却のための保全処分の発令されるのを待っていては目的不動産の価値が減少してしまう場合である。

保全命令の内容は、禁止命令・行為命令、執行官保管命令、処分禁止命令・公示保全処分であり、民事執行法 55 条と同様である（→ 114 頁）。申立人は、①担保権の存在を証する確定判決もしくは家事事件手続法 75 条の審判またはこれらと同一の効力を有するものの謄本、②担保権の存在を証する公証人が作成した公正証書の謄本、または、③担保権の登記に関する登記事項証明書を提示しなければならない。なお、申立人は、この保全処分から 3 か月以内に担保不動産競売の申立てをする必要がある（同条 4 項）。

Ⅲ　動産担保権の実行

1　概要

　動産を目的とする担保権の実行としての競売を、**動産競売**という。動産競売の根拠となる担保権として、動産質権・動産先取特権・一般の先取特権がある。動産競売の執行機関は、執行官である。動産競売は、①債権者が執行官に対し当該動産を提出した場合、②債権者が執行官に対し当該動産の占有者が差押えを承諾することを証する文書を提出した場合、または、③債権者が執行官に対し執行裁判所の許可の決定書の謄本を提出し、かつ、動産の捜索に先立ってまたはこれと同時に当該許可の決定が債務者に送達された場合に開始する。③について、執行裁判所は、担保権の存在を証する文書を提出した債権者の申立てがあったときは、当該担保権についての動産競売の開始を許可することができる（**動産競売開始許可制度**）。動産売買先取特権のように、債権者がその対象となる動産を占有せず、法定担保物権であることから差押えを承諾する文書も通常期待できないような場合は、①や②に該当せず、動産競売の開始を求めることができない。③の動産競売開始許可制度は、そのような場合に対応するためのものである。担保権の存在を証する文書としては、売買契約書、注文書、納品書、請求書、受領書などがある。許可の決定は、債務者に送達しなければならない。動産競売の要件が満たされた場合、執行官は目的動産を差し押さえる。債務者の生活に欠くことのできない動産については、差押えが禁止されている（民執131条）。執行官は、担保目的動産の差押えをするために債務者の占有する場所を捜索することができる。差押えの効果は、差押対象である動産についての処分の相対的無効（→112頁）である。換価・配当の手続は、動産執行と同様である。

2　執行異議・執行抗告

　動産競売における執行官の差押えに対し、債務者または動産の所有者は執行異議の申立てをすることができる（民執11条1項後段）。動産競売に係る差押えに対する執行異議の申立てにおいては、債務者または動産の所有者は、担保

権の不存在もしくは消滅または担保権によって担保される債権の一部の消滅を
理由とすることができる（民執191条）。「一部の消滅」とは、債務者の総財産
の上に成立する一般先取特権による動産競売において、債権の一部弁済により
事後的に超過差押えとなって一部の差押物の差押えが取り消されるような場合
を意味する。動産の差押えに対する執行異議も、不動産担保権の実行における
執行異議と同じく、実体異議といわれる。手続上の瑕疵のみならず、担保権の
不存在・消滅等の実体的事由を申立ての理由とすることができる。

　動産競売開始許可決定（民執190条2項）に対しては、執行債務者は執行抗
告をすることができる（同条4項）。申立てを却下する決定があった場合には、
申立担保権者も、執行抗告を提起することができる。執行抗告において、執行
債務者は、担保権の存在を証明する文書の提出がないことおよび目的不動産が
自己の占有下にないこと（同条2項但書）を取消事由として主張することがで
きる。

Ⅳ　債権等担保権の実行

1　概要

　債権その他の財産権に対する担保権の実行（債権等担保権の実行）は、債権
執行に対応する手続である。執行機関は、執行裁判所である。債権を目的とす
る担保権には、権利質（民362条）等がある。その他の財産権を目的とする担
保権には、賃借権（民601条）、組合員の持分（民676条）を目的とする質権（民
362条）および特許権等を目的とする質権（特許95条）等がある。

　債権その他の財産権に対する担保権の実行として主に問題となるのは、**担保
権に基づく物上代位**である。物上代位権は、担保権の設定された物の売却・賃
貸・滅失・損傷等により債務者が金銭等を得ることが可能となった場合に、担
保権者がその金銭等の債権に対しても権利を行使できるというものであり、当
該債権の弁済がなされる前に、当該債権を差押えることが必要となる。物上代
位は、先取特権・質権・抵当権（ていとうけん）において認められており、実務では、賃料債権
に対する物上代位や動産売買先取特権に基づく物上代位が問題となることが多
い。物上代位権の行使としての差押え（さしおさえ）は、担保権に基づき行われるものであり、

債務名義は不要であることから、担保権の実行の手続によるものとされている。

2 手続

　債権およびその他の財産権についての担保権の実行は、担保権の存在を証する文書が提出されたときに開始する（民執190条）。「担保権の存在を証する文書」は、不動産担保権の実行の場合（民執181条1項1～3号）と同様である。特許権など登記・登録のある権利については、登記事項証明書・登録簿の写しに基づいて開始されることが多い。物上代位においては、担保権の存在だけでなく、物上代位権の存在を証明する文書の提出が求められる。物上代位権の存在を証明する文書は私文書でよいが、基礎となる担保権が抵当権の場合には、その存在の証明のため、不動産担保権の実行の場合と同様の文書が必要となる。

　なお、給料等の先取特権に基づく債権差押命令の申立てについて、債権者が提出したタイムカードや給与明細表等では担保権の存在を証する文書が提出されたと認めることはできないとした例として、東京高決平成22〔2010〕年4月21日・判タ1330号272頁がある。

【判例㉓】 担保権の存在を証する文書
　──給与明細表・タイムカードは、担保権の存在を証する文書か？
　東京高決平成22〔2010〕年4月21日・判タ1330号272頁

〈事案〉　抗告人X（申立人）は債務者に雇用されていたが、会社都合で退職した。その間の賃金に未払いがあったため、抗告人は、抗告人と債務者Y（相手方）との間の雇用関係の先取特権に基づき、債務者に対する給料債

```
X  →  Y（会社）
債権差押命令の申立て
  第1審　申立却下
  東京高裁　抗告棄却
```

権を被担保債権および請求債権とし、民事執行法193条1項による担保権の実行として、債務者の第三債務者に対する業務報酬債権を差押債権とする債権差押命令を申し立てた。原決定は、民事執行法193条1項にいう「担保権の存在を証明する文書」は担保権の存在を認定することのできる高度な証明力を持つものであることが必要であるが、抗告人の提出した文書によっては、抗告人が主張する給与額（時給1000円）の定めがあったことを認めるに足りず、結局、先取特権の発生原因事実

である給料額の定めを高度の証明力を有する文書によって証明したとはいえないとして抗告人の本件申立てを却下した。抗告人は、民事執行法 193 条 1 項において提出が要求される「担保権の存在を証する文書」は、文書自体から担保権の存在が高度の蓋然性をもって証明されるものである必要はなく、具体的事案において裁判官の自由な心証で担保権の存在が証明されるものであれば足りると解すべきであるとして、執行抗告をした。なお、抗告人は、雇用契約の存在を立証するものとして、タイムカード、給与明細表、離職票等を、給料額の定めを立証するものとして、給与明細表等を、労務の提供を立証するものとして、タイムカード等を提出した。

〈決定要旨〉 抗告棄却。「給与明細表については、それが債務者の作成したものであるか疑問があること、タイムカードは、勤務当初のものである平成 19 年 10 月 22 日から同年 11 月 20 日までの分がなく、休日の多い期間が含まれる同年 12 月 21 日から平成 20 年 1 月 20 日までの分及び平成 20 年 4 月 21 日から同年 5 月 20 日までの分が存在せず、また、提出されているタイムカードの内容をみると、出勤・退勤時刻に時としてバラツキが見られる上、債務者がタイムカードの内容を確認した形跡がまったくなく、通常の雇用関係において行われるような勤務時間の管理が行われていたか疑問が生じること、別件訴訟での債務者代理人の準備書面の内容も、必ずしも従属的労働を内容とする雇用関係があったことや時給 1000 円であったことを明確に認めているわけでもないこと、抗告人が給料の支払がないのに長期間勤務を継続し、その間は給与の不払いについて何らかのトラブルが生じたことが窺われず、抗告人が書面で賃金の請求をしたのは退職後の平成 21 年 8 月に至ってからのことと窺われること、などを考慮すると、債権者が提出した書証によって、債権者と債務者との間に通常の従属的な労働に従事することを内容とする関係があり、その労働に対する報酬の額が労働内容如何にかかわらず拘束時間の長さのみにより時給 1000 円として計算されるようなものであったことが合理的な疑いを容れない程度までに証明されていると認めることは困難であるといわざるを得ず、そうすると、債権者が「担保権の存在を証明する文書」を提出したと認めることはできない。」

債権等に対する担保権の手続は基本的に債権執行に準じており、規定も債権執行の規定が多く準用されている。不動産担保権の実行の手続と同様に、担保権の実行を妨げる事由の存在を証する法定の公文書（担保権不存在確認判決の謄本、担保権の実行禁止の裁判の謄本等）が提出されたときは、手続の停止・取消しがなされる（民執 193 条 2 項・183 条）。

第 12 講　担保権の実行等　207

　債務者および被担保債権の債務者は、執行抗告により不服申立てをすること
ができる。執行抗告においては、手続的瑕疵に限らず、担保権の不存在・消滅
といった実体事由を主張することもできる。差押えの効力は、第三債務者には
弁済禁止効が、執行債務者には、処分禁止効（相対的無効）が及ぶ。換価・配
当の手続も基本的に債権執行と同様である。

V　形式競売

　換価そのものを目的としてなされる競売を、**形式競売（形式的競売）**という（民
執 195 条）。①民法・商法その他の法律による**換価のための競売**、および、②
留置権による競売の 2 種類がある。形式的競売は、債権の満足を目的とするの
ではなく、法律の規定で財産を金銭化する必要がある場合に、担保権の実行手
続を利用するものである。①の例としては、共有物分割のための競売（民 258 条）、
相続財産換価のための競売（民 932 条）、会社財産清算のための競売（会社 538 条）
などがある。②の留置権による競売は、債権者が留置権の目的物を占有保管す
る負担（民 298 条 1 項）を軽減するため、換価して代金の上に留置権を存続さ
せることを可能とする手続である。

第 13 講

民事保全法総論

〈本講のポイント〉

　本講からは、民事保全法の諸手続について説明する。民事保全手続は、民事執行手続、特に強制執行の手続や担保権の実行手続とは異なり、暫定的に一定の法的効果をもたらすことが目的とされる手続である。民事保全には、大きく分けて、仮差押えと仮処分があり、さらに、民事保全法以外の各種の法律（例、民事執行法等）に規定された保全処分、すなわち、特殊保全処分も存在するが、本講以下では、民事保全法に規定された仮差押えと仮処分について概説したい。

　仮差押えは、金銭債権について将来の強制執行を保全するために、債務者の責任財産を保全する措置を講じる処分である。仮処分には、2種類あり、非金銭債権について将来の強制執行を保全するために、現状を保全する措置を講じる処分である、係争物に関する仮処分と、金銭債権・非金銭債権等を問わず判決の確定に至るまで暫定的な状態を作出する処分である、仮の地位を定める仮処分がある。

　以下では、まず、仮差押えと仮処分に共通する総論的な手続について述べ（→第13講）、次に、仮差押手続（→第14講）、さらに、仮処分手続（→第15講）の順に概説したい。

I　民事保全法とは

1　意義と種類等

　「民事保全」とは、民事訴訟と同じ「民事」の領域で（つまり刑事の領域ではなく）、「保全」を実現する手続である。「保全」とは、環境保全や領土保全等で用いられるように、安心・完全な状態・現状を保護・維持することを言う。**民事保全**は、民事手続の一種であり、暫定的に財産関係の現状を固定して将来の強制執行に備えたり、また、仮に一定の結果を生じさせることにより当面の

課題に向き合う法的な手続である。既に述べたように（→第1講1）、民事保全法が規定している。

一般に、民事保全は、**仮差押え**と**仮処分**の2類型に分けることができるが（**仮差押類型**と**仮処分類型**）、仮処分類型は、さらに、係争物に関する仮処分と仮の地位を定める仮処分に分けることができることから、大きく分けて、民事保全法には、3種類の保全手続が存在する。これを規定したのが、民事保全法1条である。すなわち、民事保全とは、①「民事訴訟の本案の権利の実現を保全するための仮差押え」（**仮差押え**）、②「民事訴訟の本案の権利の実現を保全するための係争物に関する仮処分」（**係争物仮処分**）、および、③「民事訴訟の本案の権利関係につき仮の地位を定めるための仮処分」（**仮の地位仮処分**）をいうと規定している。

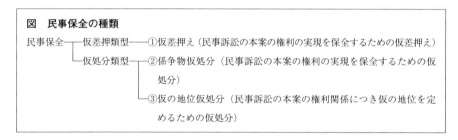

なお、このような法的な暫定措置は、民事保全法以外にも、既に述べた民事執行法等にも規定があるが、これらは、**特殊保全処分**と呼ばれる。それぞれの規定に要件効果が規定され、いわば民事保全法との関係では特別規定的な意味をもつ（例、民執55条・55条の2・68条の2・77条・187条。その他、家事事件手続法、破産法・民事再生法・会社更生法、不動産登記法等、様々な法律に規定がある）。広義の民事保全と言われる。

2　民事保全の種類

仮差押え・仮処分の具体的な手続については、第14講・第15講で説明するが、本講では、その概要を理解するために、仮差押えと仮処分について、まず簡潔に説明しておきたい。

(1) **仮差押え**　仮差押えは、係争物仮処分と同様に、民事訴訟の本案の権利

（訴訟物としての実体法上の権利等）の実現を保全する目的をもった手続であるが、**金銭債権**を被保全権利（保全されるべき権利）とする点で、非金銭債権を被保全権利とする係争物仮処分と異なる。たとえば、XがYに対して2000万円を貸し付けたが、履行期が来てもYが弁済をせず、そもそもその金銭が貸金であることさえ否定していることから、XはYに対して民事訴訟を通じて債権を回収したいと考えたとする。しかし、Yには財産が乏しいため、訴訟中に唯一の不動産である土地建物を譲渡するおそれを抱いている（保全の必要性）。そこで、Xは、2000万円の金銭債権（被保全権利）を保全するために、Yの土地建物の仮差押えを申し立てる場合等である。ここで、Xが、仮差押命令を得て執行すれば、Yは当該土地建物を譲渡することが禁止されることになる。その結果、Xが、本案訴訟で2000万円の給付判決を得た場合に、Yが任意に弁済しないときでも、強制執行の申立てにより、裁判所にYの土地建物を換金してもらって債権を回収することが可能となる。

(2) **仮処分**　仮処分には、上記のように2種類存在することから、それぞれについて説明したい。

①**係争物仮処分**　係争物仮処分は、仮差押えと同様に、民事訴訟の本案の権利（係争物）の実現を保全する目的をもった手続であるが、**非金銭債権**を被保全権利（保全されるべき権利）とする点で、金銭債権を被保全権利とする仮差押えとは異なる。たとえば、土地の買主Xが、売主Yに対して、土地の引渡しを求めたが、Yが履行しないことから、XはYに対して民事訴訟を通じて土地の引渡しを受けることを考えたとする。しかし、訴訟で勝訴判決を得るまでに、Yがその土地を他者に売却する（二重譲渡する）かもしれない懸念もある（保全の必要性）。そこで、Xは、土地の引渡請求権（被保全権利）を保全するために、Yの土地の仮処分（処分禁止の仮処分）を申し立てる場合等である。ここで、Xが、仮処分命令を得て執行すれば、Yは当該土地を譲渡することが禁止される。その結果、Xが、本案訴訟で勝訴判決を得た場合には、Yが任意に土地を引き渡さないときでも、Xは、Yの土地の強制的な引渡しを受けることが可能になる。

②**仮の地位仮処分**　仮の地位仮処分は、将来の強制執行に備えるための仮差押え・係争物仮処分とは異なり、民事訴訟の本案の権利関係につき仮の地位を

定める目的をもった仮処分であり、いわば暫定的・仮定的に勝訴判決の内容を作出する仮処分である。それゆえ、勝訴判決の内容が多様であることから、仮の地位仮処分の被保全権利は、**金銭債権**の場合もあれば**非金銭債権**の場合もある。たとえば、Ｘ が Ｙ 会社から組合活動を理由に不当に解雇されたとして解雇無効確認の訴えを提起したいと考えている。ただし、給与生活者である Ｘ は、その勝訴判決が確定するまで生活を維持する必要があるため、仮にであれ給与の支払を求めたいと考えている。このような場合に、Ｘ は、Ｙ に対して、地位保全仮処分と賃金仮払仮処分を申し立て、それらが認められれば、仮に会社員の地位が保障され賃金が支払われることになり、生活を維持し続けることが可能となる。このように、仮に法的地位や権利が実現される状態を作り出す手続が、仮の地位仮処分である。その結果に着目して、**満足的仮処分**と呼ばれることもある。

これは、将来の強制執行に備える制度ではなく、現在の危機や不利益から仮に救済するための制度である。

3 立法の経緯

(1) 民事保全法制定過程 仮差押え・仮処分の制度は、当初、明治 23 年（1890年）に制定された旧民事訴訟法第 6 編（「強制執行」）の第 4 章（「仮差押及ヒ仮処分」）に規定されていた。その後、大正 15 年（1926 年）に、判決手続に関する第 1 編から第 5 編は改正され、昭和 54 年（1979 年）に、第 6 編が改正され、先に述べたように、単行法として民事執行法が制定された（→ 13 頁）。この際に、仮差押え・仮処分制度は、時間的な制約等の理由により、実質的な改正はほとんどされることがなく、仮差押え・仮処分命令の発令手続に関する規定は民事訴訟法に残され、仮差押え・仮処分命令の執行手続に関する規定のみが民事執行法中に置かれるという、不自然な泣き別れ状態が生じた。

そこで、仮差押え・仮処分命令の発令手続に関する規定とその執行手続に関する規定を再度同一法典中に統合し、かつ、明治時代以降実質的な改正が行われなかった仮差押え・仮処分制度を現代的な状況に即応できるように、両者を単行法にまとめて制定されたのが、民事保全法である。

(2) 主要な改正点 手続全体を通じた重要な改正点は、民事保全手続の全体

を決定手続とする**オール決定主義**の採用である。旧法では、仮差押命令や仮処分命令の発令手続において口頭弁論を開いて審理した場合には判決で、そうでない場合は決定の形式で裁判する基本手続を有していた。また、仮差押命令・仮処分命令に対する不服申立ては、すべて判決手続（控訴・上告手続）で行われていた。しかし、これでは緊急性・迅速性の要請に欠けることになるので、民事保全法は、すべての場合に、決定手続により処理することとした（民保3条）。ただし、民事手続法の領域における手続保障は、その濃淡の違いはあるものの不可欠の要請である。それゆえ、民事保全手続でも、特に債務者の手続保障が犠牲にされてはならないことから、民事保全法は、一定の手続的な配慮も行っている（民保7条・9条等）。

　また、民事保全法は、従来よく利用されていたものの様々な問題が指摘されていた当事者恒定効を有する仮処分（→ 240頁）である不動産の**処分禁止の仮処分**（→ 241頁）と**占有移転禁止の仮処分**（→ 240頁）について、それらの執行と効力に関する規定を整備した（民保53〜55条・58〜64条。ただし、民保54条の2は、平成15年〔2003年〕の改正で挿入された）。さらに、不服申立てに関する手続も整備された（→Ⅲ）。

Ⅱ　民事保全手続の構造と特徴

1　民事保全手続の基本構造

　民事保全手続は、①「保全命令（仮差押・仮処分命令）に関する手続」（**保全命令の発令手続：保全命令手続**）と、②「保全執行に関する手続」（**保全命令の執行手続：保全執行手続**）に分かれる（→5頁）。

　①は、保全命令の申立てに基づき、その当否を審理して保全命令を発すべきか否かを判断する裁判手続であり、②は、発せられた保全命令の内容を実現するための執行手続である。①と②の関係は、通常の民事訴訟手続（判決手続）と強制執行手続（執行手続）との関係に対応する。ただし、一般に、通常の判決手続と執行手続との関係に比して、保全命令手続と保全執行手続の関係は、より密接に関連し一体化している。実際に、保全命令を発した裁判所が同時に保全執行を行う場合が多い。それは、民事保全が、債務者の行為に緊急に対応

するために暫定的な措置を講じる手続であることから、（執行を予定しない仮処分の場合を除いて）執行なしには目的を達しえないことが多いからである。

さらに、保全命令手続は、保全命令発令手続と、この命令に対する不服申立手続である保全異議（→Ⅲ1）と保全取消しの手続（→Ⅲ2・4）、これらの手続における裁判に対する不服申立手続である保全抗告の手続（→Ⅲ3）等からなる。

保全命令の発令に際しては、後に述べる仮差押命令の発令手続（→221頁）でも仮処分命令の発令手続（→237頁）でも、被保全権利と保全の必要性が審査されるが、民事保全手続の具体的なイメージをつかむために、ここで仮差押事件についての次の判例を紹介したい。

【判例㉔】保全の必要性：仮差押えの場合
——先行仮差押命令と同一の被保全権利に基づき別の目的物に仮差押えの申立てをすることは可能か？

最二小決平成15（2003）年1月31日・民集57巻1号74頁

〈事案〉 X（債権者。申立人・抗告人・抗告人）は、Y（債務者。相手方・相手方・相手方）に対する連帯保証債務の履行請求権を被保全権利として、Y所有の甲土地および乙土地に対する仮差押

〈先行仮差押え〉 X → Y
甲土地・乙土地に対する仮差押命令の申立て
└→ 仮差押命令の発令・執行

〈本件仮差押え〉 X → Y
丙土地に対する仮差押命令の申立て
（被保全権利は先行の申立てと同一）

第1審：申立却下
抗告審：抗告棄却
上告審：原決定破棄・第1審差戻し

命令の申立てをし、仮差押命令が発令され、その執行がされた。その後、Xが改めて先行する仮差押命令と同一の請求権を被保全権利として、Y所有の丙土地に対して仮差押命令を申し立てた。

第1審は、既に保全の対象となっている権利と同一の権利を被保全権利として、別個の不動産に対して二重に仮差押命令の申立てをすることは、債権者が二重の満足を受けることになりかねず、仮差押解放金も二重となることから許されないとし

て、Xの申立てを却下した。これに対して、Xが即時抗告を申し立てた。

　原審は、先行仮差押命令と全く同一の被保全権利と保全の必要性についての審理を求める場合には、広い意味での一事不再理の原則が適用されるとしてXの抗告を棄却した。さらに、Xが許可抗告をした。

〈決定要旨〉　原決定破棄・第1審差戻し。「仮差押命令の申立てにおいては、被保全債権及び債務者の所有する特定の物（動産については、特定を要しない。）についての仮差押命令の必要性が審理の対象となるところ（民保13条・20条・21条）、ある被保全債権に基づく仮差押命令が発せられた後でも、異なる目的物についての強制執行を保全しなければ当該債権の完全な弁済を得ることができないとして仮差押命令の必要性が認められるときは、既に発せられた仮差押命令の必要性とは異なる必要性が存在するというべきであるから、当該目的物についての仮差押命令の申立てにつき権利保護の要件を欠くものではない。

　したがって、特定の目的物について既に仮差押命令を得た債権者は、これと異なる目的物について更に仮差押えをしなければ、金銭債権の完全な弁済を受けるに足りる強制執行をすることができなくなるおそれがあるとき、又はその強制執行をするのに著しい困難を生じるおそれがあるときには、既に発せられた仮差押命令と同一の被保全債権に基づき、異なる目的物に対し、更に仮差押命令の申立てをすることができる。

　このように解しても、裁判所が無用な判断を行うことにはならず、また、債権者が過剰な満足を受けることにもならない。なお、先後両仮差押命令に定められる仮差押解放金の額の合計が被保全債権の額を超えることとなる場合にも、仮差押解放金の供託により仮差押えの執行の停止又は取消しを求めようとする債務者に被保全債権の額を超える仮差押解放金の供託をさせることがないような扱いをすることが可能であり、上記の場合が生ずるとしても、異なる目的物に対し更に仮差押命令を発することの障害となるものではない。」

2　民事保全制度の特質

　民事保全制度には、民事訴訟手続と比較して、一般に次のような特質がある。

　①暫定性・仮定性　民事保全は、民事訴訟を提起しても判決の確定まで時間を要し、その間に生じるかもしれない不利益や損害を防止するための仮の暫定措置を実施するものであるから、暫定的・仮定的な手続的な特質を有する。

②**緊急性・迅速性**　民事保全は、その目的を達成するために緊急性・迅速性が要請される。それゆえ、保全命令は、たとえば、口頭弁論を経ないで発することができ（民保3条）、立証は疎明で足り（民保13条）、執行のために執行文の付与が原則として不要とされ（民保43条1項）、さらに、保全命令の債務者への送達前の執行も許容されている（同条3項）。

近時、民事訴訟法でもその審理・判断の迅速化が高唱されているが、実体権の確定手続である民事訴訟手続と、その暫定的な判断手続である保全手続と比較して、迅速性の要請度合いも、後者の方が自ずと高くなる。

③**密行性**　たとえば、仮差押えや係争物仮処分の場合には、保全手続が相手方に知られれば財産隠匿や換金費消等を誘発することになり、将来の執行が功を奏さなくなるおそれがある。したがって、民事保全手続は、債務者を審尋することなく内密のうちに進められることがある。この特質は、密行性と呼ばれる。これを緊急性の現れと見る考え方もあるが、債務者の手続保障を一旦制約にして債権者を保護する特質であることから、本書では、独立した特質として挙げたい。

④**付随性**　民事保全は、仮の暫定措置を実施するための処分であり、制度的には、確定的な裁判による法的救済を図る本案訴訟（民事訴訟）を予定している。本案訴訟に付随するのが、民事保全手続である。それゆえ、付随性の発現として、たとえば、保全命令事件の管轄裁判所が原則として本案の管轄裁判所とされ（民保12条）、本案訴訟の提起がなければ保全命令が取り消され（民保37条）、債権者が本案で敗訴判決を受けた場合には事情変更による取消しがされることになる（民保38条）。ただし、いわゆる満足的仮処分との関係では別の考慮も必要になる（→Ⅲ4）。

Ⅲ　不服申立て：保全異議と保全抗告等

民事保全法も、民事執行法と同様に、法の趣旨に従った独自の不服申立手続を規定している。

1 即時抗告と保全異議

　まず、裁判所が保全命令（仮差押命令・仮処分命令）の申立てを却下したときは、債権者は、2週間の不変期間内に即時抗告ができる（民保19条）。上級審への不服申立てである。

　これに対して、保全命令に対しては、債務者は、その命令を発した裁判所に保全異議を申し立てることができる（民保26条）。この不服申立ての方法は、債務者を関与させ、同一裁判所（同一審）において、改めて保全命令の申立ての当否を審理し直すとともに、保全命令の当否の審理を求める申立てである。異議申立てには、期間の制限はない。異議事由としては、たとえば、保全命令の要件の欠缺、担保が低額過ぎること、解放金が高額過ぎること等を主張することができる。

　保全異議の申立てがあっても、当然に保全執行が停止されることはない。たとえば、原子力発電所に対する差止仮処分の申立てが認められ、差止仮処分が命じられた場合には、保全異議を申し立てたときでも、電力会社は原子力発電所の操業を止めなければならない。

　保全異議の審理も、決定手続で行われる（民保3条）。ただし、口頭弁論または当事者双方が立ち会うことができる審尋期日を経なければ、決定をすることができない（民保29条）。この段階ではすでに密行性の要請は消えるので、当事者双方に対等な形式で主張・立証の機会を保障するのが相当だからである。

　裁判所は、保全異議の申立てについての決定において、すでに発せられている保全命令を認可し、変更し、または取り消さなければならない（民保32条1項）。保全命令を認可または取り消す決定においては、債権者が追加担保を立てることを保全執行の実施または続行の条件とすることができ、保全命令を取り消す決定においては、債務者が担保を立てることを条件とすることができる（同条2項・3項）。

　また、裁判所は、その決定に対して保全抗告をすることができない場合を除き、保全命令を取り消す決定において、その送達を受けた日から2週間を超えない範囲内で相当と認める一定の期間を経過しなければその決定の効力が生じない旨を宣言することができる（民保34条本文）。これは、告知によって直ちに効力を生じるとするのが決定に関する原則であるが（民保7条、民訴119条）、

保全命令を取り消す決定が直ちに効力を生じてしまうと、保全抗告にともなっ
て保全命令を取り消す決定の効力停止の裁判（民保42条）が行われても、実効
性がなくなるおそれがあるからである。

保全異議の申立てについての決定に対する不服申立ての方法は、保全抗告で
ある（民保41条1項本文）。ただし、抗告裁判所が発した保全命令に対する保
全異議の裁判に対しては、保全抗告はできない（同項但書）。

2　保全取消し

保全取消しは、保全異議とは異なり保全命令自体の不当に基づいてではなく、
発令後に生じた事情に基づいて、債務者の申立てにより当該命令を取り消す手
続である。保全取消しの手続も決定手続であり（民保3条）、手続としては保
全異議に関する規定が大幅に準用されている（民保40条、民保規29条）。ただし、
保全取消しは、債務者の申立てに基づいて取消事由の存否を審理・判断する手
続であるので、当事者としては、債務者が申立人、債権者が相手方である。保
全取消しの申立てについての決定に対しては、保全抗告をすることができる（民
保41条1項）。保全命令に対する保全取消しの手続には、次の2つがある。

（1）**本案の訴えの不提起等による保全取消し**　仮差押え・仮処分は、権利関
係の確定までの暫定的・仮定的な措置を講じるための処分であり、それら自体
が当事者間の紛争を終局的に解決するものではない。それゆえ、保全命令の発
令後に本案訴訟が提起されないときには、債務者の申立てによって、保全命令
を取り消すこととしている（民保37条）。

手続的には、保全命令を発した裁判所は、債務者の申立てにより。債権者に
対し、相当と認める一定の期間（2週間以上）内に、本案の訴えを提起すると
ともに、その提起を証する書面を提出すべきことを命じ、すでに債権者が本案
の訴えを提起しているときは、その係属を証する書面を提出すべきことを命じ
る（同条1項・2項）。この命令は、旧法下から「起訴命令」と呼ばれてきたが、
民事訴訟法の改正では刑事訴訟を連想する表現が改められているため、以下で
は、「提訴命令」と呼ぶ。

債権者が上記の期間内に所定の書面を提出しなかったときは、裁判所は、債
務者の申立てにより保全命令を取り消すことになる（同条3項）。

(2) **事情変更による取消し**　保全命令の発令当初はその発令に理由があっても、その後の事情の変更によって維持できなくなることがある。そこで、被保全権利または保全の必要性の消滅その他の事情の変更があるときは、保全命令を発した裁判所または本案の裁判所は、債務者の申立てにより、保全命令を取り消すこととしている（民保38条1項）。この事情の変更は、申立人が疎明しなければならない（同条2項）。

たとえば、被保全権利の事後的消滅や当初からの不存在を認めるべき有力な証拠が出てきたことなどが事情変更に該当する。本案訴訟で債権者敗訴の判決があった場合もその例であるが、この判決は、上級審で取り消されるおそれがないと認められる場合に限られる（最一小判昭和27〔1952〕年11月20日・民集6巻10号1008頁）。また、債務者が十分な担保を供し、仮差押えの必要性が消滅した場合も、事情変更に当たる。さらに、執行期間（民保43条2項）を徒過した場合も同様である。

3　保全抗告

保全抗告は、保全異議または保全取消しの申立ての裁判に対する不服申立て方法である（民保41条1項）。この手続については、保全異議に関する規定が大幅に準用されている（同条4項、民保規30条）。保全抗告についての裁判に対しては、さらに抗告をすることはできない（同条3項）が、ただし、判例によれば、法令解釈の統一の必要性から設けられた不服申立ての手続である許可抗告（民保7条、民訴337条）は認められる（最一小決平成11〔1999〕年3月12日・判時1672号69頁）。

4　特別事情による仮処分命令の取消し等

以上述べてきた不服申立ては、仮差押え・仮処分に共通する手続であるが、仮処分に関しては、特有の手続がある。

(1) **特別事情による仮処分命令の取消し**　これは、仮処分命令により償うことができない損害を生じるおそれがあるときその他の特別の事情があるときに、債務者の申立てにより、仮処分命令を発した裁判所または本案の裁判所は、担保を立てることを条件として、仮処分命令を取り消すことができる手続である

（民保 39 条 1 項）。この制度趣旨は、被保全権利が金銭債権ではないことから、特別の事情と担保を立てることの双方を条件として、仮処分命令の取消しを認めるものである。また、債権者の損害を金銭的に補償することができる可能性がある場合も、この手続を利用することができる。

(2) **原状回復の裁判**　仮処分命令の中には、債務者に一定の仮の給付（物の引渡し・明渡し、金銭の支払、物の使用・保管の受忍等）を命じるものがある。このように債権者が仮の給付を受けている場合に、保全異議または保全取消しの申立てに基づいて仮処分命令を取り消す決定において、裁判所は、債務者の申立てにより、債権者に対し、債務者が引き渡し、明け渡した物の返還、支払った金銭の返還または債権者が使用もしくは保管している物の返還を命じることができる（民保 33 条・40 条 1 項）。これが、現状回復の裁判である。保全抗告に基づいて抗告裁判所が仮処分命令を取り消す場合も同様である（民保 41 条 4 項）。

　この場合に、債務者は、民事訴訟を提起して給付物の返還を求めることができるが、仮処分命令は仮定的な裁判であるので、その裁判が取り消されたときには、給付物を取り戻すために、民事訴訟よりも簡易な手段が債務者側にも認められるのが公平であると考えられ、この手続が認められた。この原状回復の裁判（決定）は、債務名義となる（民執 22 条 3 号）。

第 14 講
仮差押手続

〈本講のポイント〉
　本講では、前講で述べた民事保全の 2 類型（仮差押類型と仮処分類型）の 1 つである仮差押手続について説明する。保全手続は、保全命令手続を経て保全執行手続へと進むことから、本講でもこれに従い、まずは仮差押えの意義について確認した上で（→Ⅰ）、仮差押命令手続（→Ⅱ）と仮差押執行手続（→Ⅲ）を扱うこととする。仮差押手続は、金銭執行と密接に関連していることから、本講を読み進める上で、金銭執行について扱う第 7 講〜第 10 講の説明が有用となる。

Ⅰ　意義と特徴

　仮差押えは、**金銭債権**についての強制執行を保全するため、債務者の特定の責任財産を仮に確保しておくための制度である。仮差押えの特徴として、その効力において、基本的に強制執行における差押えと同質であるといえるが、差押えに続く換価・配当等などの手続は存在しない点で、強制執行と異なる。仮差押債権者が配当を受けるためには、被保全権利である債権についての債務名義を得て強制執行（本執行）に進むか、仮差押目的物について他の債権者が開始した強制執行による必要がある。

Ⅱ　仮差押命令の発令手続

1　仮差押命令の申立て・審理

(1)　**仮差押命令の申立て**　仮差押命令の申立ては、債権者が書面によって行う（民保 2 条 1 項、民保規 1 条 1 号）。その際、仮差押えの目的物を特定する必

要がある。

かつての判例（最一小判昭和 32〔1957〕年 1 月 31 日・民集 11 巻 1 号 188 頁）は、仮差押命令の申立ての際に目的物を特定する必要はないとの立場であった。これは、仮差押命令手続と仮差押執行手続の関係は判決手続と強制執行手続の関係に対応しており、判決手続において執行の対象の特定は要求されていないことからすると、仮差押命令の申立てにおいても目的物の特定は必要ないという理由に基づくものであった。

しかし、仮差押命令の審理の段階で仮差押えの目的物が特定されないと、債務者の受ける損害の算定ができず、担保の額の判断が困難となってしまう。また、仮差押えの必要性は目的物ごとに判断することが合理的である（→【判例㉔】）。このような理由から、実務では判例と異なり、仮差押命令の発令段階において目的物を特定してきた。そこで、民事保全法は、この実務の扱いに合わせ、差押（さしおさえ）命令の目的物の特定を要求することとなったため（民保 21 条）、仮差押命令の申立ての際に、目的物の特定が必要になったのである。なお、動産の場合、特定の必要はない（民保 21 条但書）。また、仮差押命令の申立てにより、被保全権利の消滅時効の完成が猶予される（民 149 条）。

(2) **仮差押命令の審理の方式**　仮差押命令の審理においては、債務者や第三者への審尋、任意的口頭弁論などを経ることなく、書面審理と債権者の審尋のみで審理する事件が多い（民保 3 条）。仮差押手続については迅速性・密行性が要求されることや債務者への不利益は担保により補塡可能であることなどがその理由とされている。必要であれば、債務者への審尋、証拠調べとしての審尋（民保 7 条、民訴 187 条 1 項）、任意的口頭弁論（民保 7 条、民訴 87 条 1 項但書）なども行われる。

(3) **仮差押命令の審理内容**　仮差押命令についての審理内容は、形式的要件（管轄や当事者能力等）と実体要件（被保全権利と保全の必要性の存否）についての審理が行われることになる。債権者は前者について証明、後者については疎明する必要がある（民保 13 条 2 項）。これらの要件が存在すると認められた場合は、担保および仮差押解放金に関する判断をした上で、仮差押命令を発令する。他方、これらの要件の存在が認められない限り、申立ては却下されることになる。

2 仮差押えにおける被保全権利

(1) 被保全権利 仮差押えにおける被保全権利は、金銭の支払を目的とする債権である（民保 20 条 1 項）。金銭債権であれば条件付きまたは期限付きであっても被保全権利となる（民保 20 条 2 項）。さらに、将来的に成立する権利であっても、その成立の基礎となる法律関係が既に存在している権利（保証人の主債務者に対する求償権等）であれば被保全権利となり得る。ただし、成立の時期がかなり先になる債権やその見通しが立たない債権であれば保全の必要性が認められない場合もあり得る。また、仮差押目的物の価額が債権の総額に見合わない場合や、担保の額を低く抑えるために、一個の債権の一部を被保全権利とすることも認められている。

(2) 被保全権利の特定 債権者が仮差押命令の申立てを行う際、被保全権利の特定が必要となる（申立書の記載事項につき、民保規 13 条 1 項 2 号・2 項）。被保全権利の特定が必要とされるのは、審理対象の特定のためだけでなく、本案の訴えの提起の有無、担保事由の消滅の有無、超過仮差押えの成否の判断の基準となることや、仮差押命令の被保全権利と本案訴訟での訴訟物の同一性が問題となる場合もあるためである。被保全権利の特定のため、債権の種類や数額のほか、他と区別できる程度の発生原因となる事実を仮差押命令申立書に具体的に記載しなければならないとされている。

3 仮差押えの必要性

仮差押えの必要性は、金銭債権について、強制執行をすることができなくなるおそれ、または著しい困難を生じるおそれがあるときに認められる（民保 20 条 1 項）。この必要性については、債務者が正当な理由なく弁済を拒否しているというような理由のみでは十分ではないとされ、仮差押目的物についての散逸等の可能性、債務者の総責任財産といった観点から総合的に判断されることになる。たとえば、債権者 A が債務者 B 所有の甲不動産に対して仮差押命令の申立てをしたとする。この場合、甲不動産の譲渡や担保権の設定等がなされ得るか否かという基準で仮差押えの必要性が判断される。ただし、甲不動産に譲渡や担保設定等のおそれがあると認められるとしても、A に対する債務を弁済するに足るその他の責任財産が B に存在するのであれば、仮差押えの必

要性は否定されることもある。さらに、債務者のその他の債務の有無や職業や経常収支の動向の他、被保全権利をめぐる経緯等も仮差押えの必要性を判断する上での考慮要素となる。

　また、仮差押命令は金銭債権の保全を目的としていることから、仮差押えによって受ける債務者の不利益が必要以上に大きくなるということは回避されるべきである。そのため、不動産や債権等、仮差押えの候補が複数ある場合の仮差押えの目的物の選択や被保全権利の請求金額を超える目的物の仮差押え（超過仮差押え）についても、仮差押えの必要性の判断の際の考慮要素となる。

　なお、主債務者ではなく、連帯保証人に対して仮差押命令の申立てを行う場合の仮差押えの必要性の判断については、連帯保証人だけでなく、主債務者の資力や主債務者への強制執行の困難性等も考慮要素となり得る。

4　仮差押命令

(1)　**仮差押命令の発令**　仮差押命令の申立てを認容する場合、仮差押命令を発令することとなる。本来、決定形式の裁判は、相当と認める方法で告知すれば足りるはずであるが（民保7条、民訴119条）、保全執行期間や不服申立期間の始期を明確にする必要がある点から、仮差押命令は当事者に送達しなければならないこととなっている（民保17条）。実務では、仮差押命令の送達は、密行性確保のために債権者への送達が行われた後に債務者への送達が行われる。なお、仮差押命令が債務者に送達される前であっても仮差押執行が可能である（民保43条3項）。

(2)　**仮差押解放金**　仮差押命令を発令する際、裁判所は、仮差押解放金を定めなければならない（民保22条1項）。仮差押解放金とは、仮差押えの執行の停止または既にした仮差押えの執行の取消しを得るために債務者が供託すべき金銭のことである。仮差押えの目的は金銭債権の執行の保全であることから、被保全権利に見合う金銭が確保されていれば、当該金銭は仮差押目的物に代わるものと見ることができ、そうすると、債権者としては目的物への仮差押執行は不要となるはずである。そこで、債務者が仮差押命令の際に裁判所が定める金銭を供託することで、仮差押目的物に対する執行から解放し、債権者と債務者の利害の調整を図るのが仮差押解放金の制度である。

第14講　仮差押手続　225

　仮差押解放金の金額は、被保全権利である金銭債権の金額を基準とすることを原則としつつ、仮差押目的物の価額がこれを下回る場合は、目的物の価額を基準に算定されることもある。

　債務者は仮差押命令によって定められた額の金銭を供託し、その事実を保全執行裁判所に証明することで、仮差押えの執行の停止、または既にした仮差押えの執行の取消しの決定を得ることができる（民保51条1項）。

　仮差押解放金の供託により、仮差押命令の効力は債務者の供託金取戻請求権に移行することになる。そこで、債権者は債務名義を得た上で、債務者の供託金取戻請求権に対して債権執行を進めることになるが、配当要求者などの他の債権者に対する優先弁済権が付与されているわけではない。仮差押命令の申立ての取下げなどにより、仮差押命令の効力が取り消されると、債務者は供託金取戻請求権を行使できるようになる。

【判例㉕】仮差押命令の効力の範囲
――被保全権利と本案訴訟で確定される権利は同一でなければならないか？
最一小判平成24〔2012〕年2月23日・民集66巻3号1163頁

〈事案〉　Ｘ（原告・控訴人・上告人）はＡに対する金銭債権を有し、その担保にＡ所有の甲不動産に根抵当権を設定していた。その後、Ｘは、Ａが甲不動産を破壊しＸの根抵当権を侵害したとして、Ａに対し不法行為に基づく損害賠償を主位的に請求し、貸金債権の支払いを予備的に請求する本案訴訟を提起した。

　これに先立ち、Ｘは、本件損害賠償請求権を被保全権利、ＡのＢに対する明渡料支払請求権を仮差押目的物とする仮差押命令を得たところ、Ａは仮差押解放金を供託した。そのため、Ｘの仮差押命令の効力は、Ａの国に対する供託金取戻請求権に移行することとなった。

　本案訴訟の係属中、Ｙ（被告・被控訴人・被上告人）は、Ａに対する金銭債権消費貸借契約についての執行証書を債務名義として、Ａの供託金取戻請求権に対する債権差押命令を得た。そのため、Ａの供託金取戻請求権についてＸによる仮差押えとＹによる差押えが競合することになり、ＸとＹのそれぞれの配当額を定める配当表が作成された。これに対し、Ｘは、Ｙの債権はＸの執行を妨害するための架空のものであるとして配当異議の訴えを提起した。

　その後、本案訴訟においてＸの予備的請求を容認する判決が確定した。

第1審および原審は、配当異議の訴えの目的は配当額の増加であるところ、Xの被保全権利である損害賠償請求権の不存在が確定しているために、配当を受ける地位を喪失しており、訴えの利益がないこと、そして、本案訴訟で認容されたXの予備的請求は被保全権利と訴訟物が異なり、仮差押命令の効力が維持されないことから、Xの配当異議の訴えを不適法却下した。これに対し、Xは上告受理の申立てを行った。

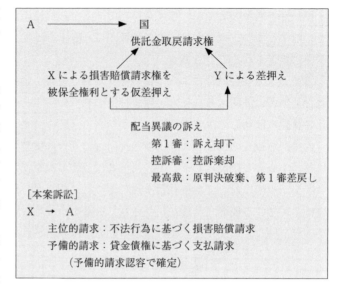

〈判旨〉　原判決破棄・第1審差戻し。「保全命令は、一定の権利関係を保全するため、緊急かつ必要の限度において発令されるものであって、これによって保全される一定の権利関係を疎明する資料についても制約があることなどを考慮すると、仮差押命令は、当該命令に表示された被保全債権と異なる債権についても、これが上記被保全債権と請求の基礎を同一にするものであれば、その実現を保全する効力を有するものと解するのが相当である（最一小判昭和26〔1951〕年10月18日・民集5巻11号600頁参照）。そうすると、債務者に対する債務名義を取得した仮差押債権者は、債務名義に表示された金銭債権が仮差押命令の被保全債権と異なる場合であっても、上記の金銭債権が上記の被保全債権と請求の基礎を同一にするものであるときは、仮差押命令の目的財産につき他の債権者が申し立てた強制執行手続において、仮差押債権者として配当を受領し得る地位を有しているということができる。

　前記事実関係等によれば、……本件貸金債権の発生原因事実は、本件損害賠償債権の発生原因事実に包含されていることが明らかである。そうすると、本件貸金債権に基づく請求は、本件損害賠償債権に基づく請求と、請求の基礎を同一にするものというべきである。」

仮差押命令の効力が維持されるためには、本案訴訟で確定される権利と被保全権利が同一でなければならないとする見解（権利同一説）と、請求の基礎を同一にしていればよいとする見解（基礎同一説）に分かれていたところ、本判決は後者の立場を採ることを明らかにしたものである。

Ⅲ　仮差押命令の執行手続

1　仮差押執行の申立て

仮差押命令の発令および債権者への送達により、仮差押執行段階へと移行する。債権者は仮差押命令の送達の日から2週間以内に、仮差押執行の申立てを書面でしなければならない（民保43条2項、民保規1条6号）。ただし、登記の方法による不動産に対する仮差押執行および第三債務者への送達の方法による債権に対する仮差押執行など、仮差押命令を発令した裁判所が執行機関となる場合（民保47条2項・50条2項）、仮差押命令の申立てと同時に、これが発令されることを条件に執行の申立てもなされたとして、仮差押執行の申立書は不要とされている（民保規31条但書）。

2　仮差押執行の方法

(1)　**不動産に対する仮差押執行**　不動産に対する仮差押えについては、①仮差押えの登記、②強制管理、および、③仮差押えの登記と強制管理の併用の3種類がある。

仮差押えの登記は、仮差押執行の申立ては不要であるため、仮差押命令の発令後、裁判所書記官が仮差押えの登記の嘱託をすることで行う（民保47条3項）。

強制管理の手続については、基本的な手続は強制執行における強制管理の手続と同様であるものの（同条5項）、配当に充てるべき金銭を管理人は供託し、その事情を保全執行裁判所に届け出ることになっている（同条4項）。

(2)　**動産に対する仮差押執行**　動産に対する仮差押えの執行は、執行官が目的物を占有する方法によって行う（民保49条1項）。

(3)　**債権に対する仮差押執行**　債権に対する仮差押執行は、保全執行裁判所が第三債務者に対し債務者への弁済を禁止する命令を発する方法によって行う

（民保 50 条 1 項）。債権に対する仮差押えの効力やその発生時期、手続は民事執行における債権執行に準じる（同条 5 項）。

3　仮差押執行の効力

　仮差押えの執行により、金銭執行におけるのと同様に、債務者は仮差押目的物の処分が禁止されることになる。また、仮差押執行により、債権者は他の債権者が開始した強制執行において配当要求をすることができるようになる（民執 51 条 1 項）。

　不動産に対する仮執行につき、債権者 X が債務者 Y の甲不動産について仮差押えをし、その後、Y の他の債権者 Z が Y に対する債務名義に基づき甲不動産への強制競売を開始したとする。X が債務名義を取得する前に Z による強制競売手続が配当段階まで進んだ場合、X は配当を受けるべき債権者となり（民執 87 条 1 項 3 号）、X が債務名義を取得するまで X への配当金は供託されることになる（民執 91 条 1 項 2 号）。他方、Z による強制競売手続中に、X が債務名義を取得し強制執行（本執行）に移行した場合、二重開始決定があった場合の処理となる（民執 47 条）。

　仮差押執行後の債務者による仮差押目的物の処分行為は、債務者とその相手方の間では有効であるが、仮差押債権者によるその後の強制執行手続（本執行）において、その効力を主張することはできない。

4　本執行への移行

　仮差押債権者が本案訴訟に勝訴するなどして債務名義を得た場合、仮差押執行は強制執行（本執行）に移行することとなる。なお、仮差押執行をしたからといって、本執行での手続が簡略化されるわけではない。本執行のための申立ては必要であり、その後に続く手続も通常の強制執行と同様である。

　不動産に対する仮差押えについて、仮差押登記は、差押目的物の強制執行における代金納付後の裁判所書記官による登記嘱託で抹消されることとなる（民執 82 条 1 項 3 号）。

第 15 講

仮処分手続

〈本講のポイント〉
　本講では、前講で述べた仮差押手続に続き、民事保全の 2 類型（仮差押類型と仮処分類型）のもう 1 つである仮処分手続について説明する。仮処分手続には、被保全権利が非金銭債権である係争物に関する仮処分手続と暫定的に一定の結果を実現する仮の地位を定める仮処分手続があるが、一般に、保全手続は、保全命令手続と保全執行手続からなることから、本講でも、その順に説明したい。
　まず、仮処分の意義と手続等を概観した上で（→Ⅰ）、仮処分命令手続（→Ⅱ）と仮処分執行手続（→Ⅲ）を概観する。主要な仮処分類型については、特に民事保全法がその効力を具体的に定めていることから、仮処分執行手続では、それらにも言及する。

Ⅰ　概要

1　仮処分の意義と手続構造

　仮処分手続に関して、民事保全法は、まず、第 2 章第 2 節第 3 款（民保 23 条〜25 条の 2）において保全命令手続を、次に、第 3 章第 3 節（民保 52〜57 条）において保全執行手続を、最後に、第 4 章（民保 58〜65 条）において仮処分の効力を定めている。保全命令手続から保全執行手続と順に経ることで、仮処分の効力が生じるという構造である。

　仮処分手続には、大別すると、**係争物に関する仮処分（係争物仮処分）**と**仮の地位を定める仮処分（仮の地位仮処分）**がある。以下では、この 2 つの制度の概要を述べる。

2 係争物に関する仮処分

たとえば、Xが、Yに対して、所有権に基づく甲建物の明渡請求訴訟を提起したとする。この訴訟の係属中に、Yが甲をZに譲渡した場合、訴訟承継主義との関係上、Xは、仮にYに対して勝訴したとしても、これを債務名義として、基準時前の承継人であるZに対して、承継執行文の付与を受けて執行することはできない。Zに対して執行するために、Xは、改めてZに対して甲の明渡請求訴訟を提起し、請求認容判決を取得しなければならなくなる。このような事態を回避するためにXが取り得る手段として、係争物に関する仮処分の一種である「占有移転禁止の仮処分」がある。この仮処分を得ておけば、XY間の訴訟係属中にYが甲をZに譲渡したとしても、後にXがYに対して勝訴すれば、Xは承継執行文の付与を得て、Zに対する強制執行が可能となる（民保62条1項）。すなわち、この仮処分により、Xの甲に関する明渡請求権を保全することができる。

また、たとえば、Xが、Yに対して甲の所有権移転登記手続請求訴訟を提起したとする。この訴訟の係属中に、YがZに対して甲を売却し移転登記まで済ませてしまった場合、Xは登記を先に備えたZに対抗することができなくなるため（民177条）、仮にYに勝訴したとしても、それをZに対抗することができず、甲の所有権を取得できなくなる。このような事態を回避するための手段として、係争物に関する仮処分の一種である「不動産の登記請求権を保全するための処分禁止の仮処分」がある。この仮処分を得ておくと、XY間の訴訟係属中にZがYから登記を取得したとしても、それが仮処分後である限り、後にXがYに対して勝訴すれば、Zは所有権の取得をXに対抗することができなくなり（民保58条1項）、Xは自分への登記申請をする際に、あらかじめZに通知をした上で（民保59条）、Zの登記も抹消可能となる（民保58条2項）。すなわち、この仮処分により、Xの甲に関する移転登記請求権を保全できる。

係争物に関する仮処分には、例に挙げたように、「**占有移転禁止の仮処分**」と「**処分禁止の仮処分**」がある。この仮処分は、**非金銭債権（係争物に対する給付請求権）の保全**のための制度であり、仮差押え（→第14講）との最も大きな違いは、被保全権利が金銭債権か非金銭債権かにある。

3　仮の地位を定める仮処分

　たとえば、Y会社の社員であるXが、解雇の無効を理由に、Yに対して、現在も従業員であることの確認と賃金の支払を求めて訴えを提起したいと考えたとする。しかしながら、Xが勝訴判決を得るまでの間、収入がなく生活が困窮するという場合に、Xは、訴訟係属中も解雇されていないことにして、会社から賃金の支払を受けるために、仮の地位を定める仮処分（民保23条2項）として、賃金の仮払いおよび従業員たる地位が仮に存在していることを定める仮処分をすることが考えられる。この仮処分により、X・Y間の訴訟係属中も、XはYの従業員であるとして、賃金の支払を求めることができる。そして、Yが任意に賃金を支払わない場合、Xは賃金の仮払いを命じる仮処分命令を債務名義として、金銭執行をすることができる。仮の地位を定める仮処分の利用場面は、このほかにも、物の引渡し・明渡し、建築の禁止、出版の差止め等様々なものがある。

　仮差押え・係争物に関する仮処分と対比すると、これらはあくまで将来の強制執行の保全を目的とすることから、強制執行まではできないのに対して、仮の地位を定める仮処分は、仮処分命令を債務名義として強制執行できるという点に特徴がある。仮処分をすることで本来の目的が達成されてしまうことから、**満足的仮処分**と呼ばれる（満足的仮処分は、本案訴訟で勝訴したのと同じ結果をもたらすことから、本案訴訟が提起されなくなる結果、事実上、仮処分が本案訴訟に代わる機能を果たすという現象が生じており、このような現象を「**仮処分の本案代替化**」という）。

　なお、上記のような、債権者が従業員等の特定の法律上の地位にあることを暫定的に定める仮処分（いわゆる地位保全の仮処分）は、それだけでは仮処分命令の内容に強制的な措置の執行が含まれていないため、これを執行により実現することができず、債務者の任意の履行に期待するほかないことから、**任意の履行に期待する仮処分**と呼ばれる（このような仮処分が認められるかについては、学説上争いがある）。

Ⅱ 仮処分命令の発令手続

1 申立て

仮処分命令の発令手続は、当事者が保全命令の申立書を裁判所に提出することにより開始する。申立書には、申立ての趣旨および理由の記載が必要とされる（民保規13条1項2号）。仮処分には種々の内容のものが考えられることから、「申立ての趣旨」には、債権者が求める内容を記載する。「申立ての理由」には、「被保全権利」と「保全の必要性」を具体的に記載する（同条2項）。以下では、これらの事項につき、仮処分の類型ごとに説明する。

(1) 係争物に関する仮処分：その1――占有移転禁止の仮処分 (ⅰ)申立ての趣旨 占有移転禁止の仮処分を求める場合に記載すべき事項は、①債務者に対しその物の占有の移転を禁止すること、②債務者の占有を解いて執行官に引き渡すべきことを命じること、③執行官にその物を保管させること、および、④債務者がその物の占有の移転を禁止されている旨および執行官がその物を保管している旨を執行官に公示させることの4つである（民保25条の2第1項）。これらの要件の一部を欠いた仮処分命令の発令も違法ではないが、全ての要件が揃っていないと、民事保全法62条が定める効力（→Ⅲ1(1)）が生じないとされる。

なお、③保管の形態には、執行官が保管するが債務者に物の使用を許す**債務者使用許可型**、債務者に使用を許さず執行官が自ら保管する**執行官保管型**、および執行官の保管とした上で債権者に使用を許す**債権者使用許可型**がある。実務上は、債務者使用許可型が最も多い。

(ⅱ)被保全権利 占有移転禁止の仮処分における被保全権利は、特定物の引渡・明渡請求権である。物権的なものか債権的なものかは問わない。

(ⅲ)保全の必要性 ここでの保全の必要性は、係争物の「現状の変更により、債権者が権利を実行することができなくなるおそれがあるとき、又は権利を実行するのに著しい困難を生ずるおそれがあるとき」（民保23条1項）である。すなわち、本案の債務名義に基づく強制執行までの間に、目的物に対する債務者の占有が第三者に移転することにより、債務者を名宛人とする引渡し・明渡

しの強制執行が不能または著しく困難となるおそれが必要である。なお、立証が要求される程度は、保管の形態に応じて異なるとされる（債務者使用許可型の場合には、債務者は仮処分後もそのまま目的物を使用し続けられることから、債務者に対する影響が少ないために、その立証は陳述書等の一応のもので足りるとされるのに対して、債権者使用許可型・執行官保管型の場合には、目的物を債務者から取り上げることとなるため、債務者使用許可型の場合に比べて高度な疎明が必要とされる）。

　(iv)債務者を特定することができない場合　保全命令の申立書には、当事者の氏名・住所を特定表記することが原則である（民保規13条1項1号）が、係争物が「不動産」である占有移転禁止の仮処分命令において、「その執行前に債務者を特定することを困難とする特別の事情があるとき」は、債務者を特定しないで仮処分命令を発することができる（民保25条の2第1項）。これは、たとえば不動産の占有者が次々に入れ替わることによる執行妨害に対処するために、平成15年（2003年）の民事執行法改正と同時に、民事保全法も改正して新設された制度である。

　この制度を利用する場合、申立書において、債務者を特定することができない場合である旨を記載することが必要である（民保規13条1項1号括弧書）。この場合における保全命令の発令要件は、通常の仮処分と同様の①被保全権利と②保全の必要性の疎明に加えて、③係争物が不動産であること、④債務者が不特定であること、および、⑤債務者を特定することを困難とする特別の事情があること（具体的には、債権者において、申立前に占有者特定のための通常行うべき調査を尽くしたにもかかわらず、なお占有者を特定することができない場合をいうとされる）が必要となる。③～⑤までの要件は、民事保全法13条2項の疎明すべき事項に該当しないため、「証明」が必要と解されている。

　(2)　係争物に関する仮処分：その2——処分禁止の仮処分　(i)被保全権利と処分禁止の仮処分の種類　処分禁止の仮処分は、目的物と被保全権利の違いに応じて、複数の種類が存在する。たとえば、①不動産に関する権利についての登記を請求する権利（＝登記請求権）を被保全権利とする場合は、民事保全法53条に（ただし、仮登記請求権については、条文上、被保全権利から除外されている）、②不動産に関する権利以外の権利についての登記・登録請求権を被保全権利と

する場合は、民事保全法54条に、③建物収去土地明渡請求権を被保全権利とする場合は、民事保全法55条に規定がある。④債権あるいは動産の引渡請求権を被保全権利とする場合については、民事保全法上の規定はないが、実務上、これらを被保全権利とする仮処分も発令可能であることに争いはない。たとえば、債権の帰属に争いがある場合において、債務者に対し債権の処分や取立てを禁止する仮処分が、動産の場合は、その動産につき譲渡等の処分を禁止する仮処分が考えられる。

(ii)**保全の必要性**　保全の必要性は、占有移転禁止の仮処分のときと同様、係争物の「現状の変更により、債権者が権利を実行することができなくなるおそれがあるとき、又は権利を実行するのに著しい困難を生ずるおそれがあるとき」である（民保23条1項）。

(3)　**仮の地位を定める仮処分**　(i)**被保全権利**　仮の地位を定める仮処分における被保全権利は、「争いがある権利関係」（民保23条2項）である。仮差押え（→金銭債権）や係争物に関する仮処分（→非金銭債権）におけるのとは異なり、ここでの権利関係は、特にその種類や性質を問わないものであるため、民事訴訟の本案（民保1条）で問題となるものである限りは様々なものがあり得る（ただし、実体法上権利関係として認められるものでなければならない）。

(ii)**保全の必要性**　ここでの保全の必要性は、「債権者に生ずる著しい損害又は急迫の危険を避けるためこれを必要とするとき」に認められる（民保23条2項）。これは、被保全権利となる権利関係について争いがあることによって、債権者が、現に損害を被っていたり、急迫の危険に直面していることを意味し、本案判決の確定を待ったのでは、訴訟の目的が達せられなくなったり、重大な不利益を受けたりすることとなって遅すぎるため、仮にその法律関係の内容に沿う法律状態（地位）を定める必要がある場合を指す。債権者の損害・危険は、直接および間接の財産的損害だけでなく、名誉や信用・その他精神上のものであってもよい。ただし、これらは債権者に生じる必要があるため、他人の損害については、債権者の損害につながるものでない限り、ここにいう損害にはあたらない。また、公益的損害についても、仮処分は本来私的利益の保護を目的とするものであることを理由に、債権者自身の損害につながるものでない限り、否定されると解されている。

民事保全法 23 条 2 項の文言上、保全の必要性の判断要素は、「債権者」側の損害や危険であって、「債務者」側の事情は考慮要素とされていない。しかしながら、仮の地位を定める仮処分の場合、その内容によっては債権者の満足まで達するものもあり、債務者にとっては影響が重大であることから、債務者側の事情（仮処分命令によって受ける債務者の損害の有無や程度）も考慮要素にすべきではないかが問題となる。判例（最三小決平成 16〔2004〕年 8 月 30 日・民集 58 巻 6 号 1763 頁）は、保全の必要性の判断にあたり、債務者側の事情も考慮要素とし、債権者に生じる損害と仮処分が認められた場合に債務者の被るおそれのある損害とを比較衡量して決定する姿勢を示している。

(iii)**疎明の程度**　仮の地位を定める仮処分は、仮差押えや係争物に関する仮処分とは異なり、場合によっては債権者の本来的な満足までもたらす可能性があることから、債務者にとって重大な不利益を与える可能性がある。そこで、被保全権利と保全の必要性についての疎明の程度は、他の 2 つの制度よりも高度なものが要求されると解されており、ここでは、通常の民事訴訟における請求認容の場合の心証の程度と大差がないといわれている。

2　審理

申立書が受理されると、保全命令の申立てについて審理が開始される。保全命令手続の裁判は全て決定手続で行われることから、審理の方式は任意的口頭弁論となり（民保 3 条）、口頭弁論を開かない場合には、裁判所は当事者を審尋することができる。口頭弁論によるか審尋によるか、また審尋の場合にこれを書面によるか当事者に口頭で陳述させるかは裁判所が裁量で決定する。保全命令手続において、「債務者」の審尋は密行性を維持するために行わないのが原則であるが（→ 216 頁）、「**仮の地位を定める仮処分**」については、「**口頭弁論又は債務者が立ち会うことができる審尋の期日を経なければ**」、これを発することができないとするのが原則である（民保 23 条 4 項本文）。仮の地位を定める仮処分の場合は、債務者に与える影響が甚大であるため、債務者に手続保障の機会を与える必要があることと、密行性がそれほど高くないことを理由とする。ただし、あくまで債務者が立ち会うことができる期日を与えればよいので、その機会さえ与えられていれば、実際に債務者が立ち会うことまでは要し

ない。また、仮の地位を定める仮処分であっても、例外的に、「**その期日を経ることにより仮処分命令の申立ての目的を達することができない事情があるとき**」は、これらの期日を経ずに、仮処分命令を発令することができる（同項但書）。たとえば、債務者の言い分を聞いている時間がないほどに危険が切迫している場合（例、現在の工事の進行により、隣の土地がすぐにでも崩れる危険があるので、工事続行禁止の仮処分を求める場合）や債務者を審尋すれば債務者が執行妨害行為をするおそれがある場合（例、自動車の引渡断行の仮処分）等が挙げられる。
また、出版等の事前差止めを求める仮処分における審尋の要否については、次の判例を参照。

【判例㉖】出版等の事前差止めを求める仮処分における審尋の要否
　　——債務者の審尋が不要とされるのはいかなる場合か？
最大判昭和61〔1986〕年6月11日・民集40巻4号872頁

〈**事案**〉　旭川市長を務め、北海道知事選挙に立候補する予定だったYが、月刊雑誌「北方ジャーナル」を刊行しているX社およびA印刷会社に対して、これから発売予定の北方ジャーナルにおける「ある権力主義者の誘惑」と題する記事が名誉毀損にあたると主張し、名誉権の侵害を予防するとの理由で、本件雑誌の印刷、製本および販売または頒布の禁止等を命じる仮処分を申請した。その同日、申請と同旨の仮処分決定がなされ、これが執行されたところ、Xが、本件仮処分およびその申請は違法であるとして、国とYらに対して損害賠償請求訴訟を提起した。第1審・原審ともにXの請求を棄却したため、Xが上告した。

〈**判旨**〉　上告棄却。
「…公共の利害に関する事項についての表現行為に対し、その事前差止めを仮処分手続によって求める場合に、一般の仮処分命令手続のように、

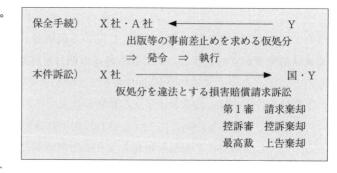

専ら迅速な処理を旨とし、口頭弁論ないし債務者の審尋を必要的とせず、立証についても疎明で足りるものとすることは、表現の自由を確保するうえで、その手続的保障として十分であるとはいえず、しかもこの場合、表現行為者側の主たる防禦方法は、その目的が専ら公益を図るものであることと当該事実が真実であることとの立証にあるのである…から、事前差止めを命ずる仮処分命令を発するについては、口頭弁論又は債務者の審尋を行い、表現内容の真実性等の主張立証の機会を与えることを原則とすべきものと解するのが相当である。ただ、差止めの対象が公共の利害に関する事項についての表現行為である場合においても、口頭弁論を開き又は債務者の審尋を行うまでもなく、債権者の提出した資料によって、その表現内容が真実でなく、又はそれが専ら公益を図る目的のものでないことが明白であり、かつ、債権者が重大にして著しく回復困難な損害を被る虞があると認められるときは、口頭弁論又は債務者の審尋を経ないで差止めの仮処分命令を発したとしても、憲法21条の前示の趣旨に反するものということはできない。」

　本判決は、公共の利害に関する事項についての表現行為の事前差止めの仮処分については、原則として、手続保障の観点から、口頭弁論または債務者審尋を経ることが必要であるとしつつも、例外的に、本判決の掲げる事情がある場合にはこれらを経なくてよいとしていることから、審尋の要否についての基準を示した判例と位置づけられる。本判決は、民事保全法が制定される前のものであるが、本判決の示した一般論は、民事保全法23条4項の規定に実質的に反映されたといわれており、それゆえに、審尋の要否に関する本判決の射程は、現行法下でも妥当すると解されている。ただし、本件では、すでにX・Y間で、以前の号の同様の記事につき、債務者審尋の機会を経て販売・頒布等禁止の仮処分命令が発せられていたという特殊性があることに注意を要する。

3　仮処分命令の発令

(1)　**仮処分決定**　審理を経た結果、申立てが適法で、保全の必要性および被保全権利の存在につき疎明された場合、保全命令が発令される。仮処分の場合、その方法については、「裁判所は、仮処分命令の申立ての目的を達するため、債務者に対し一定の行為を命じ、若しくは禁止し、若しくは給付を命じ、又は保管人に目的物を保管させる処分その他の必要な処分をすることができる。」(民

保 24 条）との規定があるところ、主文で仮処分の方法が定められることになり、申立書における申立ての趣旨がこれに対応する。

(2) **仮処分解放金** (i)**意義** 仮処分命令の発令にあたっては、仮処分解放金が定められることがある。**仮処分解放金**とは、仮処分の執行停止または取消しを得るために、債務者が供託すべき金銭のことをいう。仮差押えの場合は必ず解放金が定められる（→ 224 頁）のに対して、仮処分解放金は、「保全すべき権利が金銭の支払を受けることをもってその行使の目的を達することができるものであるときに限り、債権者の意見を聴いて」、これを定めることができる（民保 25 条 1 項）とされる。典型例として、自動車の所有権留保付売買がなされたが、買主による割賦代金の支払が滞ったことを理由に、売主が売買契約を解除して、車の引渡しを求める場合が挙げられる（ここでの被保全権利は売主の車の引渡請求権であり、ここでなされる仮処分は占有移転禁止の仮処分となる）。

民事保全法 25 条は、仮処分解放金を定めることができる場合として、「保全すべき権利」との文言を用いているところ、仮の地位を定める仮処分の場合の被保全権利については、条文上、「権利関係」との文言が用いられており（民保 23 条 2 項）、両者は区別されると解されている。そのため、同 25 条は係争物に関する仮処分につき妥当し、仮の地位を定める仮処分には妥当しないとして、仮の地位を定める仮処分の場合は仮処分解放金を定めることができないとするのが通説である。

(ii)**効果** 債務者が解放金を供託した場合、仮処分の執行が取り消される（民保 57 条）。その後の処理については法律上の定めがないため、解釈に基づく運用となるが、通常は、債権者が本案の勝訴判決の確定という停止条件のついた供託金還付請求権を取得するとされる（仮差押命令の場合との違いに注意→ 225 頁）。したがって、債権者は、本案の勝訴判決が確定すれば、この還付請求権を行使して、供託金の払渡しを受け、これを保全すべき権利の基礎にある金銭債権の満足に充当し、残金があれば債務者に返還することになる。これはすなわち、仮処分債権者が、還付請求権について、他の一般債権者に対し優先的な地位を有することを意味する。このような扱いがなされているのは、仮処分の場合、目的物に関する請求権を保全するため、本案訴訟で勝訴した債権者は、その目的物につき請求できる地位にあり、目的物が供託金に変われば、そこから優先

的に支払を受ける地位を取得すべきだと解されることによる。

(iii)**特殊型**　被保全権利を**詐害行為取消権**とする場合の仮処分解放金を「特殊型」といい、それ以外の場合の仮処分解放金については、「一般型」という。一般型の場合、先述のように、仮処分解放金が供託された場合の処理に関する法律上の規定は存在しないが、「特殊型」の場合は、民事保全法 65 条に規定があり、この仮処分命令において解放金が供託されたときは、**民法 424 条 1 項の債務者**が供託金還付請求権を取得する（民保 65 条前段）。還付請求権の取得者が、債権者ではなく債務者とされているのは、詐害行為取消しの場合、債権者は、債務者の総債権者のために詐害行為取消権を行使する関係にあり、目的物の換価代金から優先弁済を受けられる地位を有しているとはいえないためである。

　このように供託金還付請求権を債務者が取得するとした場合、債務者がこれを譲渡したり、あるいは、債務者の他の債権者がこれについて転付命令を申し立てる等して仮処分債権者より先にこの還付請求権から満足を得るおそれが生じる。そこで、民事保全法 65 条後段は、還付請求権に対する権利行使の方法に関する定めを置き、還付請求権は、供託金の供託により仮処分の執行が取り消され、かつ、債権者の詐害行為取消訴訟（本案訴訟）の判決が確定した後に、その債権者が債務者に対する債務名義により、その還付請求権に対して強制執行をするときに限り、これを行使できるとする。

　これにより、債権者が債務者の還付請求権に対して執行を行う前の段階で、債務者がこの還付請求権を勝手に処分したり、債務者の他の債権者が転付命令等によってこの請求権から満足を受けたりすることができなくなる。このとき、債権者は、まず本案訴訟において勝訴し、さらに、債務者との間で債務者に対する金銭債権についての債務名義を取得し、これに基づいて還付請求権を差し押さえる（＝債権執行）方法で、還付請求権から満足を受けることができる。

　(3)　**担保**　仮処分命令を発令する場合には、仮差押命令の場合と同様、担保に関する規定が適用される（民保 14 条 1 項）。

Ⅲ　仮処分命令の執行手続

　仮処分命令の具体的な内容（民保 24 条）は、必要に応じて無数の種類があり

得るところ、民事保全法には、その一部についてのみ規定が存在する。そして、仮処分命令の執行手続は、法に個別的な規定（民保53〜56条）があるもの以外は、仮差押えの執行または強制執行の例による（民保52条1項）。そこで、以下では、個別的な規定がある場合と個別的な規定がない場合に分けて説明する。

1 個別的な規定がある場合

(1) 占有移転禁止の仮処分 **(i)仮処分の執行方法** 債権者が、仮処分決定の正本に基づき、執行機関である**執行官**に対して申立てをすると、仮処分の執行として、**保管形態に応じた措置**と**公示**が行われる。たとえば、執行官保管型・債権者使用許可型の場合、執行官が債務者から目的物を取り上げ、これを自ら保管したり、保管すべき人に引き渡す。その場合、これを命じた部分は債務名義とみなされ（民保52条2項）、債務者が任意に履行しなければ、物の引渡請求の執行の規定（民執168条・169条→175頁）を準用して、その執行を行う。これに対して、債務者使用許可型の場合は、債務者に対して目的物を執行官保管とする旨を告げ、公示書を添付するのみとなる（ただし、執行官は、執行後も、債権者の申出により、債務者に仮処分違反の事実がないかを現場に赴いて調査することになっており、これを**点検**と呼ぶ）。公示については、債務者が係争物の占有の移転を禁止されている旨および執行官が係争物を保管している旨を公示させることが必要とされ、剥離しにくい方法で公示書を掲示する方法その他相当の方法により行われる（民保25条の2第1項、民保規44条1項）。

なお、債務者が物に対する直接占有を有しない場合は執行不能となり、また、占有が債務者と第三者との共同占有である場合は、第三者の同意がない限り、第三者に対して執行することができない。

(ii)仮処分の効力 対象物の「占有」につき、当事者を固定しておく効力であることから、**当事者恒定効**が認められる。具体的には、債権者が本案訴訟で勝訴した場合、債務者に対する債務名義をもって、①当該占有移転禁止の仮処分命令の執行がされたことを**知って当該係争物を占有した者**、および、②当該占有移転禁止の仮処分命令の執行後に、その執行がされたことを**知らないで当該係争物について債務者の占有を承継した者**に対しても強制執行をすることがで

きる（民保62条1項）ということを意味する。①については、占有を債務者から承継しているかどうかを問わないため、たとえば不法占拠者もこれに該当する。②については、仮処分命令につき善意かつ債務者から占有を承継していることが条件とされるため、非占有承継者の場合は、①の悪意のときのみ当事者恒定効が及び、善意のときは及ばないことになる。ただし、民事保全法62条2項が、仮処分執行後に占有を取得した者につき悪意の推定を規定しているため、善意であるとされる場合は限られよう。第三者に対して強制執行する場合は、その第三者に対する承継執行文を得なければならない（民執27条2項）。これに対して、執行文を付与された第三者が、善意の非占有承継者であるか、目的物について債権者に対抗し得る権原を有している場合、執行文付与に対する異議の申立て（民執32条）・執行文付与に対する異議の訴え（民執34条）により、救済を求めることができる（民保63条）。

　⒤**債務者不特定の占有移転禁止の仮処分**　債務者を不特定のまま占有移転禁止の仮処分命令が発令された場合（→233頁）における保全執行の方法は、執行官が、目的物である不動産の占有者を特定して、その者の占有を解いて行うことによる。この段階で、債務者を特定する必要が生じる。すなわち、当該執行によって係争物である不動産の占有を解かれた者が、債務者と確定される（民保25条の2第2項）。執行官が、係争物である不動産の占有を解く際にその占有者を特定できなかった場合、保全執行は不能となる（民保54条の2）。

　(2)　不動産の登記請求権を保全するための処分禁止の仮処分　(i)**原則**　①所有権の保存・移転または消滅の登記請求権の保全の場合、および、②所有権以外の権利の移転または消滅の登記請求権の保全の場合、仮処分の執行は、**処分禁止の登記**をする方法により行う（民保53条1項）。

　処分禁止の登記の仮処分の効力は、**当事者恒定効**である。具体的には、以下(a)(b)の効果を有する。まず、(a)処分禁止の登記の後にされた登記に係る権利の取得・処分の制限は、この仮処分債権者が保全すべき登記請求権に係る登記（本登記）をする場合、これに抵触する限度において、対抗することができなくなる（民保58条1項）。たとえば、XのYに対する甲不動産の所有権移転登記請求権を保全するための処分禁止の仮処分の登記後に、YがZに甲を譲渡してZ名義の登記をしたとしても、XがYに対する本案訴訟で勝訴し、それに基づ

き登記をした場合には、Zは甲の所有権をXに対抗できなくなる。

さらに、(b)仮処分債権者は、処分禁止の登記に後れる登記を抹消することができる（民保58条2項）。ただし、登記を抹消する場合には、あらかじめ、その登記の権利者に対し、その旨を通知しなければならない（民保59条1項）。これは、誤って第三者の登記が抹消されたときに、第三者が抹消登記の回復を求めることができるようにしてその保護を図るためである。

(ii)**例外**　所有権以外の権利の保存・設定・変更の登記請求権の保全の場合、仮処分の執行は、**処分禁止の登記**および**仮処分による仮登記**（＝保全仮登記）をする方法により行う（民保53条2項）。

処分禁止の登記とともに保全仮登記をした場合の効力は、(a)処分禁止の登記に後れる権利取得等が対抗できなくなること（民保58条1項）および(b)仮処分債権者が、本案の勝訴確定判決を取得する等した場合に、保全仮登記に基づく本登記が可能となること（同条3項）である。また、(c)処分禁止の登記に後れる登記を抹消可能とする規定もあるが、これは(i)の場合と異なり、保全すべき権利が「不動産の使用又は収益をするもの」である場合に限られる（同条4項）。ここで限定が付されているのは、(ii)の場合、(i)の場合と異なり、後から登場する権利が、原則として被保全権利と併存し得るためである。

たとえば、XがYに対して、甲不動産につき抵当権の設定登記請求権を保全するための仮処分を申し立て、処分禁止の仮処分と保全仮登記がなされた後に、Zが甲に抵当権を設定して登記をした場合、Xの抵当権とZの抵当権は抵触せずに併存し得る。Xとしては、Zよりも前に抵当権を設定しているため、XがYに対する本案訴訟で勝訴したときは、抵当権の仮登記を本登記にして、第一順位の抵当権として登記されることになればそれでよく、Zの抵当権の登記を抹消するまでもないため、Zの登記は抹消しないとされている。このように、ここでの仮処分の効力（前記(b)）は、あくまで、仮処分債権者の権利の順位の保全を目的とすることから、**順位保全効**という。

これに対して、たとえば、仮処分債権者Xの登記請求権が、地上権の設定に基づく場合で、後からなされたZの登記が同じく地上権の設定であるとすると、XとZの権利は併存しえないため、Xが本案訴訟で勝訴して仮登記を本登記にする場合、Zの登記を抹消できることとなる（前記(c)）。

（iii）**保全執行手続**　仮処分命令を発令した裁判所（民保53条3項による47条2項の準用）が保全執行を行う。そのため、改めて保全執行の申立てをする必要はなく（民保規31条但書）、また仮処分の登記については裁判所書記官が嘱託する（民保53条3項による47条3項の準用）。効力の発生時期は、処分禁止の登記がされたときである。

(3)　建物収去土地明渡請求権を保全するための建物の処分禁止の仮処分　（i）**仮処分の執行方法**　土地と建物が別個の不動産とされている以上、土地についての仮処分だけでは、建物の処分を禁止することができず、建物収去土地明渡請求権を保全するための手段として不十分である。そこで、民事保全法55条は、これを保全するために、建物の処分禁止の仮処分を定めている。この執行は、**建物につき処分禁止の登記**をする方法による。被保全権利は土地の明渡請求権であるが、保全執行の方法は建物についての登記という点に特色がある。

（ii）**仮処分の効力**　仮処分債権者が本案訴訟で勝訴した場合、処分禁止の登記後に建物を譲り受けた者に対し、債務者に対する本案の債務名義に基づき、建物収去土地明渡しの強制執行をすることが可能となる（民保64条）。ここでの効力は、建物の所有につき当事者を固定する効力をもつため、**当事者恒定効**である。譲受人に対する執行のためには、承継執行文（民執27条2項）が必要となる。この仮処分の効力は、あくまで仮処分後の建物譲受人に対する強制執行を可能とするだけであるため、建物の処分そのものを禁止したり、仮処分後になされた建物についての登記を抹消したりする効力までは有しない。また、建物の「所有」に関する仮処分であるため、建物の「占有」につき対処したい場合は、別途、建物の占有移転禁止の仮処分が必要となる。

（iii）**保全執行手続**　執行機関である保全執行裁判所は、仮処分命令を発令した裁判所（民保55条2項による47条2項の準用）であるため、Ⅲ1(2)(iii)で述べたことと同じことが妥当する。

(4)　職務執行停止・代行者選任の仮処分　法人の代表者その他法人の役員として登記された者について、その職務の執行を停止し、もしくはその職務を代行する者を選任する仮処分命令が発令された場合、またはその仮処分命令を変更・取り消す決定がされた場合、この仮処分の執行方法として、**登記の嘱託**が規定されている（民保56条本文。ただし、当該法人に関する法律において仮処分

の登記が要求されていない場合を除く、同条但書）。これは、この仮処分の効力が第三者に対しても及び、しかも、仮処分命令に違反してなされた行為は絶対的に無効と解されているため、このような強力な効果を有する仮処分の存在については、登記によって第三者に公示する必要があると考えられているためである。この仮処分の登記は、民事保全法上は、第三者への公示という役割を果たすが、実体法上は、第三者に対する対抗要件にもなっている（一般法人299条1項、会社908条1項）。

2　個別的な規定がない場合

　法に個別的な規定がない場合には、仮差押えの執行または強制執行の例による（民保52条1項）。

　(1)　**仮差押えの執行の例によるもの**　たとえば、債権に対する処分禁止の仮処分等が挙げられる。この仮処分は、債権の帰属に争いがある場合に用いられるもので、通常は、債務者に対する債権の取立ておよび処分禁止と第三債務者に対する支払禁止をその内容とする。

　(2)　**強制執行の例によるもの**　民事保全法52条2項で債務名義とみなされる仮処分がある。同項は、「物の給付その他の作為又は不作為を命ずる仮処分の執行については、仮処分命令を債務名義とみなす。」と規定していることから、**物の給付その他の作為または不作為を命じる仮処分**の場合には、この仮処分命令を、強制執行と同じ方法で、保全執行することができる。これはすなわち、民事保全手続であるにもかかわらず、換価・満足の段階まで執行が行われるということを意味している。52条2項が適用される例としては、①金銭給付を命じる仮処分（例、解雇された従業員による賃金の仮払いを求める仮処分等）、②物の引渡し・明渡しを命じる仮処分（いわゆる**引渡断行・明渡断行の仮処分**）、③作為を命じる仮処分（例、騒音防止のために防音壁の設置を求める仮処分等）、および、④不作為を命じる仮処分（例、出版の差止め、建築工事の禁止、抵当権の実行禁止等を求める仮処分のように、債務者に対して一定の行為を禁止するもの〔**禁止命令**〕と、債権者がある土地について行う工事の妨害禁止等を求める仮処分のように、債権者の行為を受忍するよう命じるもの〔**受忍命令**〕）等が挙げられる。

　これらの仮処分命令の執行は、それぞれ、①の場合は金銭執行の方法により、

②の場合は物の引渡し・明渡しの執行の方法（目的物が不動産の場合は民執168条、動産の場合には民執169条）により、③の場合は代替執行（民執171条1項1号）または間接強制（民執172条1項、173条）の方法により、④の場合は不作為違反の結果の除去または将来のための適当な処分を命じる決定をする方法（民執171条1項2号→代替執行）または間接強制の方法により行う。

　なお、仮処分決定の保全執行として間接強制がなされ、債権者が間接強制金を受領した後に、本案訴訟で被保全権利が不存在だと判断されて仮処分命令が取り消され（民保38条）、間接強制決定も取り消された場合（民保46条、民執39条1項1号・40条）、債務者は、債権者に対して、その間接強制金につき不当利得返還請求をすることができる（最二小判平成21〔2009〕年4月24日・民集63巻4号765頁）。**金員仮払いの仮処分が取り消された場合の取扱い**については、次に述べる判例を参照。金員とは金銭のことをいう。

【判例㉗】金員仮払いの仮処分の取消しと原状回復義務
　――金銭仮払いの仮処分が取り消された場合に仮払金の返還義務を負うか？
最三小判昭和63〔1988〕年3月15日・民集42巻3号170頁

〈事案〉　X社の従業員であるYらは、Xに対し、解雇無効を主張して、賃金の仮払いおよび地位保全を求める仮処分を申し立てたところ、これを認める判決（旧法下は判決でなされていたが、現行法下では決定となる〔民保3条〕）がなされたため、Yらは、これに基づく強制執行により、Xから約500万円を受領した（その後、Yらはこれを第三者に贈与している）。XYともに控訴したところ、控訴審は、Yらが解雇後に他で就労し賃金支払を受けていたので保全の必要性がないとのXの主張を認め、賃金の仮払いにかかる部分を取り消して仮処分申立てを却下した。ただし、地位保全の仮処分については、これを認める原判決が維持され確定した。

　その後、Xは、Yらに対して、仮払仮処分が取り消されたことを理由に、仮払金につき不当利得を主張して、仮払金支払請求訴訟を提起した（本件訴訟。なお、当時は民事保全法33条に基づく原状回復の裁判の制度（→220頁）が存在しなかったため、通常の民事訴訟による請求がなされている）。本件訴訟の口頭弁論終結時において、YらのXに対する解雇の無効確認および賃金の支払を求める本案訴訟が第1審に係属中であったところ、Yらは仮払金の返還義務を負うのかが争われた。

　第1審は、Xの請求を全部認容した。これに対してYらが控訴し、Xも請求拡

張のために附帯控訴した。控訴審は、Ｙらの控訴を棄却し、Ｘの附帯控訴を認めたため、Ｙらが上告した。

〈**判旨**〉 上告棄却。「いわゆる賃金の仮払を命ずる仮処分命令（以下「仮払仮処分」という。）に基づく強制執行によって仮処分債権者が金員の給付（以下「仮払金」という。）

```
保全手続）    Ｙら ──────────────→ Ｘ社
     解雇無効を理由とする賃金仮払・地位保全の仮処分
    ⇒第１審：申立てを認める判決 → 強制執行（仮払金の受領）
    ⇒控訴審：仮払仮処分の部分のみ、原判決を取消し・申立て
          却下
本件訴訟）    Ｙら ←────────────── Ｘ社
              仮払金支払請求訴訟
          （※ＹらのＸに対する本案訴訟が係属中）
                第１審：請求認容
                第２審：控訴棄却・変更
                最高裁：上告棄却
```

を受領した後に右仮処分が控訴審において取り消された場合には、仮処分債権者は、仮払金と対価的関係に立つ現実の就労をしたなどの特段の事情がない限り、仮処分債務者に対し、受領した仮払金につき返還義務を負い（以下、仮処分債務者の右返還請求権を「仮払金返還請求権」という。）、その範囲は不当利得の規定に準じてこれを定めるべきところ、右の理は、本案訴訟が未確定であり、かつ、従業員としての地位を仮に定める仮処分命令（以下「地位保全仮処分」という。）が同時に発せられていたときであっても同様である」と判示した。

その理由は次の通りである。①仮払仮処分は満足的仮処分の一種であるところ、「かかる類型の仮処分は、疎明手続により仮の履行状態を作出することを目的とする仮の地位を定める仮処分であって、被保全権利の終局的実現を目的とするものでも、それ自体として完結的な実体法上の法律関係を形成するものでもなく、本質的に仮定性、暫定性を免れるものではないから」、仮払金の給付後に右仮処分が取り消された場合には、「その間に生じた仮処分の効果も当初から発生しなかったことに帰し、右給付はその根拠を欠くに至って執行開始前の状態に復元すべきことが、右仮処分制度の本来の趣旨から要請されている」。②仮処分債務者の仮払金支払義務も、「当該仮処分手続内における訴訟法上のものとして仮に形成されるにとどまり、その執行によって実体法上の賃金請求権が直ちに消滅するものでもない」ことから、仮払金返還請求権は、右賃金請求権の存否に関する実体的判断とはかかわりを有しないこととなり、それをめぐる本案訴訟が別に係属中であっても、仮払金返還請求権の

第 15 講　仮処分手続　247

発生ないし行使の障害になるものではない。③地位保全仮処分も、「仮処分債権者の包括的な地位を訴訟法上仮に形成し、その任意の履行を期待するものにすぎず、これを前提として更に裁判上請求できるような賃金請求権を発生させる効果まで有するものではないから、右仮処分が仮払仮処分と同時に発せられていたときであっても、同様に解すべきものであって、仮処分債権者がこれを契機として仮払金と対価的関係に立つ現実の就労をしたなどの特段の事情がない限り、地位保全仮処分の存在によって仮払金返還請求権が左右されるべき合理的な根拠はない」。④仮払金返還請求権は、「仮執行に基づく給付がされた後に本案判決が変更された場合に関する民訴法 198 条 2 項（現、260 条 2 項）の原状回復請求権に類するものではあるが、その返還義務の範囲については、かかる仮処分の特殊性に鑑み、公平を理念とする不当利得の規定に準じてこれを定めるのが相当である」。

　本判決によれば、金員仮払いの仮処分が取り消された場合、仮処分債権者は、現実の就労をしたなどの特段の事情がない限り、仮処分によって受け取った金員を返還しなければならない。ここでは、①本案訴訟が未確定の場合であっても、また地位保全の仮処分が維持されている場合であっても返還しなければならず、さらに、②仮処分の取消理由が、Ｙらの賃金請求権の不存在ではなく、保全の必要性を欠くとされた場合でも返還しなければならないとされている点がポイントとなる。

事 項 索 引

《あ》

明渡義務······175
明渡催告······176

《い》

異議事由······86
　——の同時主張強制······91
意思表示義務······186
意思表示の擬制······57
委託売却······149
一請求権一執行方法の法理······15, 183
一括売却······121
違法執行······77

《か》

買受可能価額······120
買受けの申出······124
外観主義······67
外国裁判所の判決······47
解約返戻金······161
確定判決······38
　——と同一の効力······48
過怠約款······54, 56
仮差押え······5, 210, 221
仮差押解放金······224
仮差押命令······224
仮執行宣言付債権届出支払命令······40
仮執行宣言付支払督促······40
仮執行宣言付損害賠償命令······39
仮執行宣言付判決······38
仮執行免脱宣言······39
仮処分······5, 210, 211, 229

　——解放金······238
　——の本案代替化······231
　——命令······237
仮登記担保······97
仮の地位仮処分······210, 211, 229
換価······3, 105, 121, 124, 149
　——のための競売······207
間接強制······16, 181, 190, 192
　——的機能······142
　——の併用······179
　——の補充性······16, 17, 179, 182
　——の補充性の克服······183
管理人······136
管理命令······168

《き》

期間入札······124
期日入札······124
義務供託······162
給与債権等情報取得執行······73
強制管理······103, 134
強制競売······103, 108, 129
　——の停止・取消し······127
強制執行······3
供託判決······163
金員仮払いの仮処分······245
緊急性・迅速性······216

《け》

形式競売······4, 207
係争物仮処分······210, 211, 229
競売の公信的効果······200
現況調査報告書······121

事項索引　249

現況調査命令……………………… 122
原状回復の裁判…………………… 220
権利供託…………………………… 162
権利執行…………………………… 153
権利能力なき社団………………… 20

《こ》

行為義務…………………………… 178
公証人………………………… 41, 52
国際和解合意……………………… 48
子の引渡義務……………………… 189
子の引渡決定……………………… 191
個別執行…………………………… 12
個別相対効説……………………… 112

《さ》

債権執行…………………………… 153
債権の特定………………………… 155
最高価買受申出人………………… 124
財産開示手続……………………… 68
財産開示等………………………… 4
裁定事務…………………………… 29
裁判所書記官……… 26, 32, 122, 170
債務者不特定の占有移転禁止の仮処分
　……………………………… 241
債務と責任の分離………………… 65
債務名義…………………… 3, 35, 37
先取特権…………………………… 168
作為・不作為義務………………… 178
差押え………………… 3, 105, 143
差押禁止債権……………………… 157
差押禁止財産……………………… 66
差押禁止動産……………………… 147
参加命令…………………………… 163
暫定性・仮定性…………………… 215
暫定保全措置命令………………… 47
3点セット………………… 105, 121

《し》

事件の併合………………………… 150

事実到来執行文…………………… 53
執行異議…………………………… 84
執行拡張契約……………………… 9
執行官……………… 26, 28, 121, 142
執行官法…………………………… 26
執行機関…………………………… 26
執行共助機関……………………… 32
執行許諾文言……………………… 52
執行契約…………………………… 8
執行抗告…………………………… 79
執行債権者………………………… 19
執行裁判所………… 26, 106, 170, 190
執行債務者………………………… 19
執行受諾の意思表示……………… 46
執行証書…………………… 24, 41
執行制限契約……………………… 9
執行正本…………… 3, 19, 35, 168
執行当事者適格…………………… 21
執行文………………………… 3, 35
　——の付与……………………… 58
　——付与拒絶処分に対する異議……… 59
　——付与に対する異議………… 59
　——付与に対する異議の訴え… 61
　——付与の訴え………………… 61
執行妨害…………………………… 5
執行方法…………………………… 15
執行補助者………………………… 33
執行力……………………………… 52
執行力のある債務名義と同一の効力…… 49
実体異議…………………………… 199
実体抗告…………………………… 199
私的自治の原則…………………… 2
司法書士…………………………… 171
受忍命令…………………………… 244
順位保全効………………………… 242
準不動産執行……………………… 137
少額訴訟債権執行………………… 169
承継執行文………………………… 56
承継人………………………… 22, 25
消除主義…………………………… 116

譲渡担保······················98
譲渡命令····················168
処分禁止効··········105, 110, 157
処分禁止の仮処分·········233, 241
署名代理······················41
所有権留保····················98
自力救済の禁止の原則··············2

《せ》

請求異議の訴え················85
責任財産····················65
競り売り·················124, 149
全店一括順位付け方式·········155, 156
占有移転禁止の仮処分·······232, 240

《そ》

相対的無効··················112
即時抗告····················217
訴訟能力·····················21

《た》

代金納付····················126
第三者異議の訴え···············94
第三者からの情報取得手続·········71
代替執行··················16, 179
単純執行文····················53
担保権の実行················3, 195
担保不動産競売の開始決定前の保全処分
·····················202

《ち》

地代等の代払の許可············116
仲裁判断·····················47
抽象的差止請求················186
超過差押えの禁止···········147, 157
直接強制··············15, 190, 191

《て》

手数料制·····················29
手続相対効··················146

——説······················113
転付命令····················165
店舗列記順位付け方式···········155

《と》

動産競売····················203
——開始許可制度·············203
動産執行····················141
当事者恒定効··········115, 240, 241
当事者能力····················19
特定和解·····················48
特別事情による仮処分命令の取消し···219
特別売却·················124, 149
取立権······················161
取立訴訟····················162

《な》

内覧実施命令··················123

《に》

二重開始決定··················110
二重差押え··················160
入札···················124, 149
任意競売·····················13
任意の履行に期待する仮処分········231

《の》

軒下競売····················141

《は》

売却基準価額·················120
売却条件····················116
売却のための保全処分········114, 202
売却命令····················168
配当·······················129
——異議の訴え··········106, 133
——期日····················132
——表·····················132
——要求····················130
ハーグ条約実施法··············190

事項索引　251

場所単位主義·······················67, 143
バブルの崩壊··························14
反対名義···············86, 94, 127, 200
判断機関と執行機関の分離の原則
·····························11, 35, 127

《ひ》

引受主義···························116
引渡義務···························175
引渡断行・明渡断行の仮処分··········244
非金銭執行·························173
被差押債権·························154
被転付適格·························166
被保全権利·····················223, 234
費用額確定処分·······················40
評価書····························121
評価人····························122
評価命令··························122
平等主義··························108

《ふ》

不執行の合意·······················90
付随性····························216
物件明細書····················121, 122
不動産····························106
　——価値の維持····················114
　——執行·························103
　——情報取得執行··················72
　——担保権·······················196
　——引渡命令·····················126
不当執行························78, 85
扶養義務··························183

《へ》

弁済禁止効·························159
弁済金の交付·······················129

《ほ》

包括執行···························12
法定地上権·························119

法の果実····························2
保全異議··························217
保全抗告··························219
保全取消し·························218

《ま》

満足······················3, 106, 129
　——的仮処分·····················231

《み》

密行性····························216

《む》

無剰余差押えの禁止·············147, 157
無剰余措置·························123
無名義債権者··················107, 133

《め》

名誉回復の措置·····················181

《も》

目的外の動産·······················176

《ゆ》

有限責任····························66
優先主義··························107
有名義債権者··············107, 133, 168

《よ》

用益権の処遇·······················118
預金債権··························154
預貯金債権等情報取得執行···············74

《り》

リーマン・ショック···················14
留置権による競売····················207

判例索引

大判大正 15〔1926〕年 2 月 24 日・
　　民集 5 巻 235 頁 ……………………9, 10
大判昭和 2〔1927〕年 3 月 16 日・
　　民集 6 巻 187 頁 …………………………10
大決昭和 5〔1930〕年 10 月 23 日・
　　民集 9 巻 982 頁 …………………………16
大判昭和 7〔1932〕年 11 月 30 日・
　　民集 11 巻 2216 頁 ………………………86
大判昭和 10〔1935〕年 7 月 9 日・
　　法律新聞 3869 号 12 頁 …………………10
最一小判昭和 26〔1951〕年 10 月 18 日・
　　民集 5 巻 11 号 600 頁 ………………226
最一小判昭和 27〔1952〕年 11 月 20 日・
　　民集 6 巻 10 号 1008 頁 ………………219
最大判昭和 31〔1956〕年 7 月 4 日・
　　民集 10 巻 7 号 785 頁 ………………181
最一小判昭和 32〔1957〕年 1 月 31 日・
　　民集 11 巻 1 号 188 頁 ………………222
最二小判昭和 33〔1958〕年 5 月 23 日・
　　民集 12 巻 8 号 1105 頁 …………43, 47
最二小判昭和 34〔1959〕年 8 月 28 日・
　　民集 13 巻 10 号 1336 頁【判例⑮】… 144
最一小判昭和 37〔1962〕年 5 月 24 日・
　　民集 16 巻 5 号 1157 頁 ………………90
最二小判昭和 40〔1965〕年 3 月 26 日・
　　民集 19 巻 2 号 508 頁 ………………101
最二小判昭和 40〔1965〕年 4 月 30 日・
　　民集 19 巻 3 号 782 頁 ………………134
最大決昭和 40〔1965〕年 6 月 30 日・
　　民集 19 巻 4 号 1089 頁【判例①】………6
最三小判昭和 40〔1965〕年 12 月 21 日・
　　民集 19 巻 9 号 2270 頁 ………………91
最三小判昭和 41〔1966〕年 2 月 1 日・

民集 20 巻 2 号 179 頁 …………………99
最二小判昭和 41〔1966〕年 3 月 18 日・
　　民集 20 巻 3 号 464 頁 ………………188
最一小判昭和 41〔1966〕年 6 月 2 日・
　　判時 464 号 25 頁 ………………………38
最一小判昭和 41〔1966〕年 9 月 22 日・
　　民集 20 巻 7 号 1367 頁 ………………180
最一小判昭和 41〔1966〕年 12 月 15 日・
　　民集 20 巻 10 号 2089 頁【判例⑨】…54
最一小判昭和 42〔1967〕年 7 月 13 日・
　　判時 495 号 50 頁 ………………………46
最三小判昭和 43〔1968〕年 2 月 27 日・
　　民集 22 巻 2 号 316 頁 …………50, 91
最一小判昭和 44〔1969〕年 2 月 27 日・
　　民集 23 巻 2 号 511 頁 ………………25
最一小判昭和 44〔1969〕年 3 月 28 日・
　　民集 23 巻 3 号 699 頁 ………………97
最一小判昭和 44〔1969〕年 9 月 18 日・
　　民集 23 巻 9 号 1675 頁 ………………46
最二小判昭和 45〔1970〕年 4 月 10 日・
　　民集 24 巻 4 号 240 頁 ………………166
最一小判昭和 45〔1970〕年 6 月 11 日・
　　民集 24 巻 6 号 509 頁【判例⑱】……164
最一小判昭和 48〔1973〕年 6 月 21 日・
　　民集 27 巻 6 号 712 頁【判例④】………22
最一小判昭和 49〔1974〕年 7 月 18 日・
　　民集 28 巻 5 号 743 頁 ………………98
最三小判昭和 50〔1975〕年 7 月 25 日・
　　民集 29 巻 6 号 1170 頁 ………………50
最三小判昭和 51〔1976〕年 2 月 17 日・
　　判時 809 号 43 頁 ………………………49
最三小判昭和 51〔1976〕年 10 月 12 日・
　　民集 30 巻 9 号 889 頁【判例⑦】… 42, 90

判例索引　253

東京高判昭和 52〔1977〕年 2 月 22 日・
　下民集 28 巻 1 ～ 4 号 78 頁 …………95
大阪高判昭和 52〔1977〕年 10 月 11 日・
　判時 887 号 86 頁 ………………………95
最一小判昭和 52〔1977〕年 11 月 24 日・
　民集 31 巻 6 号 943 頁【判例⑩】………62
最一小判昭和 53〔1978〕年 6 月 29 日・
　民集 32 巻 4 号 762 頁【判例⑬】……111
最一小判昭和 53〔1978〕年 9 月 14 日・
　判時 906 号 88 頁【判例⑤】…………24
最一小判昭和 55〔1980〕年 5 月 1 日・
　判タ 419 号 77 頁 ………………………63
東京地八王子支決昭和 55〔1980〕年 12 月
　5 日・判時 999 号 86 頁………………148
最三小判昭和 56〔1981〕年 3 月 24 日・
　民集 35 巻 2 号 254 頁 …………… 43, 90
最一小決昭和 57〔1982〕年 7 月 19 日・
　民集 36 巻 6 号 1229 頁【判例⑪】……80
東京高判昭和 57〔1982〕年 11 月 30 日・
　高民 35 巻 3 号 220 頁 …………………96
最一小決昭和 58〔1983〕年 7 月 7 日・
　集民 139 号 269 頁 ……………………85
名古屋高判昭和 60〔1985〕年 4 月 12 日・
　下民集 34 巻 1 ～ 4 号 461 頁………186
福岡高決昭和 60〔1985〕年 4 月 22 日・
　金法 1123 号 40 頁 ……………………44
大阪高決昭和 60〔1985〕年 8 月 30 日・
　判タ 569 号 84 頁【判例⑧】…………44
最大判昭和 61〔1986〕年 6 月 11 日・
　民集 40 巻 4 号 872 頁【判例㉖】……236
最一小判昭和 62〔1987〕年 7 月 16 日・
　集民 151 号 423 頁 ……………………91
最三小判昭和 63〔1988〕年 3 月 15 日・
　民集 42 巻 3 号 170 頁【判例㉗】……245
最二小判平成 3〔1991〕年 3 月 22 日・
　民集 45 巻 3 号 322 頁 ………………134
東京地判平成 4〔1992〕年 6 月 17 日・
　判タ 795 号 81 頁 ………………………39
最一小判平成 5〔1993〕年 2 月 25 日・
　判時 1456 号 53 頁 ……………………186

最三小判平成 5〔1993〕年 12 月 17 日・
　民集 47 巻 10 号 5508 頁【判例㉒】…201
最三小判平成 6〔1994〕年 4 月 5 日・
　判時 1558 号 29 頁 ……………………44
最一小判平成 6〔1994〕年 4 月 7 日・
　民集 48 巻 3 号 889 頁【判例⑭】……120
最一小判平成 6〔1994〕年 7 月 14 日・
　民集 48 巻 5 号 1109 頁 ………………133
最三小判平成 9〔1997〕年 7 月 15 日・
　民集 51 巻 6 号 2645 頁【判例⑥】……30
最一小判平成 9〔1997〕年 9 月 4 日・
　民集 51 巻 8 号 3718 頁 ………… 41, 90
最三小判平成 10〔1998〕年 3 月 24 日・
　民集 52 巻 2 号 399 頁【判例⑰】……158
最一小判平成 10〔1998〕年 3 月 26 日・
　民集 52 巻 2 号 513 頁 ………………134
東京地決平成 10〔1998〕年 4 月 13 日・
　判時 1640 号 147 頁 …………………148
最一小決平成 11〔1999〕年 3 月 12 日・
　判時 1672 号 69 頁 ……………………219
最三小判平成 11〔1999〕年 4 月 27 日・
　民集 53 巻 4 号 840 頁 ………………131
最一小判平成 11〔1999〕年 9 月 9 日・
　民集 53 巻 7 号 1173 頁 ………………162
最二小決平成 12〔2000〕年 4 月 7 日・
　民集 54 巻 4 号 1355 頁【判例⑲】……167
最二小判平成 15〔2003〕年 1 月 31 日・
　民集 57 巻 1 号 74 頁【判例㉔】………214
最三小決平成 16〔2004〕年 8 月 30 日・
　民集 58 巻 6 号 1763 頁 ………………235
最二小判平成 17〔2005〕年 7 月 15 日・
　民集 59 巻 6 号 1742 頁【判例⑫】……100
最二小決平成 17〔2005〕年 12 月 9 日・
　判タ 1200 号 120 頁 …………………183
最二小決平成 18〔2006〕年 9 月 11 日・
　民集 60 巻 7 号 2622 頁【判例②】…9, 90
最二小判平成 18〔2006〕年 10 月 20 日・
　民集 60 巻 8 号 3098 頁 ………………98
最二小判平成 21〔2009〕年 4 月 24 日・
　民集 63 巻 4 号 765 頁………… 184, 245

東京高決平成 22〔2010〕年 4 月 21 日・
　判タ 1330 号 272 頁【判例㉓】……… 205
最三小判平成 22〔2010〕年 6 月 29 日・
　民集 64 巻 4 号 1235 頁【判例③】……20
最三小決平成 23〔2011〕年 9 月 20 日・
　民集 65 巻 6 号 2710 頁【判例⑯】…… 155
最一小判平成 24〔2012〕年 2 月 23 日・
　民集 66 巻 3 号 1163 頁【判例㉕】…… 225
最二小決平成 27〔2015〕年 1 月 22 日・
　集民 249 号 43 頁（①事件）・集民 249 号
　67 頁（②事件）・判時 2252 号 33 頁（①
　事件・②事件）【判例⑳】…………… 184
福岡高決平成 27〔2015〕年 6 月 10 日・
　判時 2265 号 42 頁 ………………… 184
最三小決平成 31〔2019〕年 4 月 26 日・
　集民 261 号 247 頁・判時 2425 号 10 頁【判
　例㉑】……………………………… 192
最二小判令和元〔2019〕年 9 月 13 日・
　集民 262 号 89 頁・判タ 1466 号 58 頁
　…………………………………… 185
最三小決令和 4〔2022〕年 11 月 30 日・
　集民 269 号 71 頁 ………………… 193

編著者と執筆分担部分

川嶋四郎（かわしま・しろう）同志社大学　教授　　　　　　第1講・第11講Ⅰ～Ⅳ・
　　　　　　　　　　　　　　　　　　　　　　　　　　　　　第13講

執筆者

宮永文雄（みやなが・ふみお）　広島大学　教授　　　　　　　　　　第6講Ⅰ
鶴田　滋（つるた・しげる）　　大阪公立大学　教授　　　　　　　　第3講
上田竹志（うえだ・たけし）　　九州大学　教授　　第2講Ⅰ・第5講・第6講Ⅱ1
園田賢治（そのだ・けんじ）　　同志社大学　教授　　　　　　第7講Ⅰ・Ⅱ1
濵田陽子（はまだ・ようこ）　　岡山大学　教授　　　　　　　第7講Ⅱ2～4
酒井博行（さかい・ひろゆき）　北海学園大学　教授　　　　　　　　第8講
濵﨑　録（はまさき・ふみ）　　西南学院大学　教授　　　　　第10講Ⅰ～Ⅳ
薗田　史（そのだ・ふみ）　　　久留米大学　准教授　　　　　　　第6講Ⅱ2
池田　愛（いけだ・めぐみ）　　関西大学　准教授　　　　　　　　第15講
玉井裕貴（たまい・ひろき）　　東北学院大学　准教授　　　　　　第2講Ⅱ
渡邉和道（わたなべ・かずみち）金沢星稜大学　准教授　　　　　　第12講
寺村信道（てらむら・のぶみち）ブルネイ大学　助教授　　　第10講Ⅴ・第11講Ⅴ
石橋英典（いしばし・ひでのり）松山大学　准教授　　　　　　　　第14講
山中稚菜（やまなか・わかな）　神戸学院大学　専任講師　　　　　第9講
山本　真（やまもと・まこと）　龍谷大学　非常勤講師　　　　　　第4講

［編著者紹介］

川嶋四郎（かわしま・しろう：KAWASHIMA, Shiro）

現在、同志社大学法学部・大学院法学研究科、教授

略歴　滋賀県生まれ
　　　一橋大学大学院博士後期課程単位修得、博士（法学）
　　　九州大学大学院法学研究院・法科大学院教授を経て、2008 年 4 月から現職
　　　日本学術会議会員

著書　単著『民事訴訟過程の創造的展開』弘文堂 2005 年
　　　　　　『差止救済過程の近未来展望』日本評論社 2006 年
　　　　　　『民事救済過程の展望的指針』弘文堂 2006 年
　　　　　　『アメリカ・ロースクール教育論考』弘文堂 2009 年
　　　　　　『民事訴訟法』日本評論社 2013 年
　　　　　　『公共訴訟の救済法理』有斐閣 2016 年
　　　　　　『民事訴訟の簡易救済法理』弘文堂 2020 年
　　　　　　『日本史のなかの裁判』法律文化社 2022 年
　　　　　　『民主司法の救済形式──「憲法価値」の手続実現』弘文堂 2023 年
　　　　　　『民事訴訟法概説〔第 4 版〕』弘文堂 2024 年
　　　共著『会社事件手続法の現代的展開』日本評論社 2013 年
　　　　　　『レクチャー日本の司法』法律文化社 2014 年
　　　　　　『テキストブック現代司法〔第 6 版〕』日本評論社 2015 年
　　　　　　『民事手続法入門〔第 5 版〕』有斐閣 2018 年
　　　　　　『民事執行・保全法』法律文化社 2021 年
　　　　　　『民事訴訟 ICT 化論の歴史的展開』日本評論社 2021 年
　　　　　　『はじめての民事手続法〔第 2 版〕』有斐閣 2024 年、等

民事執行・保全法 入門
<ruby>民<rt>みん</rt></ruby><ruby>事<rt>じ</rt></ruby><ruby>執<rt>しっ</rt></ruby><ruby>行<rt>こう</rt></ruby>・<ruby>保<rt>ほ</rt></ruby><ruby>全<rt>ぜん</rt></ruby><ruby>法<rt>ほう</rt></ruby><ruby>入<rt>にゅう</rt></ruby><ruby>門<rt>もん</rt></ruby>

2024 年 9 月 30 日　第 1 版第 1 刷発行

編著者／川嶋四郎

発行所／株式会社　日本評論社

　　　　〒 170-8474　東京都豊島区南大塚 3-12-4

　　　　電話　03-3987-8621（販売）、3987-8631（編集）

　　　　振替　00100-3-16

　　　　https://www.nippyo.co.jp/

印刷所／株式会社平文社　　製本所／牧製本印刷株式会社　　装幀／有田睦美

©KAWASHIMA Shiro　2024　Printed in Japan.

ISBN 978-4-535-52467-5

JCOPY〈(社)出版者著作権管理機構　委託出版物〉

本書の無断複写は、著作権法上での例外を除き、禁じられています。複写される場合は、その
つど事前に、(社) 出版者著作権管理機構（電話 03-5244-5088、FAX 03-5244-5089、e-mail：
info@jcopy.or.jp）の許諾を得てください。

また、本書を代行業者等の第三者に依頼してスキャニング等の行為によりデジタル化すること
は、個人の家庭内の利用であっても、一切認められておりません。